JN439165

감성의 스틱

감성의 스틱

이영순 수필집

계간문예

작가의 말

진하지 않은 향기를 담고 지난날을 살아온 듯한 마음이다.

이 나이가 되어도 어리광도 떨고 싶고 다듬어지지 않은 마음이 내가 걸어온 인생의 자국마다 철이 없고 낮은 성품의 부족한 점이 많았지만 내 삶에 있어 또 다른 기쁨을 얻은 건 문학이라는 하나님이 주신 행복한 선물이다.

가끔 마음의 사색과 풍경을 마음먹은 대로 자유롭게 펼칠 수 있는 공간, 내 마음의 정화를 위해 마련된 텃밭처럼…

나는 문학을 하는 게 행복하다. 내가 사는 이야기들을 통해 많은 독자들과 공감대가 되어 조금이나마 서로의 친구가 되고 힘든 사람들의 위안이 되었으면 한다.

첫 번째 《李榮順 에세이》를 내고 세 권의 시집과 이번에 이렇게 부족하지만 두 번째 수필 작품집을 내면서…

먼저 하나님께 감사하고 또 나와 내 가족들에게 감사한 마음이다. 이제 내 생애 신념이 명하는 대로 하루하루 마지막인 것처럼 늘 양심의 지엄한 소리를 들으며 자연스러우면서 아름답게 살고 싶다.

누군가 '인생은 목욕이다.' 라고 했다.

나는 그런 마음으로 소탈한 내 작품을 독자들 앞에 내놓는다. 부족하지만 내 글이 많은 이들의 친화력 있는 친구가 되었으면 하는 욕심이다.

2017년 어느 가을 날

이 영 순

■ 목차

1부

명절날 일어난 일

2부

사람과 사람

3부

내 인생의 황금기

4부

함박눈 오는 날

5부

짝퉁과 명품

1
명절날 일어난 일

소통

소통은 단지 말을 주고받는 것이 아니라 서로의 마음이 연결되는 것이다. 사람과의 사이에서 갈등이 시작되는 일도 알고 보면 불통不通에서 오는 게 거의 맞다. 모든 관계는 언어적 소통으로 이루어지고 불행과 행복도 소통이 좌우한다는 걸 우린 잘 알고 있다. 소통을 하는 중에도 우린 물론 표정도 무시할 수 없다. 서로 간에 말을 주고받으면서도 표정을 살핀다. 같은 말이라도 표정에서 서로의 마음을 더 감지할 수가 있다. 그만큼 소통엔 표정이 또한 중요하다.

글 쓰는 것도 마찬가지다. 글 속에 소통이 있고 글 속에 글의 품격이 있다. 그럴 수밖에 없는 것이 글엔 글 쓰는 자의 강한 커뮤니케이션이 들어있기 때문이다. 글의 뉘앙스 속에 글 쓰는 자들의 특징이 엿보이고 글의 품격이 엿보인다. 그러자면 물론 글 쓰는 사람들도 많은 노력과 훈련과 공부를 해야 하겠지만… 나는 요즘 사람들의 인품도 이와 다르지 않다고 생각한다. 학식이 높다고 인품이 높은 것도 아니고 돈이 많다고 인품이 있다고 할 수도 없는 법, 인품이란 누구에게나 인자한 마음이 통하며 보이지 않는 선하고 격조가 있는 가슴이다. 그리고 가슴의 따듯함이 소통되는 사람이 아닐는지, 세상에 지식과 지혜가 다르듯이 우린 가끔씩 소통되지 않는 사람들로 인해 얼마나 많은 스트레스를 받고 사는가? 예를 들면 크게는 일본인들의 망발로 인해 우리나라 국민 전체가 속이 뒤집어 지는가 하면 억지 주장 속에 분노를 일렁이게 하는 일이 있듯이 측근 사람들도 상식이 통하지 않고 막무가내인 사람들도 얼마나 많은가? 남북 간의 통일 문제도 소통이 불통不通이니 통일이 안 되는 것이 아닌가? 여야 국회에서도 좀 수월하게 소통이 되면 국민에게 추한 꼴은 보이지 않는 정치인들일 텐데… 다는 아니더라도 국가나 사회나 가정이나 소통만 제대로 되면 문제 될 것이 하나도 없을 것 아닌가.

말 못 하는 갓난아기도 눈을 맞추며 까꿍 까꿍 하면, 소통이 잘 되면 웃고 안 되면 무섭게 느껴져 낯가림을 해서 울지 않는가? 어린아이까지 소통이란 가슴 속에 느낌으로 행복을 주도하는 최고의 통역사가 아닐는지… 나는 오늘 우연히 인터넷을 하다 보니 내 작품인 시가 여기저기 몇 분의 블로그에 올려놓은 것을 접하게 됐다. 항상 생각하는 것이지만 글 쓰는 사람으로썬 본인 글을 애독해 주시는 독자분을 볼 적에는 더없이 감사하고 행복하다.

그분의 소개 속에 내 글을 평하기를 서정적이면서 단아한 좋은 글이라고 품평해 주신 댓글을 보면서 정말 가슴이 뿌듯했다. 내 글 소개를 철학적 테마에 단아하고 서정적인 시라 소개하시면서 꼭 읽어보시라는 멋진 소개도 해주셨다. 나는 내가 쓴 글인데도 많은 글을 써 왔기에 조금 더듬대다 작품 생각을 떠올리고 이내 수록돼 있는 책을 펴서 다시 한 번 정독을 해서 천천히 읽어봤다.

독자분이 단아한 시라고 써 주신 것처럼 내가 읽어도 가슴에 와 닿으면서 내 글 속에 내가 감동을 했다. 글이란 쓸 때는 그 당시 감성에 사로잡혀 썼지만 후일에 또다시 읽으면 내가 쓴 글이라도 이렇듯 감동받는 글도 있구나? 하는 걸 느끼면서 어떤 글은 아휴 이걸 왜 썼던가? 하는 부끄러움도 있고 어떤 글은 정말 미쳤어 미쳤어 하는 후회가 따르는 글도 있다. 그런데 어떤 글은 이렇듯 후일에 봐도 내가 쓴 글 속에도 짜릿한 감동을 받는 글이 있다. 같은 사람이 같은 심정으로 글을 썼는데도 그때그때 가슴에 따라 통하는 게 있고 도저히 부끄럽고 안 통하는 글이 있다. 내가 쓴 글인데도 도무지 소통되지 않고 도대체 이 글은 언제? 무엇 때문에 어떤 감성으로 이렇게 써 놨단 말인가? 하는 의문되는 글도 있다는 것에 새삼 자신에게 놀라웠다. 이렇듯 소통이란 것은 글 속에서도 그때그때 감성에 사로잡혀 쓰지만 서로 다른 시간 때에 다른 마음일 때 보면 전혀 다른 느낌이 오는 것 같다. 그때그때 감성이 완연하게 비치는 글 속에도 나중에라도 알아들을 수 있고 감성이 통하는 글은 따로 있다는 생각 속에 이토록 소통이란 단어 속에 오늘따라 지난날에 내가 썼던 글을 보면서 많은 사람들이 이렇듯 소통되는 글을 더 많이 쓰고 싶은 욕망도 가져보는 시간이다. 그리고 지난날 내가 좋아하던 소통이 잘 되었던 나와 감성이 아주 잘 맞았던 것 같은 그리운 친구 생각이 오늘따라 난다.

세상의 환경과 세월 속에 지금은 멀리 떨어져 살고 있지만 언제나 마음이 잘 통하고 무슨 말이건 내 가슴을 망원경으로 들여다보는 듯 잘 알아주었던 소중했던 사람 그 친구는 지금 무엇을 할까? 지금은 누구와 놀까? 사람과 사람끼리 소통이 잘 되는 사람들이 측근에 많이 있는 사람은 분명히 훌륭한 사람이라고 말하고 싶다. 부부도 소통만 잘 되면 이 땅에 이혼할 부부가 없을 듯하고 자녀도 소통만 잘되면 문제아가 나오질 않을 듯하다. 이렇듯 세상엔 소통이 안 되는 것 때문에 많은 불행이 도사리고 있다. 무엇이건 감성이 예민하지만 지식보다는 지혜롭고 긍정적인 사람이 아무래도 많은 사람들에게 무엇이건 통하는 실력이 있는 사람일 듯하다. 누구에게나 통하는 사람은 가만히 보면 늘 배려가 있고 이기심을 접고 마음 속 깊이 사랑이 담긴 겸손이 형성된 사람들인 것 같다. 오늘따라 통하지 않아 따돌림을 받는 외로운 사람이 될까봐 나도 속으로 은근히 고민도 해본다. 우린 항상 이기심을 버리고 또 욕심을 버리고 남을 배려하고 조용히 나를 낮추면서 정직하고 진실할 때 인간은 많은 가슴들과 통할 수 있고 소통이 잘 된다는 사실을 이토록 잘 알면서도 늘 모자란 가슴이 절제 없이 덜렁거리고 나오니 이 또한 인생의 숙제거리 같다. 오늘은 지긋이 내 가슴을 눌러본다. 못된 가라지는 나오지 말고 아름답고 슬기로운 지혜의 축복을 받아 많은 이들의 가슴에 곱게 수를 놓고 싶다. 그래서 그들의 열린 가슴과 아름답게 소통하고 싶다. 이렇듯 소통이란 행복의 열쇠인 것을…

측은지심惻隱之心의 추억

지금 생각하면 그것이 사랑이었는지 측은지심이었는지 가물가물하지만 아쉬운 이별과 함께 철없던 추억이 생각난다. 나는 충청도 시골 작은 마을에서 태어나고 자랐다. 잠시 학교 졸업을 하고 근무를 했던 내 생애 처음 직장이자 마지막 직장이 되어버린 작은 시골마을 어느 국민학교(초등학교)에 잠시 있었는데 함께 근무를 하던 남자 선생님이 늘 기억이 난다. 그 선생님과 곧잘 어울리며 함께 도시락도 먹고 짧은 기간이지만 친하게 지냈다. 그 선생님은 이목구비가 훤하고 자상하고 정겨운 분이었다. 그 선생님은 우리 집 오가는 길목에 집이 있었다. 늘 오가며 습관적으로 힐끗힐끗 한 번씩은 쳐다보게 되는 그 선생이 살고 있는 집, 늘 퇴근길에 그 집을 보는 게 습관처럼 돼버렸다. 그날도 퇴근길에 기계처럼 그 집을 엿보고 지나치는데 아기들 둘이 마루에 나와 놀고 있었다. 엄마는 안 보이고 할머니가 아기들을 챙기는 모습을 보게 됐다. 나는 그 선생님의 부인은 어딜 갔나? 하면서도 직접 물어보긴 왠지 부끄러웠다. 그 시대엔 아마도 표현이 많이 제한된 세상이었던 것 같았다. 내 호기심은 날마다 그 집을 훔쳐보게 됐다. 그런데 첫날도 그 다음날도 늘 할머니가 애들을 챙겨 주시질 않겠나. 그 후 더욱 출퇴근 시간이면 꼭 눈길이 한 번씩 그 집을 거쳐 갔다. 그때만 해도 남의 사생활을 대놓고 물어보는 시대가 아니었다. 물론 요즘도 마찬가지지만 그 후부터 늘 오고 가는 길에 그 집을 보는 것이 커다란 취미처럼 되어버렸다.

2살 4살 정도인 아기들 앞엔 할머니의 분주함 속에 아기들 먹을 것을 챙겨 주는 듯했다. 도대체 그 선생 부인은 어딜 갔나? 다른 곳에 같은 직업으로 근무를 하나? 아님 애들을 두고 유학을 갈 턱도 없고 그 당시 그 댁 형편을 봐서는 어림도 없는 사정 같고 아파서 방에만 누워있나? 이런 저런 쓸데없는 고민이 꼬리를 물고 나의 궁금증을 발동 시켰다. 그러던 중 우연한 기회에 다른 분 입을 통해 그분 부인의 소식을 알게 됐다. 그 분 부인은 얼마 전 아기를 낳다가 그만 산후 후유증으로 돌아가셨단다. 그래서 그 선생님은 홀아비가 된 신세란다. 세상에 그랬구나. 그렇게 생각하니 그 선생님의 얼굴에 우수가 깃든 게 보였던 것 같다. 그 소리를 듣는 순간 나는 왜 그리 측은지심이 발동하는지 홀아비가 된 남선생님이 너무 안 되게 보였다. 그 후부터는 그 선생님이 너무 측은해 보이고 불쌍해 보였다. 할머니가 챙겨주던 아가들의 눈망울도 내게 아롱지면서 가엾은 생각이 들기도 했다. 그러던 중 나는 조금 망설이던 어느날 퇴근길에 그 아기들에게 과자를 한 뭉치 사들고 가서 할머니께 인사를 하고 애들과 잠시 놀아주었다. 이상하리만큼 애들이 정겹게 다가왔다. 할머니는 무척 감사해 하셨고 나를 공주님처럼 반겨 주셨다. 그 후 나는 가끔씩 용돈을 털어 아기들에게 과자를 안겨 주었다. 그냥 할머니도 안 됐고 학교에서 뵙는 그 남자 선생님도 불쌍하고 아기들도 괜히 불쌍한 마음이 들었다. 함께 친하고, 안다는 게 그런 마음인가 보다. 그 말을 전해 들은 선생님은 나에게 넘치는 고마움을 표현하기도 했다.

그러던 중 퇴근을 해서 집엘 오니 이상하리만큼 가족들의 태도가 굳어 있었다. 싸늘한 냉기가 도는 게 금방 피부로 느끼게끔 심상치 않은 분위기였다. 무슨 일인가 궁금해 어머니에게 무슨 일 있어요? 하고 물어보니 저녁 먹고 얘기 좀 하자고 하시는 모습에서 나는 얼떨떨하니 궁금한 마음을 억누르며 저녁을 먹고 가족들과 한자리에 모여 앉았다. 어머니 말씀이 너 거기 좀 앉거라, 하는 말씀 속에 화난 표정이 역력하시다. 나는 영문도 모른 채 조금은 공포 분위기 속에 기가 죽어 앉으니 내일 당장 학교를 그만두고 서울에 있는 오라버니 집엘 가서 있으란다. 뭔 뜬금없는 소리냐고 반박을 하니깐 가족들 하나같이 하시는 말 집안 망신시키지 말고 당장에 내일 서울로 올라가란다. 나는 갑자기 닥치는 이 어이없는 사건 앞에 소리를 버럭 질렀다. 도대체 뭔 소리야? 내가 뭘 잘못했는데? 말을 해야 알 것 아냐? 했더니 어머니는 다짜고짜 나에게 큰소리로 이 속 빠진 계집애야. 네가 제정신이냐? 아니면 미쳤니? 그 홀아비 집엔 뭣 때문에 들락거리며 애들을 챙기느냐? 하시면서 고함을 치시질 않는가? 아뿔싸 그거였구나. 나는 아무 생각 없이 그냥 엄마가 없는 아기들이 불쌍하고 홀아비가 된 그 선생이 가여운 생각에 친절을 베푼 것뿐인데 동네 어르신들 보기엔 그게 큰 흉 거리가 되었나 보다. 요즘 같으면 그리 큰 흉이 될 리 없는 것이지만 그 옛날 작은 동네에선 어르신들의 눈살을 찌푸리게 한 사건이었나 보다. 먼 친척 되시는 분이 우리 부모에게 따끔히 알려 주시더란다. 막내딸 간수 잘 하라고, 홀아비 집엔 왜 그리 들락거리느냐고 하시더란다. 그 말을 들은 부모님들이 얼마나 기가 막히셨을까?

그 길로 나는 변명할 여지도 없이 정든 학교와 집을 떠나 쫓겨나듯 오빠가 사는 서울로 유배 아닌 유배를 오게 되었다. 지금 생각하면 어이없는 부모님들의 봉건적 생각이고 무조건적 사랑과 염려의 행동인지 모르지만 그렇게 억울하게 맹목적으로 부모님들의 횡포 아닌 큰 사랑의 횡포 속에 내 인생의 세월은 흘러갔다. 이 세월을 살고 나니 나도 결혼해서 내 자식을 키우다 보니 그때는 야속하리만큼 무모한 부모님의 사랑을 횡포라고 여겼는데 혹여 나도 딸이 있으면 그렇게 했을 거라는 생각 속에 이젠 부모님의 큰 사랑에 감사하고 이해가 간다. 만약에 그때 그렇게까지 부모님들의 처사가 없었다면 혹시 측은지심의 정 속에 사랑이 싹트지 않았을까? 하는 생각도 해본다. 그렇다면 나는 처녀의 몸으로 총각을 못 만나고 지금의 내 행복도 달라졌겠지 하는 생각을 하니 그런 부모님이 한없이 고맙고 감사한 마음이 든다. 그래서 부모 말을 잘 들으면 자다가도 떡이 생긴다는 말이 생각난다.

사람이 살다 보면 내가 못하는 걸 누군가 곁에서 인도해 주는 사람이 있다는 건 큰 축복이 아닐 수 없다. 그래서 인생엔 귀인이 꼭 필요하다. 그것이 부모건 자식이건 타인이건 내 인생에 귀인을 만나고 잘 둬야 팔자가 좋다는 생각도 틀린 말이 아니다. 요즘 같으면 일부러 봉사를 하는 세상인데 먹은 맘 없이 순수하게 측은지심으로 행동한 것이 큰 사건이 될 줄이야. 그 옛날 추억을 생각하며 지금도 아련히 떠오르는 부모님의 사랑에 내 인생이 천만다행을 느끼면서 인생이 참 묘하다는 생각이 든다. 오늘 우리 교회 청년들을 보며 가만히 입가에 미소가 번진다. 그리고 그 옛날 내 부모님들께 감사하는 마음과 함께 청년 시절의 그리움이 번진다. 그래도 가끔 그 선생님은 새 장가를 가셨을까? 어떻게 살고 있을까? 많이도 변했겠지 하는 궁금증 속에 가만히 철없던 시절의 추억이 일렁인다. 그리고 그 남자 선생님이 가끔씩 보고 싶은 마음도 숨길 수 없는 맘이다. 아이들도 이젠 많이 컸겠지 할머니는 돌아가셨겠지만…

그런 맘이 들 때면 아뿔싸! 우리 부모님이 저 세상에서 들으시면 또 혼날 생각을 한다고 스스로 자제해 보지만 그래도 고향을 생각할 때면 어김없이 남모르게 생각나는 웃지 못할 아픈 내 추억이다. 측은지심도 아무 때나 베풀면 안 된다는 진리도 그 이후 깨달았지만 지금도 가끔씩 푼수 없는 측은지심이 발동하면 고민 속에 늘 빠지는 게 내 특기고 체질인가 보다.

지공인생

나이가 들었다고 나라에서 효도하는 증표 그 이름 지공인생, 요즘 나라 법에 의해 나이가 차면 나오는 지하철 공짜로 탈 수 있는 혜택의 차표, 그걸 들어 우스갯소리로 지공인생이라 한다. 그래도 저렇듯 나라에서 노인들에게 배려해 주는 제도라 생각하니 감사한 노릇이다. 양로원에나 시설에 들어앉아 있으면 그나마 지공인생 소리도 못 듣는 것 아닌가. 요즘 지하철엔 노인 전용 의자도 마련돼 있고 그런대로 노인에 대한 여유와 배려가 많은 세상이지만 항간에선 서글픈 소식이 간간이 들려온다. 세상엔 마음에 들지 않는다고 여유가 안 된다고 부모를 홀대하고 버리는 철면피들도 간혹 있으니…

부모는 자식을 버릴 수 없건만 자식은 늙고 병든 부모를 간혹 모질게 버리는, 인간이길 포기한 사람도 있고 효도한답시고 양로원에 버린다. 말이 좋아 시설이고 양로원이지 오죽하면 가족과 떨어져 홀로 그런 곳에 가겠는가? 평생을 가족과 함께 살아왔는데 단지 늙고 병들었다는 이유로 가족들과 생이별을 하면서 떨어져 사는 게 아무리 현대식으로 시설이 좋아도 뭘 그리 좋겠는가? 나는 오늘 멀리 있는 친구한테서 전화통화를 받고 마음이 너무 쓸쓸했다. 평소 몇십 년을 친하게 지내던 친구였는데 요즘 남편 때문에 작은 시골로 휴양 차 이사를 했다. 한때는 승승장구 잘 나가던 친구의 남편인데 그리 많은 나이도 아닌데 치매가 왔다. 툭하면 집을 나가 한 사람은 꼭 붙어살아야 하는 형편이란다. 너무 힘들고 해서 얼마 전에 괜찮은 시설을 알아보고 그곳에 남편을 맡겼었는데 하도 그곳에서 남편이 집에 가겠다고 시설 직원들을 힘들게 해서 다시 얼마 전에 집으로 모셔 왔단다.

그런데 이건 날마다 파수꾼 노릇하기에 너무 힘이 들어 다시 시설을 알아보는 중인데, 친구가 하는 말 안 보내자니 자기가 살 수 없고 보내자니 가슴이 너무 아프고 딱 죽고 싶다며 전화 통 속으로 흐느끼는 소리에 나도 눈시울이 뜨거웠다. 살면서 이런 일은 없어야 되는데 하면서도 누구도 입찬소리 못하는 게 인생 아니던가? 그 친구 역시 딸도 아들도 다 최고의 명문대를 나온 엘리트들이지만 이런 상황에선 뾰족한 도리가 없는 형편이고 다 소용없는 현실이다. 이런 자식들이 있지만 그들은 그들대로의 사회생활도 있고 직장도 있으니 맘대로 효도할 수 있는 형편이 되겠는가. 그나마 자식들 보기에 한쪽 부모가 간병할 수 있다면 그다지 신경을 쓰겠나 아픈 사람보다 뒤에서 간병하는 사람의 힘듦을 해보지 않은 사람은 모를 것이다. 하기 좋아 남의 말이지 그래도 아픈 사람에 비하랴 하겠지만 아픈 사람 못지않게 괴롭고 힘든 게 옆에서 지켜보는 배우자라고 생각한다. 오늘 전화 속으로 펑펑 우는 친구의 흐느낌 속에 가족이란 촌수가 생각이 난다.

이럴 때 나눠질 수 있는 게 가족인데 어디 병이 나면 부부뿐이다. 요즘처럼 바쁜 세상에 자식이 남보다 좀 나을 따름이지 본인의 몫은 따로 있지 않나 싶다. 다는 아니더라도 요즘 자식들 잘 키워준 부모 공은 잊고 살아도 자기 새끼 키우는 데는 아무 정신없고 바쁘게 사는 게 요즘 세태가 아닌가 싶다. 핵가족 시대로 함께 살지도 않으니 노부부 중 누구 하나 아프면 남편이건 부인이건 둘이 책임지는 건 사실 아닌가. 물론 잠시 병원 신세를 질 땐 다르지만 장기적 긴병이나 나쁜 치매 같은 병은 오직 배우자 몫이다. 할 일 없는 배우자가 다 책임지듯 간호하는 건 어쩔 수 없는 정한 이치지만 혼자 감당하기에 얼마나 힘든 게 치매 환자 돌보는 일이던가? 세월이 좋아지고 경제가 나아졌어도 이런 숙제는 어쩔 수 없는 부부 삶의 몫이다. 오늘 그 친구의 아픈 하소연을 듣고 나니 그래도 이렇듯 건강함이 감사할 따름이다.

요즘 젊은 사람들은 밥은 굶어도 온갖 자가용은 한 집 당 한 대씩 거의가 누리고 살만큼 젊은이들은 차 없는 사람이 없을 정도다. 기름 한 방울 나지 않는 나라에서 주택가는 주차난으로 몸살을 앓으면서도 차는 있고 봐야 되는 그런 추세다. 그래서 그런지 몰라도 튼튼한 다리의 어린 새끼는 학교 문까지 태워가고 태워오면서 저를 낳아주고 키워준 늙은 어미 아비는 다 삭은 무릎이 덜그럭 거려도 자식한테 하듯 그리 바쁘게 효도하는 자식이 과연 이 땅에 얼마나 되겠나? 병원마다 모시고 다니는 자식은 또 얼마나 되겠나? 하는 생각을 해본다. 그것이 현실이고 또 그렇게 사는 게 인생이지만…

오늘 친구의 펑펑 우는 소리를 듣고 나니 내 마음이 영 묵직하면서도 또 한쪽으로 생각하면 다리가 아파도 죽는 날까지 지공인생 소리 들으면서 내 다리로 걷는다는 게 얼마나 행복한가? 하는 생각을 해본다. 가끔 계단을 힘겹게 내려가는 늙은 노인이 내가 아니기를 소망해 본다.

흐르는 세월 속에 계단을 오르고 내림이 힘든 세월이 공통되게 올 것이다. 그러니 지하철을 공짜로 타고 다닐 수 있다는 것도 노인이라면 축복받은 삶이고 감사한 노릇이다. 지공인생이란 그래서 슬프기만 한 건 아니라는 생각 속에 오늘은 공연히 지공인생이란 단어 앞에 여러 가지 생각을 하게 하는 날이다.

미국에 살던 각별히 친했던 지인이 저 세상으로 갔다는 부고를 접했다. 참 많은 추억이 있는 지인인데 능력도 있고 좋은 가정에서 최고의 학벌에 부러울 것 없는 친구였는데 가족들이 다 이민을 가는 바람에 그 친구도 결국에 늦게 미국으로 이민을 갔다가 많은 나이도 아닌데 죽었다는 소리에 그날은 잠을 이룰 수가 없었다. 언제고 반갑게 만날 날을 기대하면서 우정을 키웠는데 얼굴 한번 못 보고 저 세상으로 간 친구가 되었다. 또 지인이 뇌졸중으로 갑자기 병원에서 몸도 못 쓰고 중환자실에 입원해 있어 심방을 하고 왔다.

요즘은 하루도 빤한 날이 없이 정신없이 우울한 소식들을 접하니깐 나 역시 인생이 허망한 생각 속에 인생 별 거 아니라는 쓸쓸함 속에 많은 생각을 하게 한다. 그리고 진정 세상에서 내 편이 되어주고 무엇이건 열렬한 내 팬이었던 사람을 둘씩이나 잃었으니 정말 마음이 많이 아픈 날이다. 우리네 인생 숱한 욕망 속에 모두들 꿈을 위해 허덕거리다 결국엔 모든 걸 다 이루어 사는 사람도 갈 때는 다 놓고 가는 게 인생 아니던가? 하는 허탈한 생각 속에 내 가슴이 많이 허전한 날이다. 그래도 덜그럭거리며 지공인생이란 딱지가 붙어도 병원 신세 안 지고 살아서 혼자 움직일 수 있고 걸어 다닌다는 건 어제 죽은 사람들이 간절하게 바라던 소망이 아니던가?

한때는 평생 늙지 않을 듯이 꼴랑 자존심에 지공인생 소리를 잠시 싫어하던 내 모습이 부끄러워진다. 그때 철없는 생각에 노인들을 공짜로 지하철을 탈수 있게 하니 할 일없이 차 안에 자리만 차지한다며 못된 소리에 잠시 합류했었던 내가 너무 잘못했고 부끄럽다는 생각 속에 반성을 한다. 당당히 그분들의 권리가 있는데 건방진 망언을 무섭지도 않게 동조했넌 생각이 얼마나 부끄러운지. 나도 그 길을 가면서. 세월 속에 우리 모두는 지공인생이 되지 않는 사람이 누가 있겠나? 아주 작은 소수의 사람만이 늙어도 자가용으로 지내면서 살겠지만 대부분은 다 지공인생으로 다림질하는 인생이 아니던가? 지공인생이면 어떠냐. 많은 이들의 귀감만 되며 살아가면 되지…

자식들이나 남들에게 피해 주지 않고 모든 일에 불평불만하지 않고 내 다리로 건강하게 산다면 지공인생도 얼마나 행복한 인생인가. 나도 이제 나름대로 지공인생의 멋을 연구해봐야 되겠다는 생각이다. 슬픈 소식들 속에 가슴은 허탈하지만 그래도 살아 있다는 감사한 생각으로 애써 기운을 차려본다.

똥개를 아시나요?

머리를 하러 미장원에 들렀다. 오랜 세월 동안 늘 다니는 단골 미장원이라 평소에 미장원 원장님과 이런저런 정이 많이 들었다. 머리를 하려고 의자에 앉자마자 그 원장님이 어찌 오늘은 풀이 죽은 듯하니 기운이 없는 소리로 많이 우울하다고 말을 한다. 가을도 아니고 뭔 일이 있느냐고 물었다. 그랬더니 집에서 키우는 개가 많이 아프단다. 난 참 속으로 어이가 없었다. 아니 사람도 아니고 개가 아픈데 뭬 저리 풀이 죽어 한없이 슬픈 표정을 하신단 말인가. 그것도 죽은 것도 아니고 아픈 걸 가지고 걱정도 팔자인 것처럼 보이며 선웃음도 나오고 한편으론 사치스럽게까지 느껴졌다. 부모님이 편찮으신 것도 아니고 남편이 병든 것도 아닌데…

물론 애견 사랑이 그다지 없는 나였기에 이해를 못하는 부족한 내 마음인지는 몰라도 그분의 애틋한 모습을 보면서 한편으론 그분의 고운 마음도 훔쳐보는 듯했다. 그동안 개 병원비로 백만 원이 넘게 들었다고 한다. 개는 보험이 안 되니깐 사람 병원비 보다 훨씬 많이 드니 그럴 듯도 하다. 돈도 많이 들고 개도 아픈 걸 보니 속이 많이 상하신가 보다. 세상엔 돈 없어 병원엘 못 가고 죽는 사람도 많이 있건만 개 아픈데 돈이 많이 들고 그것도 주인의 마음을 저리 아프게 하면서 우울하게까지 만드는 그 개가 웬만한 사람보다 훨씬 부럽고 행복하지 않나 싶은 생각이 든다. 허긴 나처럼 별로 개를 좋아하지 않는 사람은 이해가 잘 안 가는 사실이지만 동물을 좋아하는 사람은 자식같이 생각 한다니 뭐 저럴 듯도 하겠다는 생각이 들기도 한다. 또 우리 동네 어떤 지인은 몇 년 전 키우던 개가 죽었는데 화장터에 가서 화장을 해 갖고 와서 안방 농에다 개 화장한 항아리를 고이 모셔 놨단다.

정말 개사랑이 대단한 사람 아닌가 싶다. 어쩌면 부모가 죽어도 농에다 못 모실 터인데 아무리 정들게 키우던 개라도 어찌 그토록 열렬히 사랑하는 모습을 보인단 말인가? 내 생각으론 도저히 이해하기가 힘들다. 사람보다도 훨씬 사랑을 받는 개라니…

사람도 그만큼 사랑하면 신문에 날 일이다. 얼마 전 나도 조그만 푸들 강아지 하나를 내 친구가 선물로 줘서 키운 적이 있었다. 참 귀엽고 사랑스러울 적이 많았었다. 늘 주인을 보면 꼬리를 쳐대고 한결같이 따르는 강아지 모습에 사람과는 사뭇 다른 느낌의 사랑도 느꼈지만 그래도 개는 어디까지나 개가 아닌가? 소중한 건 사람이지 그토록 큰 대접을 받을 권리가 있단 말인가? 물론 다 자기네들 맘이겠지만, 인생이 어떨 땐 개만도 못하다는 생각이 난다. 요즘 대접받지 못하는 노인들, 가난한 사람, 소외된 사람들이 떠올라 비교되는 생각이 든다. 나는 개 때문에 우울한 그분보다 사람대접도 못 받는 불쌍한 사람들 생각에 오히려 우울한 시간이 되었다.

당당히 대접받아야 하는 건 인간인데 어째서 만물의 영장인 사람이 개만도 못한 대접을 받는 세상이 되는가. 자기를 낳아준 부모가 개만도 못한 홀대를 받는 세상이다. 사람들의 감정이 이해가 안 되어 슬픈 생각이 든다. 동물을 사랑한다지만 사람보다 더 사랑한다는 건 모순이고 슬픈 일이라고 생각된다.

사람은 사람을 사랑해야 될 대상 아닌가? 나도 얼마 전 키운 강아지가 한 10년을 넘게 키웠으니 가족처럼 정이 들어도 살릴 수 없을 때는 조용히 동물병원에 의뢰를 해서 안락사를 시킨 적이 있다. 그러나 나는 그렇게 우울하거나 큰 정을 주지 못한 것 같다. 강아지 이상의 정은 절대 주지 않았다는 것에 느낌이 달랐다. 개가 있던 자리가 섭섭하고 티는 났지만 이내 또 다른 강아지로 채워지면 되는 게 아닌가 싶다. 조금 냉정하다 하겠지만, 개는 어디까지나 개로만 키웠기에 그랬던 것 같다. 물론 사람마다 다 다르지만 정이 많은 분들은 가족 같은 맘으로 아파하고 울고불고 하는 분들의 고운 마음도 어디까지나 인정하지만, 그 옛날 어릴 적 생각이 어렴풋이 난다. 옛날엔 지금처럼 귀엽고 작은 개들이 별로 없었다. 누런 똥개가 묶어놓지도 않고 놔놓고 키우다가 어린 갓난아기가 똥을 싸면 마루 끝에서 개를 워리워리 부르면 어디서 숨어 있었다가 오는지 용케도 똥개는 달려와서 아기가 싼 똥을 깔끔히 먹어 치운다. 그 시절엔 사람도 먹고 살기 힘든 시절이라 개밥을 줄 곡식이 모자란 때라 개는 사람의 똥을 먹고 살았다. 특히 아기들 똥은 맛있게 싹싹 핥아먹는다. 똥도 아기 똥이 더 맛있었나 보다. 허기진 개가 아기 궁둥이에 묻은 똥까지 핥아 먹으려 하면 아기는 기겁을 해 울고 엄마는 달래고 하던 시대가 있었다. 그래도 개들은 살이 투실투실 쪘던 것을 기억한다. 아기를 안고 똥을 누일 때면 어김없이 도꾸야 하던가, 워리라 하던가, 개 이름을 부르면 쏜살같이 달려와 아기가 싼 응아를 깔끔히 해치우던 그 시절의 누런 똥개, 지금은 과연 그런 개를 키우던 것을 알 사람이 있을까 싶다. 그러나 나는 어릴 적 우리 집 똥개를 잊지 않았다.

지금의 개를 좋아하고 사랑하는 시대는 감히 생각도 못하는 풍경이지만…

요즘은 개 이름도 세련되고 개 용품도 얼마나 비싸고 고급스러운 것들이 많이 나오는지 개한테 쓰는 향수까지 나오는 시대 아닌가? 사람보다 개가 더 호강하는 시대, 서점엘 가도 애견용으로 나온 서적들이 늘비하다. 그만큼 바뀐 시대에서 촌스러운 소리인지 몰라도 우린 분명히 인간으로써 개와 비교되는 세상이 되어서는 안 될듯하다.

우리 친정 가족에게 아픈 추억이 있다. 난 갓난 아가 때라 기억이 없지만 내 작은 언니가 그 옛날 미친개한테 물려서 결국엔 저 세상으로 갔단다. 그래서 우리 집엔 개를 키우지 않았다. 내가 시집와서 내 살림을 하면서 애견을 키웠을 뿐이다. 물론 그런 기억의 환경에서 자랐기에 개에 대한 냉대함도 알게 모르게 배여 있는지 모르지만 그걸 떠나서 시대가 많이 달라짐을 말한다. 오늘 개가 아파서 우울하다는 미장원 원장님의 모습을 보면서 참 세상이 이렇게도 변했고 짐승들도 이렇게 변한 세상에 산다는 게 큰 복이라는 걸 느끼지만 그래도 어쩐지 개보다 사람이 더 무시를 당하는 세월은 아니지 싶은 생각에 공연히 마음이 울적하다. 그러면서 한 번쯤 우리들 사는 세상이 무서워지기까지 한다.

개들은 예전보다 대우를 받는 세월이지만 사람은 예전보다 늙고 병들면 더 구박을 받는 세월이 되어있진 않은 건지? 자기들을 공들여 업어주고 알뜰히 키워준 부모는 늙었다고 양로원에 갖다 줘도 자기 집에서 키우는 강아지는 예쁘다고 끌어안고 다니는 시대구나? 하는 생각을 해본다. 또 한편으론 사람들이 얼마나 마음이 삭막하고 정을 둘 데가 없으면 사람보다 개를 더 사랑하는가? 하는 생각도 한 번쯤 드는 날이다. 개만도 못한 지각없는 우리네 인간들도 수없이 많긴 하지만 그래도 우린 사람인지라, 우리네 삶을 돌아봐야 되지 않을까? 개를 사랑하는 것도 좋지만 그 정으로 사람을 좀 더 소중히 여기고 사랑한다면 우리 사회가 좀 더 따뜻해지지 않을까 싶다. 어디까지나 개는 개다. 사람보다 위는 아니다. 사람도 못 먹는 고기며 고급 음식을 먹이면서 대접을 받는 개를 볼 때 어쩐지 내 마음은 한 끼 식사를 얻어먹기 위해 탑골 공원 앞에 웅크리고 앉아있는 초라한 노인들의 모습이 떠올라 마음이 몹시 울적하다. 그리고 지구 반대쪽엔 개 향수 한 병 값이면 한 생명이 한 달을 살 수 있다는데 개를 사랑하든, 사람을 중요시 여기든, 각자의 마음 아니냐고 되묻는다면 할 말이야 없겠지만, 우리 만물의 영장인 사람의 특권이 아닌가. 그렇다면 당당히 개보다는 사람을 위해 봉사하고 사랑해야 되는 게 우선이 아닌가 싶다. 분명히 대접받고 살아야 될 인간의 권리만큼은 서로가 찾아주고 일깨워 가며 살고 싶다.

물론 내 말이 억측은 좀 있을 수 있다.

그래도 많은 사람들이 사람들한테로 더 관심과 사랑을 돌렸으면 하는 바람이다. 오늘따라 공연히 사람들의 모습 속에 어쩐지 허무하고 초라한 생각이 든다. 물론 삶이 평화롭고 부귀영화를 누리면 생존 자체가 희열이지만 만고풍상을 겪으면 생존 자체가 고통인 게 우리네 삶이다. 그 옛날 똥개들은 적어도 인간들의 비교 대상은 되지 않았다. 소중한 사람이 어찌 개 때문에 우울하고 눈물을 흘리게 하는지? 많이도 변한 세상 앞에 우리는 늘 비틀대며 사는 인생들 같다. 개 때문에 속이 상하고 우울하다는 원장님의 얘기를 들으면서 이 분보다 훨씬 더 개 사랑에 빠져 있는 애견자들이 이 땅엔 얼마나 많은가? 그 분들이 생각할 때 나를 욕할는지 몰라도 나는 오늘 속으로 또 다른 우울한 날 같다. 그래도 그 옛날 똥개를 기르시던 우리네 조상님들 먹을 게 귀한 시대였긴 했지만 집에서 키우는 황소만큼은 가족 같은 대접을 하긴 하되 사람과 동물이란 게 확실히 구별된 정을 주고 사셨다는 게 그 시대 분들 같다. 아무리 힘들어도 부모님을 대접하며 섬기는 도리와 적어도 개는 어디까지나 개로만 키우셨던 그 분들이 아니었던가? 사람한테 쏟을 정을 혹시 개들한테 많이 빼앗기고 사는 건 아닌지….

여름날의 추억

연일 찌는 듯한 더위가 기승을 부린다. 잠을 청해도 이렇게 후덥지근한 날엔 영 잠이 오질 않고 뒤척이게 되니 자연히 내 머리에선 이런저런 오만 가지 생각으로 머릿속의 필름만 바쁘게 움직인다. 생각의 길이 트니 그 옛날 생각과 어릴 적 학교 다닐 때 방학 때면 친척 집에 가서 놀던 생각이며, 친척 집에 가서 농촌의 기쁨을 만끽하고 오던 일들이며, 여름날의 어릴 적 생각이 주마등처럼 스친다. 난 그 옛날 작은 도시에서 학교를 다닌 덕에 방학만 되면 친척 집에 가는 일이 가장 행복하고 즐거운 일이었다. 정해진 듯 지금의 휴가처럼 언제나 방학이 오면 짜인 행사처럼 되어 있었다. 차례차례 도는 코스가 있는 듯 했다. 작은 시골마을로 시집 간 큰언니 집이며 작은언니 집이며 또 우리 집에서 4~5킬로 떨어진 가까운 당숙댁이며 방학이면 으레 다녀오는 단골집들이었다. 작은언니 집엔 복숭아 농사를 제법 많이 짓는 곳이다. 그래서 늘 여름 방학 때면 복숭아 철이라 언제나 그곳엘 가면 제일 맛있는 복숭아를 실컷 먹고 집에 돌아올 때는 끙끙거릴 정도로 싸갖고 온다. 언니 집은 시골이지만 제법 집이 크고 밭이며 복숭아 과일 농사를 지으니 일꾼들도 많아 옛날엔 아주 괜찮은 대농가였다. 그 집엘 놀러 가보면 언니네 식구들도 많았지만 함께 거주하는 소위 그때 말로 머슴이라 부르는 분 내외가 행랑채에 함께 살고 있었다. 내가 갈 적마다 그분들은 내게 꼬마 아씨 하면서 퍽이나 공손히 떠받들어 준 덕에 더 즐겁게 놀다 왔는지 모르겠다. 암튼 공주 대접받는 기분도 지금 생각하니 퍽이나 그리운 추억이다.

또 가깝게 사는 당숙 댁은 집 앞에 강이 끼인 아주 전형적인 시골 풍경이 있는 아름다운 곳이었다. 그곳엔 당숙 네 아들인 내겐 오라버니 뻘이 되는 아들이 있었는데 우리가 가면 퍽이나 좋아하고 동무로써 행복해 했다. 저녁이 되면 약쑥과 들풀로 모기향을 마당에 피워 놓고 옥수수랑 감자랑 먹던 추억이 생각난다. 또 하나 잊히지 않는 것은 오늘같이 후덥지근한 여름밤이면 모기향을 피운 마당에다 멍석을 깔고 자던 생각이 지금도 너무 행복했던 추억이다. 멍석이 뻣뻣하지만 그래도 누우면 바닥이 까슬까슬하니 여름엔 시원한 느낌 속에 삼베로 된 홑이불을 목까지 덮고 밤하늘을 쳐다보면 쏟아질 듯한 별이 너무 아름다웠다. 왜 그리도 별이 총총히 많은지 쪼르르 사촌들 형제와 우리 남매와 다 함께 누워서 저건 은하수 저건 금성 저건 하면서 서로 별을 세는 밤이면 어느새 시원함 속에 스르르 잠이 들고 새벽이면 서늘해 눈을 뜨면 찬 공기 때문에 그 집 형제들은 다 방으로 들어가고 멋모르는 우리 두 남매만 남아 있었다.

아침 햇빛이 찬란히 눈부시게 나를 깨워 주던 그 맑고 맑은 공기 속에 강가에 있던 친척 집 마당이 지금도 눈에 선하다. 지금도 내 머릿속엔 그 당숙 네가 꽉 박혀있어 여름밤이면 아련한 추억으로 맴도는데 어느

덧 그곳도 세월의 바람 때문에 다 변하고 집들도 옛날의 초가집에서 요즘의 현대식 건물로 꽉 들어섰고 그 옛날 향수 어린 초가집 마당엔 집집마다 시멘트 양옥이 들어서 집 앞엔 자가용 한 대씩은 거의 다 있을 정도로 변해 버린 동네, 우리가 놀던 당숙 네 마당도 멍석 대신 잔디로 바뀌고 쑥 내음의 모기향은 철망이 달린 창이 되어 있으니, 요즘은 그 옛날 풀쑥 향기의 모기향은 맡을 길 없고 현대식 부엌에 옥수수 맛은 그때 그 맛이 아니다. 깔끔하게 변해버린 집들 우리들의 소녀 모습도 사라지고 그곳의 아름다운 자연도 사라졌지만 내 가슴과 내 머릿속엔 언제나 정다웠던 그 옛날 여름밤의 기억들이 늘 변하지 않고 한 귀퉁이에 숨어 있다.

오늘은 왠지 시원한 강바람이 있던 내 친척 집 마당이 아련히 그립고 아쉽게 생각나는 밤이다. 선풍기보다 에어컨보다도 더 시원했던 강바람이 좋았던 멍석 위에서 놀던 생각과 다시는 맛보지 못할 그 싱그러운 복숭아 맛이며 그 당숙 네 마당의 정겨움은, 온데간데 없지만 아름답던 추억은 늘 내 머릿속에 살아 있다가 이렇듯 잠 못 이루는 더운 여름밤이면 행복한 기억으로 추억의 필름을 영화처럼 돌려주니… 천금을 주어도 살 수 없는 내 여름날의 추억이다. 되돌아 갈 수 없는 세월 속에 그곳의 풍경이 아름다운 수채화처럼 가슴 속에 있으면서 가끔씩 생각나는 내 어릴 적 추억이다. 누구나 저마다 계절의 마디마디 아름다운 추억은 가슴에 하나둘씩 묻고 살겠지만 요즘 애들은 과연 이렇듯 자연의 아름다운 추억이 있을까? 하는 생각도 하게 된다. 요즘은 친척집에 놀러 가는 것도 별로 없지만 부모들 역시 부담 될까봐 많이 생각하고 보내게 되는 게 문화가 아닌가 싶다. 서로가 바쁜 세상이니 어른이고 애들이고 지인들까지 집으로 방문한다는 건 초대 문화가 된 지 오래다 싶다. 그전처럼 친척들이 오고 가는 게 물음표 없이 자유로운 세상은 아닌 듯하다.

하긴 옛말에도 여름 손님은 호랑이보다 무섭다는 농이 있음에도, 거부감 없이 반갑게 맞이해 주었던 그 옛날의 친척분들 또 지인들이었다. 요즘은 과연 그런 친척이나 지인이 얼마나 될까? 하는 생각도 해본다. 커피 한 잔을 마셔도 약속을 해야 하고 집에 방문을 하려 해도 전화로 근황을 물어봐야 하는 시대 아닌가. 그런 문화로 발전된 요즘은 현대식 놀이 속에 또 다른 추억을 쌓고 살아가는 시대겠지만 이런 아름다운 추억은 이젠 멀리멀리 사라진 세월이 된 듯한 느낌이다. 요즘이야 초등학생까지 방학이면 시간이 모자랄 정도로 바쁘게 학원이다 해외다 하는 생활이 되어 버리지 않았나? 그런저런 변해버린 세월 속에 한여름 밤에 잠 못 이루는 시간에 나는 가만히 내 어릴 적 추억의 열차를 타고 달려본다. 모깃소리 윙윙대던 마당에서 풀 향기를 맡으며 별이 쏟아질 듯한 밤하늘을 내 형제들과 보던 그 여름날의 추억, 그런 추억이 없었으면 이런 후덥지근한 밤이 얼마나 더 무료하고 힘들었을까? 하는 감사한 마음으로 입가에 미소가 번진다.

그리고 가만히 입 속에서 웅얼거리며 그리운 이들의 이름을 하나씩 하나씩 살포시 불러본다. 부르다 잠이 들면 좋겠다. 그리고 꿈을 꾸고 싶다. 그 꿈 속에 내가 살던 초가집도 보고 그리운 형제들과 어머니 아버지 얼굴도 보았으면 좋겠다.

가난한 마음

남이 잘 되길 바라다가도 정작 그 사람이 자기보다 잘 되면 배가 아프고 속으로 시샘을 부리는 게 사람이다. 친한 척하며 의리를 자초하던 사람도 막상 어려운 일로 부탁이라도 하면 이런저런 핑계로 멀리하는 게 사람들이다. 마음을 주고 온갖 얘기를 나눈 사이도 조금만 섭섭하면 여지없이 돌아서서 흉을 보며 헐뜯는 게 사람들이다.

필요하다 싶으면 온갖 친절 다 베풀다가도 돌아설 땐 구린내가 나는 사람들, 세상에 안티가 따로 있는 게 아니더라. 어제의 절친이 오늘의 안티가 되는 이상한 세상에 우리들은 살아가고 있다. 열심히 베풀며 살고 싶다가도 맥이 빠지고 실망이 큰 세상이다. 사람들의 가슴과 머리는 도대체 어떻게 만들어졌기에 순한 양이 늑대가 되고 쥐가 고양이가 되어 살아가는 가면 놀이 같은 세상사인지 혼자 실망하기엔 헛웃음이 나는 세상 같다.

천 길 물속은 알아도 한 치 밖에 안 되는 사람들의 속은 모른다고 하는 세상이 아니던가? 나를 좋아하는 사람들도 한순간 금이 가면 여지없이 상처받고 실망을 한 적이 한두 번이 아니다. 자기네들이 필요한 만큼 나를 부르고 함께 먹고 놀다가도 변덕이 나고 싫증이 날 때는 가차 없이 마음을 바꿔 또 다른 사람한테로 옮겨 갈 땐 반드시 그냥 가는 게 아니고 꼭 한 마디씩 물어뜯고 상처를 주고 가는 게 인간들의 나쁜 습성인 것 같다. 인격이 덜된 사람들의 특징은 칭찬에 인색하고 남들의 비난엔 재빠른 사람들이다. 이런 생각을 하니 인간관계가 서글픈 마음이 든다. 사람은 많이 겪어봐도 까마귀 새끼인지 백로인지 속을 모르는 게 사람이다. 사람을 사귀는데 있어 꼭 유익함만 계산하는 마음들이 보여 가끔 씁쓸한 생각이 든다. 혼자 잘난 척하는 사람 또 그 잘난 작은 지식을 나타내듯 남을 고의로 지적하며 자기를 올리려는 소인배 같은 사람들도 적지 않은 세상, 사람이 살아가는데 조금 잘못이 있어도 가르치는 것과 지적질은 분명히 다르다. 가르치는 자는 제자나 배워야 할 아랫사람한테 하는 거지만 윗사람이나 또 같은 동지나 친구라도 받을 맘이 없는 사람한테는 가르침이 지적질로 무례함이 되는 법이다. 그럼에도 갑자기 도전장처럼 지적을 당한 사람은 황당하고 커다란 상처로 남는 법이다.

옛날 공자의 일화에 나오는 글이 생각난다. 무지렁이 아녀자에게 '동지박 서지박' 이르다가 공자가 된통 당했다는 말과 어느 글에 심심 유강 나룻배에 잘 배운 선비가 탔는데 자신의 박식을 과시한 나머지 배움이 없는 사공을 업신여겼는데 갑자기 풍랑을 만나 두 사람 다 강에 빠졌으나 사공만 구사일생 헤엄쳐 나왔단다. 목숨을 건진 사공이 말하기를 "두루 박식한 선비님, 어이하여 헤엄을 아직 배우지 못했나요?" 이렇듯 사람이 서로 가진 재주가 다 있거늘 혼자 잘났다고 하는 소인배가 많은 이 세상에 살아가고 있는 우리들이다.

세상이 살기 좋아진 만큼 사람들의 마음은 더욱 메마르고 완악하고 사악해지는 듯하다. 자기 자신은 돌아볼 줄 모르고 남을 지적질하고 깔아뭉겨야 속이 시원한 사람들, 사랑과 이해와 남을 아끼고 존중할 줄 모르고 남을 뭉개버리면 자기가 올라가는 줄 알고 착각하는 사람들을 보면서 저렇게 따뜻함이 없는 가슴들이 무슨 지성인이라고 거들먹거린단 말인가? 이중인격자들이 득실거리는 사회 속에 소위 지성인이라 하는 사람들 가운데도 이런 작은 사람들을 심심찮게 볼 수 있다. 글을 쓰다 보면 자기 글만 최고 인양 착각하는 사람들 또 남이 알아도 안 주는데 자기 글을 읽어주는 독자도 없는데…혼자 골머리 추켜세우듯 최고인 양 착각하며 남의 글은 존중할 줄 모르고 자기 머리로 생각하면서 서슴없이 비판을 밥 먹듯 하는 사람들, 자기의 부족함은 부끄러운 줄도 모르고 남을 지적질하는 고얀 성격의 모난 사람들, 이런저런 사람 속에 얼굴도 모습도 생각도 모두가 다르듯 글도 성향에 따라 다른 게 당연한 것이다. 물론 능력과 재능과 소질의 높낮이는 있지만… 그래도 같은 문우끼리 서로 격려와 칭찬은 못할망정 잘난 척하는 모습은 철저히 보기 흉하고 교만하게 보이고 저만 잘난 척하려는 소인배처럼 느껴졌다. 잘난 사람은 가만히 있어도 남들이 다 잘난 줄 아는 세상인데 굳이 그래야 하나, 정말 훌륭한 사람들은 남을 비판하지 않는다. 그리고 서로 칭찬을 아끼지 않는 사람이다. 글만 번드르르 잘 쓰면 무엇 하나? 넓은 아량과 배려와 따뜻한 가슴이 있어야지.

얼마든지 좋은 말로 교만하지 않고 조심스럽게 상대를 존중하는 단어가 있으련만, 철저히 이기적이고 무례한 사람들을 가끔씩 훔쳐보면서 이런저런 회의 속에 나는 한참 동안 인간의 수수깡 같은 마음에 씁쓸하고 허탈한 마음이 든다. 그래 가끔 씀바귀를 먹은 후에 사탕의 단맛을 짜릿하게 느낄 줄 알겠지. 필요할 때 삼키고 쓰면 뱉어버리는 세상, 그런 사람들도 언젠가는 본인이 뿌린 대로 씁쓸하게 외면당할 때가 있을 것인데 세상은 뿌린 대로 거둔다 하지 않는가. 그런 진리를 깨닫고 나면 결국 홀로된 섬같이 인생이 외롭다는 걸 느낄 때가 있겠지. 공평하신 하나님은 교만한 사람을 가장 싫어하신다는 진리를 알았으면 하는 생각 속에 나도 나를 돌아본다. 혹여 나도 남에게 알게 모르게 못마땅한 일이 얼마나 많았겠나. 그래도 그들이 나를 내치지 않고 감싸준 고마운 분들이라는 생각이 든다. 한편으론 또 세상에는 얼마나 좋은 분들도 많은데 하는 생각 속에 묻힌다. 무례한 사람들을 보면서 또 고마운 분들을 떠올리는 그런 삶의 풍경 속에 나를 담근다.

얼마 전 아는 지인의 남편이 살해를 당했다는 끔찍한 뉴스와 함께 그분을 잘 아는 사람에게 안됐다는 말을 들었다. 평소 살아계실 때 그분의 성격 얘기가 자연스럽게 화두가 되었다. 깐깐하고 섬세한 성격에 타협이 부족한 사람이지만 모든 면에 그래도 강직하고 좋은 분이었단다. 그런 분이 왜 무엇 때문에 그런 비극적인 일을 당했을까 하는 아쉬움 속에 공연히 깊은 숙제에 빠졌다.

간혹 그런 분들이 사회성 부족으로 상대에게 질릴 수도 있고 직접 연관 있는 사건이 터지면 전혀 틈을 안 주는 분이라서 혹시 상대들한테는 많은 미움을 살 수도 있다는 이야기를 나누면서 알 수 없는 나름대로의 추리 속에 안 됐다는 생각과 고민에 빠진다. 갑자기 요즘 사람이 무섭다는 생각이 든다. 세상살이가 참 많은 숙제 속에 엉켜 사는구나 하는 슬픈 마음이 든다. 백 년도 못 사는 인생인데 도토리 키 재기 속에 목청 높이는 사람들 한때는 서로를 좋아하고 서로를 칭찬해주던 사이였는데 어쩌다 자기 뜻대로 안 되면 금방 돌아서 버리는 인간의 변덕스런 마음들이 서글프다.

자식들을 낳고 몇 년 아니 몇십 년을 살다가도 이혼하는 부부들 얘기도 생각이 난다. 서로 사랑할 때 좋다가도 헤어질 땐 원수가 되는 슬픈 인생이 세상엔 많이 있다. 정말 우린 세상을 어떻게 살아야 잘 산다고 하나 마음 '심心' 자에 신념의 막대기를 꽂으면 반드시 '필必' 자가 된다. 사람들의 세상은 불가능한 것도 한순간 마음을 바꾸면 모든 것은 가능해진다는 신념으로 살면 얼마나 좋을까. 그리고 참을 인자 셋이면 살인도 면한다는데 조금씩 참고 양보하면서 살면 좋을 텐데… 어떻게 사는 게 남도 좋고 나도 좋고 하면서 평화롭게 살 수 있을까 하는 생각에 흠뻑 빠져 본다. 삶이 힘들어도 가끔 마음에 상처를 받아도 우리가 서로 사랑했던 기억만 잊지 않는다면 결코 요즘 탄생한 졸혼이란 단어는 없어도 될 듯하다는 생각이 든다. 사람 사는 모습이 천태만상이지만 가난한 마음들이 모두 행복했으면 좋겠다.

권사 은퇴하던 날

얼마 전 내가 아는 지인으로부터 많이 힘들고 사는 게 외롭다는 문자 한 통을 받았다. 사람 사는 게 다 거기서 거기겠지. 유독 외로움을 타는 사람들이 있을 것이고 또 말은 안 하고 티를 안 내도 속으론 춥고 곪아 터진 가슴으로 사는 사람들도 많을 것이다. 그 분은 가족이 몸이 아프고 혼자 있는 시간이 많으니깐 외롭다는 말을 자주 쓴다.

나는 속으로 공자 앞에서 문자 쓰네. 아님 모기 발에 워커다 하면서 잽도 안 되는 아픔으로 그분이 엄살을 떠는 것처럼 느껴진다. 물론 누구나 자기 손톱 밑 가시는 남의 염통 곪는 것에 비할 바 아니도록 아픈 법이지만, 나는 하늘을 볼 때마다 가끔씩 부끄러워 고개를 떨구며 한숨으로 대신할 적이 많다. 물론 내 친지나 내 주위의 아는 분들은 내 사정을 다 아니깐 조금은 이해가 되겠지만, 나를 잘 모르는 사람들은 나는 마냥 행복하고 근심 없는 복 많은 여인으로만 본다. 내 사정을 모르는 사람들한테는 굳이 말하고 싶지도 않은 내 자존심일 수도 있다. 그런데 그 쓸데없는 자존심이 늘 나를 외롭게 하고 가끔씩 부끄럽게 한다.

내가 아는 지인이나 친지들은 나를 범생이 또는 착한 사람이라 칭찬해 준다. 물론 듣기 좋으라고 앞에서 해주는 소린인지도 모르지만, 암튼 내가 날 생각해도 내가 착하다는 생각을 해보긴 한다. 그런데 간혹 그놈의 자존심과 위선 때문에 늘 내 가슴은 혼자 외롭다.

내 남편은 지병 생활로 뒤늦게까지 나를 간호사로 만들어놓은 염치없는 사람이다. 이제 세월이 흘러 나이가 들고 보니 그렇게나마 남편이 살아줘서 과부 소리 안 듣게 하는 것만도 감사하다. 요즘도 그런 남편 때문에 한 번도 맘 편히 그 흔한 해외여행은커녕 또 국내 여행도 편한 맘으로 제대로 해본 적이 없는 내 삶이다. 그래도 그런 날들이 크게 한이 되고 불만스럽다는 맘은 별로 먹어본 적이 없다. 그저 이게 내 몫이고 내 팔자려니 생각하면서 늘 감사하며 살아왔다. 그나마 내가 문학을 한답시고 글을 쓰는 행복이 또 하나의 즐거움이다. 가끔 문학단체에서 문학기행이나 지인들과의 짧은 나들이에도, 나는 남모르게 초조함 속에 속으론 힘든 나들이었다. 그런 세월 속에 익숙해진 나는 남편보다는 내 사랑하는 애들의 아버지였기에 나와의 싸움에서 나를 달래면서 살았다. 보이는 모습과 보이지 않는 두 모습으로 약속을 지키기 위해 열심히 살아 온 듯하다. 그래도 남편 덕에 먹고 사는 걱정 같은 건 그리 크게 하지 않고 살아 왔건만. 못난 가슴은 고마운 줄도 모르고 부끄러운 소리지만 너무 힘들고 지칠 때는 남편이란 존재가 없는 게 낫다는 생각마저 들 때가 내 가슴을 질러대고 있었다. 긴 병에 효자 없다고 그것이 철저히 이기적인 가슴이 아닐까 싶다. 그럴 때마다 그 옛날 친정 부모님들이 하신 말씀이 생각난다. 여자는 시집을 가면 몽당 빗자루로 살아도 한 남편을 섬기며 그 집 귀신이 되기 전엔 절대 오지 말라는 말과 여자는 클 때엔 아버지

뜻을 받들고, 출가하면 남편 뜻에 따라 살다 늙으면 자식(아들)뜻에 살라는 부모님들의 가르침이었다. 지금이야 그런 소릴 하면 조선시대 사람이라고 흉이나 잡힐지 몰라도 우린 그런 가르침에 각인된 그 시대 사람이다. 아니면 하나님의 복음의 말씀에 순종하듯 나는 그렇게 내 삶을 살았다. 그러니 오늘 비슷한 처지에서 내게 넋두리하는 그 지인의 말이 내겐 엄살로만 들린다. 그런 그 친구도 남편이 몇 년 전에 쓰러져 지금은 회복은 약간 됐지만 불편한 환자로 살아가고 있다. 그 힘든 마음이야 오죽하랴만 나도 알고도 남는다.

그런데 얼마 전 그 친구가 환자인 남편을 매몰차게 남겨두고 유럽 여행을 다녀왔단다. 용기가 대단하다고 놀랬지만 한편으론 그 친구의 마음을 이해할 만하다. 언제까지 환자만 위해 긴 세월을 아파해야만 하는가. 아직도 인생 갈 길이 멀었는데, 간호하는 사람도 힐링을 좀 해야만 되고 또 환자 역시 혼자 독립심을 길러줘야 하는 상황이 아닌가 싶다.

그 친구가 하는 말, 모험을 하다시피 훌쩍 떠난 여행이란다. 물론 다녀오니깐 다행히 남편이 살살 혼자서 아무 일 없이 전처럼 잘 먹고 잘 지내고 있더란다. 그런 걸 잘 알면서도 나는 한 번도 그런 세월을 탈출해 보질 못하고 지금껏 살아왔다. 한편으론 그런 친구가 현명하다고 느끼며 부럽기도 하고 내가 좀 바보 같다는 생각도 든다. 누가 시켜서 못하게 한 노릇도 절대 아니고 내 마음이 편치 않아 그렇다.

그러면서 가슴으론 늘 두 마음이 갈등하며 사는 내 꼬락서니가 불쌍하기까지 하다. 진정한 내 가슴이 시킨 것도 아닌데 남들의 이목 때문일까 내 맘이 편하지 않아서일까. 아님 자식들의 본보기 때문일까 아님 진정 내 양심 때문일까. 이런저런 물음 속에 가끔 나를 바라보는 시선 체면 등이 가슴과 다른 위선자로 살아온 건지 혹시 모르겠다. 물론 경제적인 요인도 있겠지만 맘만 먹으면 왜 여행비 정도야 못 마련하랴.

혼자 두고 가는 진실로 병든 남편이 불쌍해서 그랬던가?

하늘을 보니 그런 것도 같고 아닌 것도 같다. 이렇듯 내 마음을 내가 모를 적이 많다. 가슴은 이렇게 두 마음으로 알쏭달쏭 싸우고 있다.

사람의 도리를 한다는 게 얼마나 힘들고 어려운가를 생각해 본다. 또 남이 모르게 숨겨져 있는 가슴까지 진정한 가슴이 된다는 건 정말 힘든 노릇 같다. 하루에도 열두 번씩 가면을 쓰고 내게 주어진 삶 속에 얼마나 투정을 하면서 알게 모르게 얼마나 힘들게 전쟁 같은 가슴으로 살아 왔는가?

소위 글을 쓰는 사람들한테도 실망하는 일들이 있다.

글은 항상 아름답고 번드르르 한데 현실의 삶 속에선 엉망인 사람들이 섞여 있다. 사람이 사는 데는 내 의무 내 이름값을 하기 위해선 늘 노력과 헌신 없이는 승리할 수가 없다. 물론 사람이 살아가는데 진실만 갖고 살면 얼마나 좋을까마는 때론 진실 없는 사람들이 만든 도덕과 윤리 또 사람의 도리와 의무도 세상 사는 풍경들이다. 세상을 살면서 인물값은 못해도 나잇값 이름값은 앞세워야 하는 삶이 아니던가. 그러자면 늘 희생 헌신 노력 인내가 따라야 하니 그런 내 몫의 삶들이 가끔 너무 힘들고 아플 때가 많았다. 늦은 밤 허기진 가슴을 알 리 없고 허구한 날 내가 없으면 안 되는 사람이 내 곁에 있고, 하지만 가만히 생각해 보니 그럼에도 그런 것에 감사함으로 늘 생각하며 견뎌 왔다. 지금 뒤돌아보니 내 자리에서 잘 견뎌줘서 나는 내 자신한테 진실로 감사하고 있다.

남편이 살아있어 과부 소리 안 듣게 하고 비가 오고 천둥치는 날이면 이 나이에도 덩그런 빈 집에 혼자 있으면 무서울 텐데 남편의 코고는 소리로 불침번을 서 주니 감사, 또 그런 상황에서도 내 자녀들이 티 없이 잘 자라줘서 감사, 모든 사람들이 착하다고 하니 그 또한 감사, 모든 게

다 감사한 마음뿐이 아니던가. 세월 속에 이제 좀 내가 철이 드는 가 보다. 남모르는 내 가슴이 이렇게 덜 징징대니.

오늘 내 나이 칠십 고개 고희를 맞아 이제 교회서도 은퇴권사로 찬양대 봉사도 기타 몇몇 가지 일선에서 하던 봉사 자리를 내려놓는 날이다. 교회에서 그동안 수고 했다고 마련한 선물 꽃다발과 많은 사람들의 인사가 난무하다.

수십 년간 교우들과 함께 하던 봉사직에서 빠진다는 생각에 조금은 쓸쓸하지만 나이 앞에는 재간이 없으니 삶의 변두리로 물러앉는 게 현실이고 받아들여야지 지금껏 건강하게 내 자리를 온전히 지켜주신 하나님에게 눈물 나도록 감사하고 또 감사한 마음뿐이다. 뒤돌아보면 내 인생이 많이 힘들었지만 누구한테 하나라도 빼앗기지 않았던 내 자리, 그 귀한 자리를 지금에 와서 생각하니 수많은 갈등 속에 내려놓고 싶었던 적이 얼마나 많았던가?

간호사로 만든 아내라는 자리, 원망도 많았지만 잘 견뎌준 나에게 칭찬을 한다. 그리고 교회의 권사라는 봉사의 자리 내 형제 자리, 엄마라는 막대하고 준엄한 자리, 좋은 친구가 되고 싶었던 자리, 이런저런 내게 붙은 내 이름의 자리가 가끔은 힘들고 지쳐서 그 이름을 내려놓고 싶었던 적이 얼마나 많았던가. 하지만 그중에 가장 큰 사명, 엄마라는 이름, 하나님의 교회 권사라는 이름 때문에 나는 그 모든 자리를 감사하는 마음으로 지킬 수 있는 힘이 되어 왔는지 모른다.

이제 돌아보니 그 많은 자리를 남에게 뺏기지 않고 숨가쁘게 간직하고 살아왔다. 그리고 이제 교회에서도 떳떳하고 당당한 은퇴권사라는 명예를 받았다. 제 몫을 다하고 하는 은퇴는 자랑스러운 것이다. 나이가 들어 밀려나는 게 아니라 수고하셨으니 이제 우대를 해 준다는 영광스러운 것이 아니던가. 나는 오늘 교회에서 권사 은퇴와 더불어 이제 또다시 내 인생 이모작을 꿈꾼다. 나는 가끔씩 지인들에게나 글 속에 70세까지만 사는 게 소망이라는 말을 해 왔다. 그런데 요즘 의술도 약도 좋은 시절이라 그런지 사람들의 전체적 수명이 늘었다. 나도 입버릇처럼 하던 고희가 닥쳤는데 이렇게 살아 있으니, 다시 태어난 기분으로 내 인생 이모작을 아름답게 누비고 싶다. 하늘나라 가는 그날까지 행복한 마음으로 즐겁게 감당하면서 하나님에게 잘했다는 칭찬을 받고 싶다. 그리고 나는 이렇게 말하고 싶다. 부끄럽지만 주어진 의무를 다 하고 왔다고, 당신의 목적을 이루시는데 커다란 도구로 최선을 다했으니 하나님 저 상 주세요, 하면서 하나님께 어리광도 떨고 싶다. 그리고 이 땅에 내 묘비에도 반드시 내가 간수했던 이름과 직함을 새겨놓고 가고 싶다.

<엄마로 아내로 교회 권사로 또 작가로. 그리고 대한민국을 사랑하는 한 여인으로>, 애국자가 따로 있나요? 커다란 공은 세우지 못했어도 나처럼 충실하게 살면서, 남에게 피해 주지 않으면서 열심히 살면 애국자죠. 그리고 작가가 따로 있나요? 글과 삶이 잘 어우러져 아름다움의 삶을 쓸 줄 알면 작가죠.

잘난 부모가 따로 있나요? 자식을 낳았으면 곁에서 힘들어도 끝까지 키워주는 게 잘난 부모죠. 좋은 친구가 따로 있나요. 헐뜯지 않고 필요할 때 함께 놀아주면 좋은 친구죠. 교회 좋은 권사가 따로 있나요? 주님의 일에 순종하며 남을 위해 기도하고 선한 일에 동참하며 봉사하는 자리에 있으면 되는 거죠. 이렇게 혼자 중얼거려 본다.

내 인생 그 많은 자리 중 오늘은 은퇴권사로 또 다른 자리를 선물 받았습니다. 은퇴권사라는 이름 앞에 열심히 제2의 인생을 생각하며 언제나 누구에게도 행복을 줄 수 있는 내가 설 자리를 고민해 봐야겠다.

명절날 일어난 일

2015년 추석 명절은 유난히 맑고 화창하고 아름다운 전형적인 가을날의 한가윗날이다. 모든 것이 풍요롭고 세상이 아름다워 보이는 날, 떨어져 살던 자녀들이 함께 모여 추석날의 즐거운 아침 식사를 했다. 소중하고 눈에 넣어도 아프지 않는 내 사랑하는 새끼들과 함께 모여 밥상을 받는다는 것은 큰 축복이라고 생각하면서 하나님에게 기도를 하고 정겨운 추석날 아침을 맞이했다. 남들은 추석 음식에 토란국을 끓여 먹지만 우린 추석 때마다 미역국을 먹으며 남보다 특이한 추석 명절을 지낸다. 그건 내 남편의 생일날이기 때문에 늘 토란국 대신 미역국을 상에 올린다. 그런 아침상을 즐기고 간식을 준비하면서 식구들과 밀린 얘기를 하고 있는데 갑자기 전화벨이 울린다. 나는 형제들의 안부 전화려니 하고 재빨리 수화기를 들었다.

여보세요? 아, 네 여긴 경찰서인데요. 하질 않는가. 경찰서요? 무슨 일인데요? 하니 거기가 몇 번지 몇 호 맞죠? 한다. 네, 맞습니다만 무슨 일인가요? 하면서 평생 처음 경찰서에서 전화가 온다는 게 정말 이상하다는 생각에 또 이런 날 온다는 건 과히 기분 좋은 일은 아닌 듯 가슴이 괜히 덜컹했다. 하지만 사랑하는 자녀들은 다 곁에 함께 있으니 크게 놀랠 건 아니다. 그래도 순간 비워놓고 온 아이들 집에 도둑이 들었나? 아님 친척들에게 무슨 일이 생겼나? 짧은 시간에 스크린처럼 머릿속에 스치는 의문으로 걱정스럽게 묻는데 이내 대문 앞에 경찰차가 와서 문을 두드린다. 여기가 몇 번지 몇 호 맞죠? 한다. 나는 얼른 뛰어나가 무슨 일인데요? 하면서 대문을 열어주었다. 경찰 아저씨 두 분이 오셔서 대문 안으로 들어오면서 방금 댁에서 전화로 신고가 들어와서 왔습니다. 하질 않나 나는 의아한 목소리로 무슨 신고요? 하니 그분들이 전화로 112 신고라 한다. 글쎄요, 하면서 경찰 아저씨랑 얘기를 나누는 도중 며늘아기가 어머니 애들이 장난으로 눌렀나 봐요. 하질 않는가. 세상에 이럴 수가 너무 미안하고 죄송한 마음에 어쩔 줄 몰랐다. 경찰 아저씨가 온 걸 안에서 본 손주 녀석이 놀래서 고백을 했나 보다. 애미도 놀라서 현관을 나와 사과를 한다. 나는 무조건 연실 미안한 마음에 죄송하다고 사과를 하고 오신 분들께 음료수를 대접하고 손주를 불러 정중히 사과를 시켰다. 그 분들은 명절이라 차가 많이 막혀 헐레벌떡 왔다면서 정겹게 웃으시면서 싱거운 모습으로 돌아가셨다.

현관으로 들어와 자초지종을 자세히 물어보니 초등학교 1학년 손주 녀석이 이번에 학교에서 연극을 맡은 게 경찰서장 역이란다. 그런데 다른 또 하나 손주 녀석이 그럼 한 번 신고해 볼까? 진짜 오나? 하면서 무심코 전화기에 112를 누르고 이내 애들이라 잊어버리고 또 개구쟁이처럼 놀고 있던 차 이런 일이 벌어졌다. 철없는 것들의 장난질에 한바탕 놀란 가슴을 쓸어내리고 한편으론 크게 놀랬지만 이 일로 완전 산교육이 되긴 했다는 억지 안도감으로 여겼다. 정말로, 오신 경찰분들한테는 미안한 마음을 가눌 길이 없다. 일을 저지른 손주 놈도 부모들과 식구들한테 한마디씩 혼나고 나니 기가 죽어있고 한바탕 웃지 못할 사건 속에 추석날의 흥이 다 깨져 버렸다. 어른들이 교육을 각인시킨다 해도 어린 것들은 놀다가 잊어버리고 무심코 이렇게 엉뚱하게 일을 낸다.

황당한 생각 속에 애들 교육을 다시 한 번 되짚어보는 날이다. 무의식 중에 일을 저지르는 어린애들, 그리고 쉽게 생각하면서 일러주지 못 했던 장난기, 또 요즘 기계문명의 흔하고 편리하게 널려있는 전화기, 빠르고 쉽게 움직이는 손놀림 속에 철없는 애들에겐 또 다른 교육이 부족했다는 점에 뉘우침이 많은 시간이었다.

나는 잠시 놀란 가슴을 진정시키고 조용히 기가 죽어 있는 손주에게 다시는 그러지 말라고 타이르곤 서로 간식을 먹고 나서 애들은 자기네 집으로 돌아갔다. 연극에 갖고 나올 소품인 큼직하고 까만 장난감 권총을 손에 들고 돌아가는 손주 녀석의 뒷모습 속에 아까 일을 저지른 탓에 기가 푹 죽어 있는 걸 보니 내 마음이 짠했다. 눈에 넣어도 아프지 않을 만큼 소중한 내 새끼가 오늘 저지른 일로 삶을 살아가는데 커다란 교육으로 다른 실수도 고치면서 살아가는 큰 사람으로 커 주길 소망하면서 돌아가는 손주 녀석 뒷모습에 나는 기도를 해 주었다. 사람이 실수를 해도 잘못을 저지른 행위가 두려운 것이 아니라 잘못을 알지 못하는 자체가 두려운 것이라 했거늘 확실히 잘못을 알고 가는 듯한 어린 손주 녀석을 보면서 그래도 속으로 이런 실수는 두 번 다시 없을 거라는 산교육이 된 듯해 놀란 가슴을 지긋이 만지면서 저 아이들이 커 나가는데 다른 일에도 실수하지 않고 무엇이건 세상을 살아가는데 한 번 더 심사숙고하면서 조심스럽게 살아가는 그런 사람으로 커 주기를 바래본다. 그리고 저 아이도 이 담에 다 커서도 오늘의 실수를 교훈 삼아 잊지 않을 거라는 생각 속에 웃지 못할 추억으로 심어질 거라는 생각을 해 본다. 그래서 이 할미가 자기 잘못으로 경찰 아저씨들께 절절히 사과하는 모습을 기억하면서 할미의 사랑도 같이 기억해 줬으면 더없이 감사하겠다는 생각을 해본다.

경찰서에서 나온 서글서글하고 마음씨 좋은 그분들께는 진심으로 미안하고 죄송하지만, 오늘의 실수와 잘못 또 놀램 이 모든 것들에 감사하는 마음이다. 어린아이들이 있어 이렇게 또 한 번 어른들이 자신을 돌아보게 하는 기회도 된 듯한 시간이다. 조금 놀랬지만 올 추석엔 할미집에 와서 제대로 개구쟁이로 말썽을 부리고 가는 소중한 손주 녀석들이 있어 나는 행복하다. 실수 없는 사람이 어디 있겠나. 어른들도 실수는 하는 법인데 제대로 교육이 부족한 어른들 책임도 있는 게지. 어린아이가 깨닫고 다시 안 그러면 되는 게 아닌가? 생각하면서 보름달이 멋지게 뜨는 추석 명절도 행복하고 흐뭇한 마음으로 웃지 못할 특별히 기억이 될 일도 모두 감사하는 풍요로운 추석 명절 날이다.

그녀의 눈물

대추나무 방망이란 생각이 갑자기 난다. 단단한 사람을 보면 느끼는 말 같다. 오늘 오랜만에 한 동네서 지내온 지인들과 저녁식사를 나누는 날이었다. 한 동네 오랫동안 살아도 서로가 바쁜 생활 속에 호젓이 만나 자주 놀지도 못하는 형편이다. 그래서 오늘은 서로 미리 시간을 약속해 만나 식사를 나누며 이런저런 지난 얘기들로 꽃을 피우며 수다를 떠는 좋은 시간이었다. 그중 한 지인의 지난날 얘기를 듣다보니 모두가 옛날 얘기지만 마음들이 숙연하니 아팠다. 그 지인은 남부럽지 않게 작은 빌딩도 지니고 저택에 애들도 남편도 다 건강하고 부러울 게 없이 살지만, 지난날 가난해서 남의 셋방살이의 설움을 지금도 잊지 못하고 가끔 생각이 나면 마음이 울적한가 보다. 그래서 그런지 유독 겉보기엔 단단한 대추나무 방망이처럼 보여도 눈물 많고 남보다 잔정이 많고 베풀기를 좋아하는 아주 접시꽃 같은 사람이다. 그런데 오늘은 그녀의 눈물을 보았다. 좋은 일에도 많이 참여하고 사는 동네에서 손꼽히는 모범생의 가정이다. 불쌍한 사람이나 남의 일을 보면 내일처럼 나서서 해주고 때론 남자 몇 몫 하는 여장부 같기도 한 인정이 넘치는 지인이다. 지금은 그렇게 살 만한데도 그 옛날 생각이 머리에서 잊히질 않나보다. 옛이야기를 하면 눈물을 보이는 걸 보면, 사람 사는 게 돌고 도는 인생이고 새옹지마라 하지 않던가.

전에 세를 주었던 주인댁은 지금은 형편이 나빠져서 거꾸로 되어 사는 걸 보면 세상은 참 돌고 도는 세상이 틀림없다. 사람 사는 게 겉으로 보이는 게 다는 아니겠지만, 사람들은 보이는 걸로 희비를 가려지질 않나 하는 생각이 든다. 세상을 사는데 늘 좋은 마음만 생각하면서 살아야 맘이 편한 듯하다.

소망은 쫓는 것이고 원망은 잊는 것이라 했다. 그리고 기쁨은 찾는 것이고 슬픔은 견디는 것이라 했다. 좋은 생각 속에 살아도 인간인지라 옛날 일로 가슴 아플 적이 있는 게 사람 마음인가 보다. 오늘 지인과 함께 식사를 나누며 훔쳐보는 눈물이 어쩐지 약한 인간애가 보이는 듯 나도 공연히 가슴이 찡하다. 이래서 이웃 친구가 좋은가 보다. 속을 터놓고 옛말도 하고 가슴도 보이고, 저 사람의 저 잔잔한 눈물이 지금의 살 만한 자로 키워낸 원동력일지도 모른다. 이젠 그 지인이 옛날 생각에 눈시울이 촉촉해 지는 일이 없고 늘 좋은 생각으로만 바뀌졌으면 하는 바람이다. 비가 온 후 세상이 더 빛나듯 이젠 살 만하니 아픈 기억은 모두 잊고 행복만 느끼면서 살아가길 속으로 기도한다.

향기 나는 나무는 자기를 찍는 도끼에도 향기를 묻힌다고 했다. 우리 인생도 나를 아프게 한 사람까지도 용서하며 사랑 할 때 그 사람들이 바로 향기 나는 나무 같지 않을까.

자기를 좋아하는 사람은 얼마든지 좋아할 수 있다. 하지만 자기를 힘들게 하고 미워한 사람을 용서하기란 정말 많은 에너지가 필요하다. 우린 늘 하늘을 보고 자신을 돌아볼 때 마음엔 보이지 않는 공기에게까지 감사할 일이다. 사람과 사람 사이에 벌어지는 감정들을 잘 컨트롤 하면서 살 수 있다면 그건 별을 움켜쥐고 사는 것보다 더 나은 삶이라고 할 수 있다. 오늘도 이렇게 따뜻한 지인들과 함께 식사하는 시간 속에 또 다른 가슴 뿌듯한 날이다. 그녀의 잔잔한 추억의 아픔과 눈물 속에 또 다른 따사로움의 인간 모습을 보는 듯해 흐뭇했다. 순간 내 가슴도 점검하는 날이다. 혹여 나도 알게 모르게 남의 가슴에 아픔을 준 일이 없었나 하면서 그녀의 눈물 속에 삶의 흔적을 살며시 훔쳐보니 내가 살아온 흔적도 그 속에서 보이는 듯하다.

짝사랑

이 세상에 짝사랑처럼 불쌍한 건 없는 것 같다. 세상엔 많은 친구가 있는 듯해도 막상 저녁을 먹고 허물없이 찾아가서 차 한 잔 마시고 싶다고 편하게 말하면서 수시로 드나들 수 있는 친구가 얼마나 될까?

사랑을 하면서도 서로가 같은 마음으로 마주보고 애틋하게 영원히 변함없이 사랑하면 얼마나 좋을까? 친구도 애인도 사귀다 보면 서로가 계산기 속에 저울질하는 권태기라는 게 온다. 사람 마음이 한결같으면 좋으련만 늘 저울처럼 계산하는 얄팍한 인간관계 속에 사람들은 언제나 이기적인 생각 속에 가끔 메마른 가슴이 되어 힘들 때가 많은 게 바로 요물 같은 사랑이고 변덕이 많은 인생살이다.

문득 오래전 그 옛날 어느 친구에게 짝사랑에 빠진 적이 있었다. 지금 생각하면 내가 몹시 철없고 바보처럼 순수했다. 그땐 남몰래 얼마나 많은 가슴앓이를 했었던가.

싫은 건지 좋은 건지도 그 사람의 마음은 알 길이 없으면서 오직 나 혼자 무조건 그 사람이 좋고 그냥 보고 싶고 그냥 그리워 얼마나 많은 시간을 허비하고 내 불쌍한 가슴만 매일처럼 고생을 시켰는지. 알지도 못하는 긴 기다림 속에 그땐 왜 그리도 쓸데없는 생각을 공연히 허비했는지.

추운 날에 추운 줄도 모르고 꽁꽁 얼어가면서 그 집 앞 골목길에서 행여 문을 열고 나오려나, 기다리며 한없이 창문을 쳐다보면서 맘 졸였던 일들, 또 그 사람이 잘 갈 듯한 곳, 잘 다니는 길목에서 서성대던 일이며, 남모르게 숱한 마음고생으로 얼마나 짝사랑을 했던가. 무엇으로 건 어떤 핑계로라도 만나고 싶어 하던 그때 그 마음 그 모습이 지금 생각하니 내가 너무 어리석고 바보 같고 처량하고 불쌍하기까지 했다. 그 사람이 뭐기에 알아도 안 주고 반기지도 않는 사람을 혼자 좋아서 밤새껏 떨며 기다리고 보고 싶어 혼자 몸살을 했는지, 그 사람이 내게 준 건 하나도 없는데 지금 생각해도 내 맘을 알다가도 모를 일이다.

내게도 이런 바보 같은 추억의 사랑이 있었다는 게 도무지 이해가 안 되는 지금이지만, 요즘 생각하니 추억으로 돌리기엔 그 사람이 공연히 괘씸하고 얄밉기까지 하다. 개뿔도 아닌 게 날 그렇게 애태우게 하고 정말로 눈치를 챘는지 진짜 몰랐는지 그건 지금도 알 길이 없지만 즐기듯 모른 척 잘난 척 하던 그 사람인 것 같은 느낌마저 든다. 어쩌다 마주치면 시큰둥한 태도며 무심했던 모습이 날 초라하게까지 한 그 사람 지금 생각하니깐 가슴마저 모질어 보이는 그 사람이 아니던가?

그만큼 내 마음도 퇴색되고 계산적 삶이 되어버렸는지 몰라도 암튼 지금은 내가 너무 바보였다는 생각뿐이 안 든다. 추운데 자기를 기다린 사람에게 눈치도 없이 따스한 눈길을 외면한 모진 가슴인데, 나 같으면 나를 그토록 좋아해 추운데 자기를 기다린 듯한 사람이라면 다가와서 차

한 잔이라도 대접하면서 따스한 말 한마디 묻고 건네주었다면 지금도 얼마나 아름다운 사람으로 추억 속에 기억 될 수 있는 사람일 텐데, 늘 쌀쌀맞은 그 사람의 태도만 기억된다. 지금 생각하니 그 사람이 지극히 냉정한 사람이었다는 생각이 든다. 그리고 지금 다시 되돌아보면 그 사람은 하나도 잘난 게 없는 그런 사람인데 무엇이 좋아서 그 속앓이를 하면서 그랬는지 정말 한심하고 우습다. 오히려 부끄럽고 창피한 기억의 사람이다. 도무지 내가 통 이해가 안 되는 슬픈 내 짝사랑의 허탈하고 아픈 추억이다.

이렇듯 아무도 모르는 나만의 짝사랑은 지극히 비참한 일인데 그리고 정말 어리석은 짓인데, 사람들은 왜 짝사랑도 아름답다고들 하는지 가끔은 이해가 안 된다. 아무도 모르게 혼자만 했다는 게 더욱 슬프게 느껴지는 건가 나는 지금 생각하면 사랑도 우정도 상대적으로 서로 주고받는 것이 추억이고 아름다움이 아닌가 생각된다. 요즘 같으면 이런 어리석은 젊은이들은 없을 듯하다. 다들 얼마나 현실적이고 영리한가.

오늘 내 가슴이 내 생각이 분명히 또렷한 사고와 생각을 갖고 있는데도 불과하고 또 다른 내 가슴의 추억을 생각하다 보니 지금도 내 가슴에 놀라고 있다. 도대체 이런 상황의 못난 가슴과 생각은 어디 숨어 있다가 느닷없이 등장한단 말인가? 나도 몰랐던 이런 내 마음이 이 나이에 남모르는 가슴이 있다면 세상이 웃을 일인데도 불구하고 지금도 멋진 사람을 보면 눈길과 마음이 쏠린다는 건 무슨 감정일까?

사람이 늙어도 마음은 늙지를 않나 보다. 이젠 생김새 보다 행동이 멋진 매너를 가진 사람을 보면 이 나이에도 남모르게 참 멋있다는 생각과 더불어 남모르게 관심이 가는 게 인간의 본능인가 보다.

그 옛날 짝사랑과는 물론 다르겠지만 그때 그 마음의 설렘은 과히 짐

작할 만큼 느낄 수 있고 알 수 있게 한다. 사람이 사람을 좋아하는 감정과 사랑은 늘 계산 없이 푼수처럼 움직이나보다. 그 지겨웠던 짝사랑이란 단어도 싫은데 요즘 그런 짝사랑의 추억도 내겐 가끔씩 웃음을 준다. 그리고 아무도 모르게 행복을 주니 아마도 내 가슴엔 푼수 끼가 몇십 개가 가득하게 숨겨져 있었나 보다.

아니면 아마도 많이 늙어서 또다시 만들 추억이 없으니 그나마 소중하게 느끼는 추억인가 보다. 지는 노을 속에 시들어가는 낙엽 같은 모습에도 짝사랑은 새봄에 새싹처럼 돋아나는 것인가 보다. 어떻게 생각하면 사람의 가슴은 시들지도 늙지도 않고 늘 흐르는 물 같다는 생각이 드는 날이다. 그래도 그 옛날 무모하도록 눈 하나 예쁜 모습에 끌려 미련스럽게 하던 짝사랑은 절대 못할 듯, 이미 세월 속에 마음과 행동이 많이 녹슬었다. 하긴 논어에서 보면

나이가 들면 '마음이 하고자 하는 대로 하더라도 절대 법도를 넘지 않았다'하여 종심소욕불유구從心所慾不踰矩라고 한다. 이젠 멋진 사람을 봐도 그런 생각이(종심으로) 망령이라 일컬을 테지만.

그 옛날 남모르게 가슴앓이를 했던 내 짝사랑의 그 미운 사람은 영원히 이런 사실을 모르는 체 어디에 살고 있을까? 이만큼 세월이 흘렀다. 이런 추억들이 모두가 살아있는 가슴의 모습들이 아닌지.

이래서 사람들은 나이가 들면 좋든 나쁘든 추억을 먹고 산다고 했나 보다.

창밖에 푸른 하늘이 오늘은 더 아름답게 보인다. 두둥실 떠 있는 뭉게구름 속에 그 옛날 눈이 예쁘다고 홀랑 빠져 혼자 애태우며 소위 말하는 짝사랑 속에 빠졌던 내가 바보처럼 웃고 있다.

똥파리

햇살이 황홀할 정도로 좋은 오후 거실 창문을 활짝 열어 제키고 맑은 공기를 마시려 하는데 갑자기 윙 하는 괴음을 내는 똥파리 한 마리가 기다렸다는 듯이 잽싸게 거실로 초대하지도 않았는데 날아든다. 대문 밖 골목에 혹여 누가 또 강아지 똥이라도 놔놓고 갔나? 이놈의 똥파리가 어디 있다가 날아 들어온단 말인가, 하면서 난 반사적으로 똥파리를 쫓아버린다. 많은 파리들 중에서도 유독 똥파리는 더럽고 징그럽다. 도대체 똥파리도 하나님의 작품인가? 하는 우스운 질문 속에 나는 오늘 갑자기 똥파리의 존재에 빠져든다. 병균을 옮기고 더러운 곳만 찾아다니며 사는 놈, 그 이름 똥파리, 마음껏 날아다니는 자유로움이 있는 똥파리의 정체 속을 고민해 본다. 똥파리도 세상에 활개를 치고 살아갈 가치가 있나? 똥파리는 초대하지 않아도 멋대로 와서 똥을 싸고 제 맘대로 악취와 병균을 옮겨놓고 아주 대단하게 훨훨 날개를 펴 날아다닌다. 다른 파리들은 까만색이지만 똥파리의 날개 빛은 자세히 보면 은근히 화려한 색이다. 겉치레로 포장한 듯한 느끼함, 차라리 다른 파리 모양 그냥 까만색이었으면 하는 묘한 기분마저 든다. 약간 화려한 빛을 띤 날개, 나쁜 생각마저 주는 반짝이는 날개를 보면 공연히 소름이 돋는다. 윙윙 거리는 소리도 똥파리는 더욱 크게 질러댄다. 그 소리가 더욱 소름 끼치게 한다. 파리채로 잡아 버릴까? 아냐 어떨 땐 너무 더러워 그냥 훨훨 쫓아 버린다. 너무 더러우면 죽이는 것 자체도 피하고 싶은 심정이다. 마음으론 싹 잡아 없애고 싶은 마음이지만 죽이지 못한 속상함 속에 상종하기 싫은 더러움과 곁을 주기 싫은 마음에 훌훌 날려 보낼 적이 더 많은 똥파리의 존재, 윙윙대는 소리만 들어도 싫은 똥파리, 그런 똥파리를 보면서 나는 사람과 사람 사이가 갑자기 생각난다. 어쩌면 사람도 똥파리만큼 더럽고 냄새나고 싫은 사람이 있다. 남에게 늘 못된 짓만 하고 피해만 주고 억울하게 하고 손해만 끼치는 똥파리 같은 사람. 초대하지 않아도 와서 휩쓸고 가는 똥파리처럼 부르지 않아도 남의 집에 몰래 와서 강도짓과 도둑질과 또는 무서운 강간까지 서슴없이 하는 똥파리 같은 인간들이 있지 않는가. 목표도 방향도 똥파리 같은 철면피 같은 존재들 그런 인간들이 똥파리와 다를 바가 뭐 있겠나. 나는 어느 지인이 한 말이 생각난다. 사람이 잘못을 하고도 남에게 덮어씌우고 또 늘 다른 사람들 앞에선 내숭을 떨고 뒤에서는 사람 뒤통수치는 못된 인간들을 볼 땐 화가 나도 가슴으로 삭일 때 이런 생각을 한다. 눈이 껄끄럽고 마음이 토할 것 같아도 캐묻지 않음은 화를 자초하지 않으려 함이라는 말이 갑자기 생각난다. 그래 맞아, 똥파리 같은 인간들의 행동에 우린 기끔 자지러지도록 실망 속에 살아간다. 늘 향기를 주고 사람들에게 유익을 주는 나무와 들풀들을 보라. 저렇듯 좋은 일들만 하는 나무와 들꽃이련만 누가 옮겨 주지 않으면 절대로 혼자는 옮기지도 나르지도 못하는 나무는 늘 한자리에서 자기 자리를 지키며 운명인 양 때가 되면 피고 지고 하면서 사람에게 묵묵히 유익만을 준다. 그런데 똥파리는 마음껏 날 수 있고 옮겨 다닐 수 있는 존재가 아닌가. 분명 축복받은 존재 같은데 그 방자하고 못된 근성이 사람에게 눈살 찌푸리는 존재로만 살아가는 것을 생각하니, 사람도 장애인들이 나쁜 짓하는 게 있던가. 사지 육신 멀쩡한 생각의 장애들이 늘 똥파리 같은 짓을 하고 사는 사람들이 있다는 것이 오늘따라 마음이 아프다. 오늘 어느 지인한테서 오랜만에 안부전화가 왔다. 이런저런 안부와 근황을 얘기하다 얼마 전에 한 지인으로부터 상처받은 일이 생각난다며 얘기를 한다. 전화를 한 지인의 말에 의하면 나를 보고 사람을 너무 믿기만 해서 상처를 늘 받는단다. 그래서 늘 마음 아프고 내가 당하고 산다는 그의 우정 어린 위로의 말을 들으면서 나는 속으로 생각했다. 그 지인이야 다는 말을 안 할 망정 옆에서 보니 내가 딱해서 해주는 말이라 생각이 된단다. 그래도 나는 조용히 나를 위로하는 지인에게 당하는 쪽이 낫지 않은가. 남을 아프게 하고 당하게 하는 사람이 뭐 나을 수 있겠나 하면서 나를 생각해주는 고마운 그의 말에 부드러운 대답은 했지만 나도 인간인지라 화가 치솟는 건 피할 수 없는 마음이다. 비록 똥파리는 아니더라도 남의 가슴에 분노와 상한 마음을 주는 모자란 소인배들보다는 아프더라도 남을 해하지도 음해하지도 않는 것이 훨씬 낫다고 생각한다. 그래도 가슴 한구석이 홍역처럼 아픈 기억은 사실이다.

한때는 믿고 사랑했던 사람인데 나를 그렇게 음해하고 골탕을 먹이다니 하는 억울함 속에 수많은 시간이 흘러도 가끔씩 바람처럼 아픔이 지나가는 건 사실이다. 그래도 다시 상기되는 속상함에 내 스스로 가슴을 위로한다. 조금 당한 게 낫지 않았나, 적어도 당한 쪽은 크나큰 미움은 면할 것 아닌가. 똥파리의 근본처럼 근성이 나쁜 사람은 여간한 재간 갖고는 먹혀들지 않는 법이다. 차라리 따지지 않고 캐묻지 않는다는 말이 옳은 듯한 마음에 나는 한동안 스스로 내 마음을 추스르는데 많은 시간과 에너지가 소모된 적이 있었다. 오늘 똥파리를 보면서 왜 갑자기 아픈 기억이 생각날까. 참 세상엔 많은 사람들도 모든 미물까지도 하나님의 계획 아래 지으셨겠지만 이해가 안 되는 존재들과 일들이 한두 가지가 아니라는 생각을 해본다. 길게 살아야 백 년도 못 사는 사람들이 아무런 이득 없이 남을 해하고 더러운 짓을 일삼는 똥파리들처럼 더럽게 사는 인간들도 존재한다는 생각에 하늘을 쳐다본다. 그 사람들은 하늘을 보면 무슨 생각을 할까. 저 아름다운 하늘을 볼 줄이나 알까? 그리고 자연 속에 나무들의 묵묵함과 참음을 볼 줄 알까? 꽃은 바람이 불 때 향기가 더하지만 사람은 마음의 진실을 보일 때 그윽한 향내가 난다고 했다.

얼마 전에 내 마음을 아프게 한 그 사람도 오늘 안부 전화를 해준 그 사람도 다 한때는 내게 똑같은 지인이었는데, 지금 내 가슴에서는 전혀 색깔이 다른 사람으로 기록되어 있고 기억되어 있으니, 이것이 과연 내 마음도 옳지 않음인가? 나는 머리를 흔들어 다시 내 마음을 청소하고 곱게 정돈하여 옛날처럼 같은 지인으로 가슴에 적어놓고 싶은 마음이 든다. 그 지인의 마음에도 나와 같은 바람이 불면 좋겠다. 사람과 사람 사이 보이지 않는 관계의 가슴속이 이렇듯 무섭고 어려울 수 있는 게 서글프다. 적어도 똥파리를 보면서 똥파리 같은 사람은 만나지 않았으면 하는 바람이다. 세상살이가 만남도 이별도 마음대로 되는 게 하나도 없는 듯하지만 나는 잠시 불청객인 똥파리를 보면서 묵직한 마음이 잠시 상기되어 가슴이 무겁다. 훨훨 오늘도 파리채로 똥파리를 내 집에 못 오게 쫓으며, 내 상한 내 마음도 함께 쫓는다. 이 놈의 똥파리들아, 제발 멀리 날아가서 다시는 우리 집에 오지 마라. 내 눈에도 띄지 말고 아주 멀리

사라졌으면 좋겠다. 차라리 지구상에 똥파리란 존재는 없었으면 더없이 좋겠지만 분명히 똥파리를 통해 우리가 배우거나 느껴야 할 무엇인가 있기에 세상에 똥파리도 존재하는 것이겠지.

감정의 놀음

세상을 살아가는 데는 인간과 인간 사이에는 최소한의 존경심이 있어야 되고 인간은 언제나 작은 자비심이라도 있어야 한다는 말이 불현듯 생각 난다. 세상 살아가면서 누굴 미워하면서 살 때도 있다. 그럴 때마다 마음이 힘들 때가 많다. 미움이 멈추지 않는 가운데 오히려 나도 모르게 그 사람을 닮아 갈 때가 있다. 그것이 아니라는 걸 잘 알면서도 은연중에 닮고 배우는 게 우리네 모자란 생각들이다. 옛말에 흉보면서 닮는다는 말이 있듯이 인생을 살면서 또 가끔 성인들의 말이 위로가 될 때도 있고 때론 세 살 먹은 애들한테도 배울 게 있다는 말이 있다. 그렇게 인생은 늘 배우며 살아도 모자란다는 뜻이다. 우린 가끔씩 젊은이들의 본이 되고 품격 있고 교양 있는 모습과 양보하는 보습만 보이며 살면 좋으련만, 가끔 쓸데없는 감정이 판단을 흐리게 할 때가 얼마나 많은지 모른다.

이런저런 생각 속에 오늘은 괜히 지나간 기억들과 인연들 속에 부족했던 기억과 아쉬웠던 기억들이 출렁이면서 묘한 감정에 사로잡힌다. 지나간 일들을 생각하면 그때 그 사람한테 그러지 말 걸 좀 잘할 걸 아님 그 사람한테 왜 이런 말을 못해 줬을까 하는 등등 공연히 지난 일들이 후회 속에 아쉬움으로 남는다. 그런 가운데 생각지도 않게 가끔 불안 할 때가 있다. 돌아보면 불안 할 이유가 전혀 없는 데도 혼자 있을 적엔 공연히 병처럼 무엇인가 불안 할 때가 있다. 비단 나만 그런가? 다른 사람들도 그런가 모르지만 나는 가끔 내가 병들면 어쩌나, 남편이 가고 홀로 남으면 또 어쩌나? 남의 마음에 알게 모르게 맺히게 한 건 없었나? 애들은 잘 있나, 운전은 조심히 하고 있나? 이런저런 쓸데없는 오만 가지 걱정 속에 괜한 근심과 염려 속에 불안 할 때가 있다.

요즘 내 마음이 우울한 건지 아님 몸이 약해진 건지 몰라도 괜한 걱정 근심에 싸여 오늘은 가슴이 답답하고 불안한 마음이 생긴다. 누군가 말하기를 불안은 사랑하지 못할 것 때문에 생긴 것이고 또 사랑받지 못할 것 때문이라고 말한다. 모든 불안의 핵심은 바로 사랑이란다. 그말이 맞나? 내가 죽으면 사랑하지 못해서 또 내가 죽으면 사랑받지 못해서, 그것이 불안의 근본이라고 누군가 말했다. 정말 그럴까? 알쏭달쏭한 해답 속에 사람과의 사이에서 유쾌하지 못한 감정의 찌꺼기가 늘 사람 맘을 찝찝하게 하고 또 세상살이를 힘들게 하는 건 아닌지?

그럴 수도 있다. 아닐 수도 있고. 하지만 사람은 언제나 작은 감정에서 행복하고 불행하다고 한다. 오히려 큰 감정이면 누구나 문제 해결을 함께 도모할 수 있지만 소소하고 작은 감정은 쉽게 누구에게 노출할 수도 없기에.

그래서 언제나 사람은 작은 감정에 흔들린다. 작은 감정은 혼자 고민하게 하고 아파하게도 하고 행복하게도 한다. 이렇듯 미묘한 것이 감정이다. 요즘 공연히 내 마음이 쓸쓸하고 무엇인가도 모르게 추억이 그립고 누군가 진솔하게 대화도 하고 싶고 누군가와 짧은 여행도 즐기고 싶고 날씨만큼이나 내 마음도 조금 우울하고 센티하고 정서불안감과 같은 괜한 걱정근심 속에 흔들리며 정돈되지 못한 엉망인 감정이다. 무엇이 내 마음을 이토록 흔들어 놓나? 며칠 째 내리는 긴 장마 탓인가? 이유도 없이 감정의 길목이 파도를 타는 듯하다. 그러다 혼자 꿈을 꾼다.

죽기 전에 누군가와 죽도록 멋진 사랑도 한 번 하고 싶다. 내 모든 여건이 허락만 한다면 그리고 세상에 죄가 되지 않는다면 나는 그런 사랑을 한 번 하고 싶다. 그리고 사랑받고 싶다. 요즘 내 마음이 많이 외로운가 보다. 부끄러운 감정이지만 이것이 바로 살아 있다는 증거가 아닌가 싶다. 지루한 장마 속에서 쏟아지는 빗줄기를 보고 있노라면 그렇게 아름다울 수가 없다. 사람들은 이런 감정을 느끼면 늘 부족한 사랑 속에 채우고 싶은 욕망을 남모르게 갈망한다. 그런 감성은 누구나가 있다. 단지 알면서도 말하지 않을 뿐이지, 아니 어쩌면 하지 못하고 그런 말은 참는다는 게 맞다. 또 하면 안 된다.

사람들은 누구나 이런저런 많은 사회적 체면이란 굴레 속에 또 다른 많은 이유들 속에 우린 늘 가슴의 감성과 다른 위선 속에 살아간다.

세상의 질서라는 걸 내세우며 정숙한 척 또 거룩한 척 살아가는 게 세상이고 우리네 인생들이다. 물론 질서는 지켜야 하고 질서는 또한 아름다움이다. 그래도 우린 사람인지라 가끔 감정의 다른 길로 이탈을 하면서 가슴 깊은 곳에선 사랑하고 사랑받고 싶은 욕구를 배제할 수 없는 본능이 있다. 단지 자제하고 참으면서 우리의 의무와 약속을 지키기 위한 내 자리일 뿐, 우리가 살아가는 세상엔 많은 규제와 통제가 따른다. 그리고 울타리가 쳐 있다. 그곳엔 질서와 약속이란 테두리도 있고 네 것 내 것에 각자의 삶의 몫이 있다. 이런저런 각자의 텃밭 속에 수확을 하기위해 심어 놓은 사랑이 있다. 그럼 나는 오늘날 어떤 사랑을 심어놨나? 수확이 행복해야 할 텐데, 가끔 나도 모르게 이렇듯 비 오는 날이면 감정의 날개가 외박을 한다. 쓸쓸하고 무엇 때문에 우울할까? 왜 불안한가? 그런 사랑을 받지도 주지도 못하고 있는 건가? 삶에 실망한 사람들처럼 공연히 나를 돌아보는 시간이다.

이런저런 인생의 질문 속에 인간의 주권자는 하나님이신데 그분을 믿는 내가 무엇이 그렇게 갈등하며 산단 말인가? 그분이 알려준 행복한 사랑은 무엇일까? 두말 할 필요도 없이 진정한 사랑의 결정체는 희생이라는 대답이 나온다. 내가 알고 있지 않는가. 희생 없는 사랑은 죽은 사랑이다. 우리는 주는 사랑도 희생이고 받는 사랑도 희생이 따라야만 그게 진정으로 아름다운 사랑이다. 왜 불안하고 왜 고민하나 이렇게 생각을 하니 모든 것이 부족한 내 마음이 보이면서 감정이 또 다시 흔들리고 있는 것 같다. 조금은 부끄러운 마음도 든다. 불안하고 우울한 가슴이 왠지 이기적인 느낌마저 든다. 그래서 우리는 이렇게 감정을 다스리는 법과 사랑에도 연습이 필요한가 보다. 잘 다듬어진 마음에서 하는 사랑은 길고 아름답다. 연습을 많이 한 사랑 속에 아름답게 헌신을 즐기는 사랑이 정말 곱고 향기 있는 사랑이 아닌가 싶다.

이것을 진정 못 깨달아 우린 늘 불안하고 슬프다. 나 역시 다시 한 번 또 다른 생각 속에 머물다 보니 나도 이제 하고 싶은 사랑도, 받고 싶은 사랑도 연습하는 시간을 만들어 봐야겠다는 생각에서 오늘 내 가슴이 덧없이 파도를 타는 마음이다. 가슴에 손을 대고 조금 읊조린 마음이 생각을 다듬어 본다. 세상의 감정놀음에 너무 휘말리지 말고 스스로 정리와 정돈을 할 줄 아는 품격 있는 마음으로 진정한 사랑을 가슴으로 배울 줄 알아야겠다는 생각 속에 아름다운 절제도 멋이고 사랑이 아닐지.

한 사랑을 꿈꾸는 자들이 되고 싶다. 가끔 사람들이 무지한 데서 죄가 오고 교만한 데서 죄가 온다고 한다. 그리고 그 유명한 '단테'의 작품 속에 '죄는 인간들의 배신에서 온다고 했다' 우리가 누굴 사랑하든지 결코 가슴에서 배신하지 말고 고요하게 헌신적 사랑만 있다면 내 마음도 편하게 하고 삶의 진정한 행복도 맛보며 아름답게 인생을 가꾸어 갈수 있을 텐데. 그리고 조금 자존심 타령에서 벗어나 조금 모자란 척 살아가면 만사가 편할 텐데. 우린 세상을 너무 예민하게 산다. 그래서 아픈 게 많고 쓸쓸함도 많다.

모든 주권자인 하늘에 섭리를 바라보면서 세상을 살면 평전과 화평만이 존재할 텐데. 그렇지만 어디 사람 맘이 그렇게 바르게만 살아갈 수 있겠나? 우린 가끔 이렇게 무지해서 보이지 않는 감정에도 우울하고 또 원하지 않는 감정놀음에 이렇듯 지칠 때가 있다. 나 역시 긴 장마에 아마도 마음이 지쳐 있는 탓인가, 아니면 내 외로운 마음이 아름다운 빗줄기를 보면서 조금은 도취되어 낭만적인 생각 때문에 사랑하고 사랑받고 싶은 마음이 절절히 남모르게 있는 것인가? 이런저런 쓸데없는 번민 속에 나는 오늘도 내 머리와 가슴에 억지로라도 좋은 생각으로 다듬어 보는 혼자만의 시간이다. 모든 지각을 알면서도 가끔 아름다운 사랑으로 마음속에 그림을 그린다. 감정 한구석에 도사리고 있는 흔들리는 갈대의 놀음 같은 마음도 삶의 숨겨진 놀음이 아닐지. 이렇듯 알면서도 떨쳐버릴 수 없으니. 오늘은 춤을 추는 감정을 억지로 다스리며 고운 삶을 연습하는 날 같다. 로댕의 '생각하는 사람' 이 휘리릭 머리에 떠오른다. 나도 창가 옆에서 턱을 고이고 멋을 부리면서 로뎅의 작품을 흉내 낸다. 인생이 별거더냐, 누구의 방해도 받지 않고 감정의 놀음 속에 혼자 즐길 줄 아는 것도 또 고독한 시간이지만 나를 돌아보며 다듬어 사는 것도 자유롭고 행복한 시간이지.

미운 참새떼

요즘 현관문을 열고 나가면 우리 마당 대문 앞을 보면 화가 머리끝까지 나서 혼자 씩씩대는 버릇이 생겼다. 미운 참새떼 때문이다.

작은 덩굴장미가 대문 위로 올라가 봄이면 장관을 이루고 피는 아름다운 장미나무를 놓고 고민 속에 흔들리는 시간이다. 싹둑 잘라내고 싶어도 그 향기롭고 황홀하게 피는 아름답고 향기 있는 멋있는 꽃인데 봄이면 우리 대문 위로 흐드러지게 필 때면 대문과 작은 마당은 온통 장미로 아름답게 돋보인다. 그런 장미 넝쿨을 늘 아끼며 챙기는데 딱 한 가지 못 견딜 정도로 신경이 쓰이는 게 있으니, 잎이 돋고 꽃이 필 때는 참을만한데 꽃이 다 지고 겨울엔 앙상한 가지로 변할 때면 하루에 두서너 번씩 장미 넝쿨을 싹둑 잘라내고 싶을 만큼 속상한 일이 있다. 아니 장미나무가 아니라 나무에 놀러 오는 그놈의 참새떼 때문이다. 참새떼가 어디서 그리도 많이 오는지 일 소대가 와서 장미 넝쿨이 지네들 놀이터인 양 놀기만 하면 괜찮은데 똥을 싸며 노는 통에 우리 마당은 눈처럼 하얀 참새 똥 때문에 현관문만 열면 내 스트레스가 이만저만이 아니다.

참새 놈들은 놀면서도 볼 일을 보는지 한바탕씩 싸고 가면 우리 마당은 특히 대문 앞엔 참새 똥으로 땅바닥이 이만저만 지저분한 게 아니다. 한두 마리도 아니고 일 소대가 와서 싸니. 그리고 참새 똥은 빗자루로 쓸어도 안 되고 꼭 물로 빡빡 닦아내야만 되는 엄청난 일거리를 안겨주는 나쁜 놈 들이다.

그 옛날 논에 벼 이삭만 까먹는 골치 아픈 참새인 줄 알았는데 이런 미운 짓도 하는 참새 놈들인 줄은 정말 몰랐다. 이렇게 피해를 주는 참새 놈들을 어찌 처치 할지 요즘은 골치가 아프다.

참새놈들 꼴에 눈치는 어찌 빠른지 내가 지들을 싫어하는 걸 아는지 현관문만 열고 나가면 후르륵 소리와 함께 털을 휘날리며 나를 야유하듯 떼를 지어 날아가곤 한다.

내 귀엔 야, 이집 주인마님 나왔다. 도망가자, 하는 참새들의 소리가 들리는 듯 떼를 지어 한통속이 되어 날아간다. 그러다 또 한참 내가 안 보이면 여지없이 몰려와서 하얀 똥을 싸며 땅세 한 푼 내지 않고 뻔뻔스럽고 얄밉게 재잘 대고 논다.

전엔 다른 곳에서 참새 노는 걸 보면 참 예쁘고 짹짹되는 모습도 참 좋아 보였는데 우리 대문 위에서 날마다 똥을 싸며 지들 놀이터인 양 성가시게 하니 요즘은 참새떼들이 미워 죽겠다. 요즘 내 심술 난 마음 같아선 망이라도 쳐 다 잡아 버리고 싶은 충동이다.

얄미운 참새 새끼들 눈치가 백단인지 내가 나가면 늘 나를 놀리듯이 후르륵 날아가는 모습이 하나도 예쁘질 않고 때려잡고 싶을 정도로 얄밉다.

그렇게 쫓는데도 매일같이 와서 줄기차게 똥을 싸는 참새 놈들 때문에, 어쩔 수 없이 해마다 예쁘게 피는 장미 넝쿨을 잘라야 되려나, 하는 고민 속에 빠진다. 오늘도 현관에 나갔다가 하얗게 싸 놓은 마당에 참새 똥을 접하니 청소할 생각에 속이 또 상해 죽겠다. 씩씩대며 열이 오른다.

아휴 저 놈의 참새 놈들 어찌 하면 좋겠나, 저놈들 땜에 장미 넝쿨을 진짜 잘라야 되려나. ?속상한 가슴을 삭히려고 안으로 들어와 멍하니 소파에 앉았는데 딩동 벨이 울린다.

누구세요? 하니깐 여호와 증인이란다. 가뜩이나 내 심장이 벌렁대고 심술이 난 상황인데 저 사람들은 왜 할 일 없이 저렇듯 초대하지도 않았는데 남의 집 대문 벨을 누르고 보자고 하는 거야? 하며 상한 내 마음이 좋은 대답이 나갈 리 없다.

또다시 벨이 울린다. 왜 그러세요? 퉁명스럽게 대답하니 저기요, 잠시 복된 말씀 좀 들려드리려고요? 뭔데요? 하며 대답하니 끈질긴 그 사람들 잠시 문 좀 열어 주시고 좀 뵈었으면 해요, 한다. 뻔한 얘기를 할 것 나도 다 아는데 귀찮은 생각이 확 들면서 저 지금 바빠요, 하고 퉁명스럽게 대답을 하니 한동안 대문 앞에서 두서너 명이 머뭇대는 듯하더니 조용하기에 빼꼼히 창문으로 살피니깐 가 버린 듯하다.

암튼 사람이고 참새고 초대하지 않는 것들은 다 짜증이 난다. 그들이 대문에 머무는 동안은 참새떼들은 안 왔다. 저들도 참새떼들도 나에겐 초대하지 않았던 내가 싫어하는 존재들이다. 마음을 삭히려고 멍하니 소파에 앉으니 생각의 철길이 열린다. 요즘같이 대문을 닫아놓고 거의 식구 외에는 그렇게 많은 사람들이 들락대지 않는 세월을 살다보니 참새들이 대신 시끄럽게 놀러 왔나 보다. 마실 꾼들이 많이 드나들면 참새떼들이 사람 소리에 안 올 텐데, 사람 대신 참새떼들이 놀러 오나보다. 사람이 들끓는데 참새들이 감히 모일 수 있겠나? 요즘 세상에 이웃도 잘 모를 정도로 대문을 꽉 닫고 사는 세상이니 얼마나 조용하면 참새들이 자기들 놀이터로 알고 온단 말인가.

요즘은 지인들을 만나도 집에서 대접하기보단 늘 밖에서 만나 보는 세상이다. 나부터 귀찮다는 이유로 대접할 일 대접받을 일 거의 전부가 밖에서 외식으로 커피숍으로 대치하질 않나. 그 옛날 우리 어머니 시대엔 밖에서 손님 대접한다는 건 감히 생각도 할 수 없는 일이다. 특히 대문이 늘 열려 있고 애 어른 할 것 없이 수시로 드나드니 감히 참새떼가 대문 위에서 논다는 건 어림도 없는 노릇이다. 세상이 달라졌다. 하루에도 여러 번씩 참새 똥을 보면서 나는 자신을 돌아본다.

이 시대에 발맞춰 산다지만 과연 내가 세상을 잘 사는 건지, 내가 배운 대로 몸소 실행에 옮기면서 삶을 잘 사는 건지. 형제나 가족들 또 친구들까지 신의를 잃는 행동은 하지 않았는지. 요즘 형제나 지인들이 집으로 온다고 하면 보고 싶고 반갑긴 해도 일하기 귀찮다는 생각이 먼저 들어 대접하는 일 모두가 밖에서 만나는 일이 부지기수다. 나 같은 생각이 과연 이 시대의 나만은 아닐 것이다.

우린 이렇게 달라진 시대에 과연 어떻게 사는 게 잘 사는 건지. 공연히 여러 가지 생각 속에 빠져든다. 요즘은 초대 문화다 남의 집 방문을 하려면 먼저 전화를 하고 가야 되는 게 예의다. 이렇게 바뀌진 문화 속에 우린 초대하지 않은 사람이 불쑥 찾아오면 귀찮고 불편하다. 혹여 나도 모르게 저 참새들 모양 미운 사람으로 살진 않았는지, 나도 새롭게 길들여진 문화 속에 초대받지 않는 미운 사람과 자기네 놀이터인 양 허락도 없이 와 똥을 싸 놓는 저 미운 참새떼를 보면서 도저히 참지 못하는 내 마음이 내일은 할 수 없이 장미 넝쿨을 잘아내야겠다고 생각한다.

보리밥의 추억

나는 지금도 보리밥을 보면 과히 달갑지 않다. 아니 싫어한다. 남들은 요즘 웰빙 식품이라고 많이 선호하는데 나는 아무리 몸에 좋다고 해도 보리밥은 그다지 좋은 줄을 모르겠다. 아니 보리밥에 열무김치라 해서 남들은 최고의 입맛에 맞는 궁합이라고 말들을 한다. 가끔 지인들끼리 외식에서 먹을 일이 있어도 나는 쌀밥을 선호한다. 남들은 옛날에 먹던 입맛이라고들 좋아하는 분들도 많은데 나는 옛날에 질리도록 먹기 싫은 걸 먹던 음식이라 그런지 지금도 입맛이 당기질 않는다. 요즘이야 별미로 먹는 보리밥이지만 그 옛날 우리 어릴 적엔 도시락도 온통 보리밥일 정도로 가난하던 시절이었다. 그래서 보릿고개라는 옛말도 있다. 잘 사는 사람들도 학교에서 쌀밥을 못 싸오게 하고 학교에선 학생들 도시락 검사를 매일같이 해서 잡곡이 어느 만큼 섞이지 않으면 선생님에게 호되게 혼나던 시절이 있었다. 형제나 가족이 많은 사람들은 밥 위에 쌀을 조금 놓고 밥을 짓고 그걸 밥그릇에 풀 때면 웃어른이 계신 집엔 어른들 것만 쌀이 조금 더 섞인 걸로 푸고 나머진 훌훌 섞어 온통 보리쌀로 된 밥을 매일같이 먹자니, 아니면 조밥 수수밥 이런 것도 못 먹는 그런 시대였다.

생일날이나 되면 쌀밥에 미역국 정도 얻어먹고 그 이튿날부터는 또다시 어김없는 보리밥 차례다.

우리 어린 시절엔 국가적으로 너나 할 것 없이 다 가난했기에 너도 나도 그런 시절을 보냈을 것이다. 그것이 비단 우리집만 가난해서 그런 건 아닐 터인데도 나는 그렇게 먹던 보리밥에 질려서 밥을 잘 안 먹으니 부모한테 늘 입이 짧다는 말을 들으면서 컸다. 그래서 그런지 지금도 내가 어디 가서 보리밥을 주면 그냥 먹기가 싫다. 보리밥을 보면 따뜻한 추억만큼은 가슴이 저리도록 떠오른다. 나는 막내딸로 컸기에 부모님들의 귀여움은 듬뿍 받고 자란 듯하다. 밥상머리에서 투정 어린 인상을 쓸 때면 아버지는 말이 적고 과묵하신 분이다. 그래서 자식을 한 번도 매를 들거나 험한 질책 한 번 하지 않으시고 말없이 사랑으로 바라보시는 자애로운 분이셨다. 그 가운데 내가 막내딸이니 아버지의 말 없는 사랑을 독차지 한건 사실이다. 밥상 앞에서 보리밥 그릇을 놓고 먹기 싫어하는 내 인상을 훑어보시면서 늘 당신 밥그릇과 내 밥을 넌지시 바꿔 주시는 아버지, 그럴라치면 어머니는 버릇된다고 야단을 치시고 아버지는 고집대로 내 앞에 당신 밥그릇을 밀어주시던 그 따스한 사랑이 늘 보리밥만 보면 아련히 기억되어 아버지에 대한 그리움이 번진다.

제일 어른이신 아버지 밥그릇엔 쌀이 조금 더 섞였을 뿐인데 철없는 나는 그래도 바꾸어 주신 아버지 밥은 좋아라, 먹었던 기억이 난다. 다른 형제들의 눈치를 보면서도 특별한 사랑을 받았던 것은 오직 막내라는 자격 때문이다. 요즘이야 자식도 둘 아님 하나나 두는 시대라 그런 편견처럼 보이는 일도 없겠지만 그 옛날 우리 어릴 적에는 적어도 대여섯 명은 거의가 기본적인 형제들이니 부모님의 편견 아닌 편견처럼 보이는 특별한 사랑도 나타날 수 있었다. 부모 가슴으론 똑같은 자식이지만, 가끔 어린 막내가 특혜를 받는 건 사실이다. 막내는 부모 사랑도 받지만 또 부모를 일찍 여위면 불쌍하다는 말도 있다. 나 역시 그런 불행을 겪었지만.

지금도 보리밥은 그리 달갑지 않은 음식이다.

오늘처럼 봄비가 촉촉이 내리는 날이면 포근했던 내 친정아버지의 사랑이 아련히 생각나는 날이다. 그리고 보리밥이 담긴 밥상 속에 아버지의 따스한 사랑이 기억난다. 그런 추억이 있는 보리밥, 남편은 당뇨병이 있는지라 늘 보리밥을 선호한다. 그런 남편의 식성과 다르게 나는 지금도 보리밥은 싫지만 어쩔 수 없이 남편 때문에 가끔씩 따로 밥을 지어 억지로 먹긴 해도 맛이 있진 않다. 다만 그 옛날 보리밥 속에 담긴 따스한 내 아버지의 사랑만큼은 잊히지 않고 따스한 보리알의 추억이 있을 뿐이다.

갑자기 나를 돌아본다. 나도 자녀들에게 얼마만큼 따뜻하게 기억되는 부모가 될는지 모르지만 아버지를 닮은 그윽하고 조용하면서도 속 깊은 사랑을 자녀들에게 심어줬으면 하는 바람이다. 사는 동안 좀 더 자상하고 푸짐한 사랑만 남겨주고 가고 싶지만 나는 아이들에게 까칠한 엄마로 각인된 듯하다. 하긴 요즘 세상에 아버지들은 그 옛날처럼 그렇게 대우를 받고 사는 사람들이 많겠는가? 하는 질문도 해 본다. 지금이야 남녀평등 속에 또 자녀 키우는 것도 무슨 상전처럼 떠받들고 사는 시대가 아닌가 싶다.

그 옛날 우리네 부모들은 자식들 밥은 꽁보리밥이라도 아버지란 존재의 위상을 대단히 높여 드리고 밥상 앞에도 그 위상은 두드러졌다.

없는 쌀이라도 넣어 최고로 어른 대접을 하고 반찬도 아버지 반찬은 좀 다르게 대우받던 시대가 과연 지금도 존재 하는지?

나는 나부터 돌아보게 된다. 요즘은 남편보다 손주 놈이 온다면 없는 반찬도 열심히 준비해 남편보다 자식 입에 더 좋은 것 먼저 먹여주고 싶으니 나도 뭔가 잘못되었고 이 시대도 뭔가 잘못된 세상 같지만, 어찌 보면 좋은 시대에 우리가 산다는 건 틀림없다.

멕시코 코스모스의 추억

나는 가을에 피는 코스모스 꽃이 언제나 좋다. 물론 국화꽃도 있고 과꽃도 있고 해바라기꽃도 있고 많은 꽃들이 있지만 나는 가을꽃으로 코스모스꽃이 좋다. 유독 코스모스 꽃 중에도 멕시코 코스모스에 눈길이 가고 그 꽃만 보면 옛날의 추억 속으로 빠져든다. 그리운 가슴에 그리운 얼굴이 떠오른다. 언제나 그 꽃을 볼 때면 나를 몹시도 좋아하던 친구 생각이 나서 더욱 친근감이 가는 꽃이다. 그리고 그 꽃을 보고 있노라면 나를 그 옛날로 몰고 가는 영원히 잊지 못할 추억의 꽃이다. 가슴이 아려오는 아픔으로 그 친구가 지금도 보고 싶고 그리워 눈가가 촉촉해진다.

어느 초가을인 듯하다. 우린 맘이 맞는 좋은 친구였다. 가끔씩 만나 국수도 먹고 차도 마시면서 만나면 시간 가는 줄 모르고 정겨운 얘기 속에 공원 의자에 앉아 도란도란 정겨운 시간을 가질 때면 옆에 피어있는 멕시코 코스모스가 정겹게 우리와 동무했다. 그 친구는 멕시코 코스모스를 한 송이 따서 손바닥 위에 올려놓고 정겨운 말로 나에게 하는 말 어이?

친구야? 이 꽃은 어쩌면 이렇게 자기를 닮았나? 한다. 나는 왜? 하필 가을 코스모스 꽃이 하늘하늘 하고 예쁜데 조금 촌스러운 그 꽃이 나를 닮았냐고 하면서 물었다. 그 친구는 곳 대답해 주기를 이 꽃이 좀 촌스러운 듯한 것도 매력이고 그보다 동그란 모양이 내 이름을 닮았고 촌스러운 모습도 내 모습을 약간 닮았단다. 그래서 난 별로 유쾌하지 않은 말로 내가 촌스럽단 말이야? 하고 되물으니 그 친구가 곧바로 꽃잎을 살짝 손가락으로 비벼 내 코에 갖다 대는 게 아닌가? 그 순간 나는 그 꽃이 그리 싱그러운 향기가 있는 줄은 정말 몰랐다. 예쁜 가을 코스모스 보다 노란 주홍색의 멕시코 코스모스가 이렇게 더 향기가 있는 줄은 정말 몰랐다. 나는 코끝에 꽃향기로 도취되어 한참 동안 황홀한 기분으로 와 정말 향기롭다니깐 그 친구는 내게 흠뻑 사랑스럽고 정겨움과 행복의 그윽한 눈으로 나를 보고하는 말, 자기가 바로 이런 사람이야, 이 꽃처럼 약간 촌스러운 듯해도 짙은 향기가 있는 그런 친구라고 하질 않나. 나는 그 소리가 영원히 잊지 못할 추억이 될 줄이야. 그땐 그냥 싫지 않은 소리로만 알고 지나쳤는데 그 친구가 가 버린 세월 속에 이렇듯 그리운 추억의 꽃이 될 줄이야.

우린 세상에 부러울 게 없을 만큼 떠들며 온종일 조잘대며 시간 가는 줄 모르게 행복한 적도 있었다. 그런 좋은 친구였는데 지금도 생각하면 나에게 좋은 말로 용기를 주는 고운 마음의 친구였다. 그때도 그 꽃에 향기를 맡게 하면서 나를 비유해준 그 친구 얼마나 가슴이 따뜻한 사람이었나 생각이 난다. 그 친구는 원치 않는 병마로 그만 슬픈 이별을 했다. 그 친구가 떠나던 날 나는 한없이 울고 또 울었다. 세상을 모두 잃은 듯 너무 슬프고 너무 보고 싶었다. 석양이 지면 태양은 또다시 떠오르는데 나의 친구는 한 번 가면 다시 오지 못하니 너무 슬펐다. 이별 없는 세상은 없을까? 그래도 유수 같은 세월 속에 슬픔도 그리움도 조금은 퇴색되어 살아가고 있지만 아직껏 나는 그렇게 정겨운 말을 해주는 결이 고운 친구를 보질 못 했다. 수많은 친구들이 있지만 그리 예쁜 표현을 할 줄 아는 사람이 흔하질 않다.

간혹 친구라 하면서도 조금 잘 되면 질투와 시기가 서린 비아냥이 난무하는 세상 아닌가? 지금도 들녘에나 공원 언저리에 흐드러지게 피어 있는 그 꽃을 볼 때면 어김없이 그 옛날 고운 말로 나를 사랑하던 그 친구가 그리움으로 내 가슴이 적셔온다. 전에는 그 꽃의 이름도 나는 무엇인지 몰랐다. 단지 향기 짙은 약간 촌스러운 코스모스 비슷한 꽃이라고만 알았다. 그런데 그 친구가 나를 닮았다는 사랑이 담긴 비유의 꽃이라고 말한 뒤부터 나는 꽃 이름을 알아냈다. 가끔 멕시코 코스모스를 헷갈려 덴마크 코스모스라 할 때면 어김없이 지적해 주면서 깔깔대고 웃으며 열심히 꽃 이름을 외웠다. 그때부터 나는 지금껏 그 꽃을 모르는 사람들한테는 자신 있게 그리고 열심히 꽃 이름을 알려준다. 가슴에선 남모르게 아픈 그리움을 삭이며 마치 꽃 이름을 많이 아는 사람처럼.

2

사람과 사람

나는 다시 태어나도 지금이 좋다

둘레길을 산책하면서 흐드러진 이름 모를 들꽃들을 본다. 너무 예쁘고 앙증스러운 꽃을 스마트폰 속에 찰칵 담아본다. 하나님의 작품이 저리도 섬세한 작품인 것에 정말 다시 한 번 감격하지 않을 수 없다. 들꽃 하나도 저렇듯 어여쁘고 섬세하게 만드시고 뽐내며 나름대로 다투어 피는 걸 볼 때 하나님이 세상을 얼마나 아름답게 창조하시고 또 인간을 사랑하심에 새삼 감사하는 마음이다.

그런데 아담과 하와는 왜 하나님 말씀을 거역해서 이렇듯 아름다운 세상에 인간만이 때론 힘들고 고통스럽게 살아간다는 마음이 들 때가 있을까? 무엇이건 어른 말을 잘 듣고 순종하면 탈이 없듯이 아담과 하와도 하나님 말을 잘 들었으면 이 세상에 인간들의 고통은 사라졌고 이렇듯 아름다운 꽃들과 근심 걱정 없이 사람들은 살 수 있을 텐데. 그러면 사람들 입에서 피곤한 세상이란 말은 나오지 않을 것이라는 생각을 해 본다.

갑자기 청년 시절이 생각난다. 세상을 살면서 거의 어른들의 말에 순종하는 말 잘 듣는 사람 그리고 평화를 추구하는 그런 맘으로 살아온 듯하다. 그러다 보니 내 마음을 펼쳐보고 사는 것이 거의 없었던 것 같았다. 어릴 땐 부모 말 따르고 커서는 남편 말 오빠들 말 따르며 살아온 듯하니 그다지 내 마음을 크게 주장하면서 살아보질 못한 듯하다. 지금의 남들은 날 보고 마음껏 누리고 사는 사람으로 알고 있을지 모르지만 나는 얼마 전까지만 해도 그다지 내 뜻대로 살아본 것 같지가 않다.

그 덕에 클 적에나 지금이나 가끔 나를 아는 사람들은 내게 범생이란 꼬리표를 붙여 불러주는 사람들이 간혹 있다. 남들은 젊음이 좋다느니 옛날이 좋다느니 하지만 나는 지금 내 나이가 싫지 않다. 아니 나이보단 지금 내 자리와 내환경이 싫지 않다는 게 맞는 듯하다. 난 지금 얼마나 자유로운가. 먹고 싶으면 먹고, 자고 싶으면 자고, 가고 싶으면 가고, 하고 싶은 게 있으면 내 분수에 맞게 얼마든지 하고, 보고 싶으면 보고 이보다 더 행복할 수가 있단 말인가?

내가 클 적에 밥이 먹기 싫다면 어머니께 호되게 혼쫄이 나니 억지로라도 먹어야 했고 또 내가 먹고 싶은 건 가난한 시절이라 돈이 없어 못 사 먹고, 학교 가기 싫어도 배움은 때가 있으니 가야 했고 철이 들 때쯤이면 밤늦게 계집애가 나다니면 안 된다면서 구속을 하셨던 부모님 등쌀에 마음 놓고 한번 실컷 못 나가 놀아본 듯하다. 시집을 오니 남편과 애들 뒷바라지에 세월이 어찌 그리 빨리 흘렀는지 도무지 내 시간과 내 마음껏 무엇이건 해 본 기억이 별로 없는 듯했다. 늦잠 한번 쿨쿨 못 자보고 늘 동동대는 시간 속에 살지 않았나 싶다.

그렇듯 참으면서 살아온 덕에 아마도 지금의 평안함과 많은 걸 얻었는지는 모르지만 나는 늘 타인들의 간섭 속에 내 뜻이 수그러져 살아온듯했다. 그런데 이제 이순이 지나고 보니 애들도 제각각 쌍쌍이 둥지 찾아가고 달랑 노부부만 남고 보니 조금 쓸쓸하고 적적한 면도 있지만 홀가분한 건 사실이다. 이 나이가 되니 남편 시집살이도 그다지 심하지 않고 잘 놀고 잘 먹고 잘 들어와 주면 감사하다는 너그러워진 남편의 너그러운 나이가 되었다. 그러고 보니 온 세상이 다 내것 같이 크게 부러울 것도 없고 크게 갖고 싶은 것도 없고 그렇게 간절히 먹고 싶은 것도 없고 가고 싶으면 가고 놀고 싶으면 놀고 얼마든지 싸돌아 다니려면 맘대로 다닐 수도 있다.

그러니 나는 지금이 제일 황금기라 할 수 있다. 뭐든 구속 없이 내 맘대로 할 수 있는 이런 시절이 좋지, 과연 청년 시절이 뭐 그리 좋겠나? 나는 누가 뭐래도 지금이 좋다. 지금이 최고로 자유롭고 내 맘대로 살 수 있는 지금이 좋다. 못난 얼굴도 그다지 신경 안 쓰이고 좀 뚱뚱한 몸매가 되어도 괜찮을 듯 하고 맛있는 것 실컷 먹어도 되고 머리가 헝클어지면 미장원에 갈 걱정 없이 내 맘대로 모자 하나 쿡 눌러 쓰고 다녀도 그다지 신경 쓰이지 않고 얼마나 편하고 좋은가.

어느 날 지하철을 타고 가다가 어느 교양 있는 노인분이 지하철에서 젊은이가 자리를 내어주기 위해 벌떡 일어나니깐 그 교양 있는 노신사분이 하시는 말씀이 아냐 괜찮다, 그냥 앉아 있어라. 하니 젊은 청년이 아닙니다, 어르신 앉으세요. 하니깐 그 노인분 고집스레 하시는 말 나는 힘든 일 다 겪고 이제 편하게 사는 노인네다만 너희들은 아직 힘든 인생이 많이 남아있고 지금 역시 나보단 너희들이 더 힘들게 공부하며 살아가고 있으니 자네가 앉아 가게나, 하면서 굳이 사양하는 모습이 정말 보기 드믄 아름다운 진풍경이었다. 나는 그 모습이 내내 잊히질 않았다. 그래 저분이야말로 진정한 노년의 편안함을 알고 어르신의 역할을 할 줄 아는 분 같았다. 그리고 그분의 마음이 지금의 내 마음만큼 평안한 마음이라는 생각이 든다. 마음이 풍요로우면 배려가 다르다는 것이 느껴진다. 아마도 천국 가는 길이 가까이 다가오니 천국 가서 노는 마음을 배우는 듯하다. 이렇듯 나는 다시 태어나도 젊은 시절보다는 지금이 좋다. 젊은이들이여, 젊었다고 과시 마라. 그리고 늙었다고 괄시 마라. 늙어도 이렇듯 잘만 살면 젊음이랑 바꾸고 싶지 않을 만큼 편하고 행복하단다.

가보고 싶던 숲 속

동네 지인들과 더불어 외곽으로 드라이브를 나갔다. 며칠 전에 시어머님을 저세상으로 보내고 큰일 치르느라 애쓴 듯 해 위로 겸 식사나 같이 하려고 오랜만에 넓은 길을 가르며 야외로 차를 몰았다. 시원한 가을바람이 싱그럽게 차창 속으로 스며든다. 차창 문을 열어놓으니 더욱 가슴이 탁 트이는 듯 가을바람이 우리들의 코끝을 유혹한다. 넓은 들녘을 바라보면서 도심에서 느끼지 못한 풀 향기를 맡으면서 우린 목적지인 식당엘 가서 시원한 곰탕을 한 그릇씩 뚝딱 먹고 다시 차를 몰고 오래전부터 가보고 싶었던 골목 같은 아름다운 숲길을 찾아갔다. 늘 차를 타고 먼발치에서 바라보면서 곱게 뻗어있는 아름답게 보이는 숲길, 그래서 언젠가 한 번은 꼭 가 보고 싶었다. 저 길로 가면 어딜까, 무엇이 나올까, 산으로 난 길인가, 아니면 동네가 있나, 늘 궁금했다.

그동안 차장 밖으로 보이는 그 곳이 지날 때마다 그 숲길이 눈에 들어와 가 보고 싶었다. 그런데 오늘은 아주 맘먹고 그곳을 가 보자고 제의를 하고 지인들과 함께 그곳에 왔다. 여행을 하다가도 숲길을 보면 궁금해 들어가 보고 싶은 충동을 견디지 못해 가끔 가 볼 때도 있지만 못 가 본 곳도 많다. 그런데 오늘도 이곳엘 몇 년 전부터 늘 지나치기만 하고 궁금해서 가 보고 싶은 길인데 드디어 오늘 이곳을 찾아왔다. 우리 일행은 차를 입구에 세워놓고 같이 그 길을 걸었다. 옆으론 작은 계곡이 예쁘게 물이 졸졸 흐르고 우거진 숲길이 아름다웠다.

동화 속에 온 듯한 느낌이었다. 조금 걷다 보니 지척에 집이 있는 듯 지붕이 보였다. 우리 일행은 와 저기 집이 있다, 하면서 그곳으로 발걸음을 부지런히 재촉했다. 그 짧은 시간에 나의 머릿속엔 저 숲 속에 있는 작은집에는 누가 살까? 아니면 절인가? 아니면 별장인가? 하는 기대 속에 그곳에 가까이 가는 순간 아, 이럴 수 있나 하고 놀랐다

그곳은 우리가 궁금해 하던 동화 속처럼 산속에 있는 아름다운 집이 아니었다. 그 옛날 스레트 지붕의 낡은 집인데 집 마당에는 작은 트럭이 들어앉아 있고 그 주변은 온갖 쓰레기 더미 속에 어질러져 있는 고물상 같은 집이었다. 마당을 보는 순간 완전 쓰레기 더미였다. 이런 아름다운 숲길 속 안에 저런 정경이 웬 말인가? 하는 실망이 드는 순간이다. 이 아름답고 공기 좋은 숲 속에 저렇게 쓰레기를 쌓아놓고 있는 걸 보면 집주인은 아마도 고물장사인가 보다. 산더미처럼 쌓아놓은 온갖 폐지며 플라스틱 쓰레기가 재활용 감인지 악취까지 나는 듯했다.

세상에 조금 전까지만 해도 멋진 숲길의 비밀을 아름다움으로 답사하고 가려던 마음이었는데 다들 놀라운 표정 속에 실망했다. 나는 왠지 허무한 마음까지 들었다. 먼 곳에서 볼 때는 그리도 가 보고 싶은 멋진 숲길의 입구가 이렇게 와서 보니 의도적으로 아름다운 숲 속에 숨기려는 듯 이런 쓰레기 더미 같은 재활용 폐기물 등이 있어 실망스러웠다. 그리

고 이 좋은 경관을 망쳐 버리다니 하는 생각에 은근히 화도 났다.

저기 사는 사람이 온통 이 아름다운 곳을 버려놓은 듯 무척 미웠다. 우리는 이제 숲길을 따라 더 이상 갈 필요가 없어 오던 길로 되돌아 나왔다. 몇 년이나 이곳을 궁금해 하면서 멀리 뵈는 이곳이 그리도 아름답게 보여 온갖 상상 속에 꼭 와 보고 싶은 마음이 이렇게 오늘 실망 속에 보이니 왠지 씁쓸한 마음마저 든다.

나는 차를 타고 오는 동안 생각한다. 사람도 멀리 볼 적엔 그 사람의 흠도 티도 보이지 않지만 가까이 접할 때 저렇듯 허물이 보이는 사람이 많다. 첫눈에 예쁘고 아름다워 사귀고 보면 실망을 주는 사람이 얼마나 많은가? 겉은 폼 나고 번지르르한 사람인 듯해 다가가면 그 속에 악취 나는 사람들도 간혹 있고 그리고 겉 다르고 속 다른 속물들도 세상엔 얼마나 많은가? 멀리서 볼 때는 그리 괜찮고 멋져 보이는 사람도 그 속에 쓰레기가 그득 찬 인간쓰레기들도 얼마나 이 세상엔 많은가? 지금 저 숲 속처럼.

나는 차라리 보이는 곳의 재활용 쓰레기장이라면 그토록 몇 년 동안 이곳을 아름다운 동화 속 같은 경치 좋은 곳으로 동경하면서 오지 않았을 텐데, 꼭 와 보고 싶은 곳이었는데 이렇듯 허무하다니. 하긴 그곳 경치가 나쁜 게 아니라 그 쓰레기 더미가 그곳의 경관을 망쳐놓은 것이지만.

사람의 모습에도 겉이 아무리 아름다워도 가슴 속에 쓰레기 같은 생각과 사고를 갖고 있다면 저 숲 속처럼 우리를 실망시키는 것이다. 한 마리의 미꾸라지가 온 물을 흐려놓듯 저 숲속의 쓰레기 집 하나가 온 아름다운 산을 흐려놓은 듯한 기분이다. 사람도 어느 단체고 백 사람 중 꼭 이상한 한 사람이 분위기를 흐려놓는 일이 있다. 세상사가 모두가 저런 아름다움을 파괴하는 것 때문에 늘 우린 실망하는 세상 같다. 이런저런 생각까지 곁들여 고민하는 시간 속에 우리는 오늘 실망을 안고 돌아왔다. 나 역시 그곳을 지날 때마다 멀리서 볼 땐 그리 아름다운 숲 속 같아 보여서 꼭 가보고 싶은 곳이었는데 이곳에 왔다가 많은 교훈을 얻은 날이다. 뭐든 멀리서 아님 밖에서 보는 것과 다르듯 오늘은 와 보고 싶은 곳엘 가까이 오니 오랜 환상에서 깨어났다. 가 보지 않은 곳이 아름답다는 말이 틀렸다는 생각으로 아주 무색한 하루였다.

나는 겨울이 싫다

나는 겨울이 싫다. 가뜩이나 작은 내 몸뚱이가 추우면 웅크린다는 것도 싫고 요즘 같으면 겨울이 낭만적으로 보이던 때가 있나 싶은 마음이 들 정도다. 눈이 오면 마당 쓸 일도 근심이 되고 길이 미끄러울까 봐 외출할 일도 걱정이 된다. 전엔 그렇게까지 싫은 건 아니었는데 나이가 들면서부터는 더더욱 겨울이 그다지 좋지 않다. 겨울엔 힘들었던 추억도 있다. 그 옛날 내 남편이 최전방에 근무할 때다. 우린 강원도 골짜기 작은 동네에 작은 시골집에서 지금의 우리 큰아들 첫아이를 낳았다. 그때만 해도 집에서 빨래를 할 때가 아니고 동네 개울에 가서 어름을 깨고 아기 똥 기저귀를 날마다 빨아 오는 시절이었다.

지금 생각하면 어찌 그리 힘들게 살았는지, 요즘이야 천 기저귀보단 일회용 기저귀도 있고 세탁기도 있고 시골에도 수돗물이 펑펑 나오지만 그때만 해도 얼어붙은 개울물을 방망이로 탕탕 깨고 그 속으로 흐르는 물 속에서 빨래를 하던 시절이었다. 요즘은 그런 실개천을 보면 낭만을 생각하는 시대지만 그때는 삶의 터전이다.

나는 첫아이의 아기 엄마로 그날도 아이를 재워놓고 부지런히 개울에 가서 빨래를 하고 재워둔 아기가 깰까 봐 부지런히 기저귀를 빨아서 얼어붙는 손의 아픔을 참으며 빨래를 세숫대야에 담아 머리에 이고 오다가 그만 미끄러져 빨래는 빨래대로 나는 나대로 내동댕이쳐졌다. 창피한 줄도 모르고 한참 만에 일어나 겨우 땅바닥에 얼어붙은 빨래를 당기며 주섬주섬 세숫대야에 담고 다시 집으로 부랴부랴 재워놓고 간 아기가 깰세라 오는 내 손과 발은 얼어서 시리다 못해 끊어지는 듯 아팠다.

지금도 그 아픔이 생생히 기억나면 멀쩡한 손가락이 아픈 듯 통증을 느낀다. 얼마나 손과 발이 시리고 아픈지. 또, 강원도의 겨울은 더욱 춥고 길다. 나는 함지박에 있는 빨래를 마루에 내동댕이치고 방에 들어와 손을 녹이고 발을 아랫목에 녹이면서 펑펑 울었다. 너무 아파 울면서 가슴에서 내가 왜 시집을 일찍 와서 아니 왜 직업 군인한테 시집을 와서 이런 촌에서 이 고생을 한단 말인가, 하는 후회가 스치면서 잠시 무엇이 그리도 서러운지 아기가 깨서 놀랠 정도로 소리 내 울었다. 우는 내 모습에 놀란 아기도 따라 울었다. 한참을 우는데 밖에서 누가 부르는 소리가 들려 울음을 그치고 눈물을 훔치며 나가 보니 부대에서 사병 아저씨가 남편의 심부름을 온 게다. 나는 가지러 온 물건을 챙겨주면서 고개를 들질 못했다. 방금 전 목 놓아 울던 눈이 심부름 온 아저씨께 민망도 하고 창피하기도 했다. 곧바로 사병 아저씨는 가고 얼었던 손도 발도 녹으니 욱신욱신 쑤시며 얼었던 볼도 화끈 거렸다. 아기를 달래고 마음을 추스르고 언 빨래를 방으로 옮겨 녹기를 기다리고 있는데 남편이 헐레벌떡 왔다. 아니 웬일이에요? 근무 중에? 하니 남편은 나를 보면서 무슨 일이 있었느냐고 놀란 얼굴로 묻는다. 아니 왜요? 하니깐 방금 전 심부름 보냈던 사병 아저씨가 사모님이 뭔 일인지 몰라도 울고 계시더라고 하더란다. 그 말을 듣고 놀랜 남편이 근무 시간인데 헐레벌떡 차를 몰고 오지 않았겠나. 무슨 일이냐고 다그치듯 묻는 남편에게 빨래를 하고 오다 넘어져 손도 발도 조금 다치고 서러워서 울었다고 하니깐 남편 얼굴이 어이없다는 표정을 하면서 철없는 아이 바라보듯 하더니 씽 가 버린다.

한 마디 위로도 없이 가 버리는 남편의 뒷모습이 야속도 했지만 그도 그럴 것이 밖에서 심부름 온 사병 아저씨가 통곡을 하다시피 우는 모습을 밖에서 기다리며 훔쳐봤는데 무슨 큰일이나 난 듯 걱정이 되어 정신없이 근무 중에 달려온 남편이 별 일도 아님에 기가 찬 듯한 얼굴이 이해는 가지만 지금 생각해도 내가 철없는 새댁 시절이었는지 몰라도 나는 지금도 그때 그 시절 힘들고 아픈 겨울은 늘 잊히지 않는다. 겨울이 돌아오면 그 당시 냇가에 얼음을 깨고 빨래를 해오던 기억이며 겨울이면 나무를 잘라 밥을 해 먹던 추억이며 내겐 힘들고 아픈 겨울로 늘 기억된다.

그 당시 주부들은 월동 준비에 늘 분주하고 힘든 때였다. 너 나 없이 없는 살림에 연탄은 꼭 들여놔야 살고 밑반찬으로 김장도 많이 해야 했다. 요즘처럼 2~30포기는 어림도 없었다. 적게 해도 100포기는 어느 집이고 넘게 했다. 지금 생각하면 어찌 그 시절을 보냈나, 하는 생각도 해보지만 그래도 그 시절엔 그런대로 사는 맛이 있었던 것 같기도 하다. 김장때면 서로 품앗이 해 가면서 이웃 간에 밥도 해 나눠먹는 재미며 얼음을 깨고 빨래를 하는 그 와중에도 한동네 아낙들끼리 오손도손 언 입으로 정담도 나눴던 일들도 있었다. 지금도 남편은 그때 빨래통을 내동댕이치고 울던 나를 철없는 아내로만 기억하는지 한 번도 애썼다는 말을 해 준 적이 없다. 그래서 늘 내 가슴엔 혼자 불쌍하고 서러운 적이 많았다.

누구나 시집 와 아기 낳고 아기를 키우면 기저귀 빨고 그런 것이 아닌가? 하는 그런 표정 속에 나는 늘 섭섭함까지 있어 긴 세월에도 잊히질 않는 아픔이다. 한술 더 떠 남편은 가끔씩 하는 말이 당신이 뭔 고생을 그리 했냐고 하면서 그만 고생도 고생이냐고 할 때면 속으로 야속한 마음에 섭섭함이 맴돈다. 동물은 생사를 같이 하던 주인을 알아보나 사람은 생사를 같이 한 사람을 몰라본다는 말이 생각난다. 조금 억지를 쓴다면 이런 생각까지 날 정도로 섭섭한 마음도 있다는 뜻이다. 물론 남들이야 그 정도 고생을 갖고 뭘 그러느냐 하겠지만 그 당시 나는 잊히지 않는 힘든 추억으로 기억된다.

아마도 그 당시 남편의 따뜻한 위로나 지금도 그때 손이 시려서 울던 내 심정을 알아주는 남편이었으면 이렇듯 비자발적인 기억 속에 그다지 겨울이 아픈 추억만은 아니었을지 모른다는 생각도 해 본다. 사람은 아무리 힘들어도 함께 알아주는 사람이 옆에 있었다면 그건 자발적인 고운 추억이 될 수도 있었을 텐데 손이 시려서 울었다는 아내를 철없는 아내로 어이없다는 듯이 씩 가 버린 남편의 야멸찼던 뒷모습, 그리고 긴 세월 속에 그때 일을 한 번도 위로해 주지 않는 매정하고 둔하디 둔한 남편 덕에 난 겨울의 아픈 기억과 섭섭한 기억 때문에 더욱 겨울이 싫어졌는지 모른다.

평소엔 늘 착한 남편인데 가끔씩 맹한 사람 같고 둔한 사람 같다. 왜 그리도 그때가 꼭 아프고 섭섭한 기억으로 생각이 나는지, 그리고 그 기억만 하면 지금도 남편이 얄밉다. 그런저런 세월 속에 이젠 그런 고생은 없어도 나이가 드니 더욱 겨울이 그다지 좋지는 않다. 아름다운 눈꽃을 보면 눈으로는 신비하고 아름다워도 겨울이 좋다는 느낌은 적다. 그래서 나는 봄이 좋다. 봄에 돋아나는 황홀감을 느끼는 그런 기분은 겨울엔 만끽할 수 없다.

지금도 겨울이 싫다. 어서 새싹이 돋고 풀 향기가 나고 연녹색의 나무들이 유혹을 하고 꽃이 만발하고 새들이 날갯짓하는 봄이라는 계절이 제일 좋다. 어서 봄이 오면 좋겠다. 그리고 봄이 있는 우리나라에서 태어나 산다는 게 너무 감사하고 행복하다. 사람들의 마음에도 이런 봄날 같은 마음으로 늘 겨울을 이겼으면 좋겠다.

위장된 평화

어느 지인으로부터 남모르는 스트레스를 은근히 받았다. 따지고 다퉈봐야 빤한 일, 손뼉도 마주치면 소리가 나는 법이다. 모른 척 꾹 참고 태연한 척하려니 여간 힘든 게 아니지만 그런다고 싸울 수도 없고 싸워 받자 뾰족하게 얻을 것도 없고 남 보기에만 똑같은 사람으로 되니 숨죽이면서 참는 수밖에 없다. 그냥 세월과 시간이 흐르면 저절로 방관자처럼 잊혀 가면서 물 흐르듯 넘어가겠지 하는 생각이다. 그러자니 과히 인격과 수양이 겸비되지 못한 나로선 완전히 수행하는 기분이 든다. 그래도 어쩌랴. 이 나이에 누구랑 티격태격한다는 건 정말 추한 모습일 것이 분명하니 젖 먹던 힘까지 다해 참자니 은근히 힘들고 괘씸한 생각에 맘이 푹푹 상한다. 상대방 역시 나를 크게 손해 보이면서 뚜렷한 잘못도 아니고 은근히 그리고 권모술수를 써 가면서 아주 미묘하게 속상하게 하는 이런 느낌의 나쁜 감정의 싸움이니,

마음 같아선 폭탄처럼 터트려 네가 잘했니? 내가 잘했니? 하면서 무

식하게 덤벼들고 욕이라도 한바탕 퍼부으며 싸우고 싶은 욕구도 그득하다. 하지만 어찌 그럴 수 있으랴. 되도록이면 이젠 옛날 같지 않고 상대에 따라선 내가 참는 수밖에 없는 일이다. 그게 바로 나이 먹은 태도 같다.

나는 성격은 다혈질이라도 이 나이 먹도록 크게 싸워본 기억은 그다지 없이 살아왔다. 어릴 적엔 간혹 형제나 친구들과 티격태격하면서 살아왔지만 크게 욕지거리하면서 싸워 본 적은 없다. 물론 아무나 무조건 다 그런 건 아니다. 다만 상대가 나랑 티격태격할 상대가 아닌데 해 볼 인간이 아니라면 어쩔 수 없이 내 쪽에서 모른 척 넘어가야 될 일이 생기곤 한다. 현실로는 그것이 나에게 유익이 될 듯하니 나이가 젊었을 땐 그런 고민 없이 내가 생각하기에 옳다고 생각하면 가끔은 참지 않고 팍팍 대들고 따지기도 하고 이런 고약한 사람을 만나도 크게 고민되지 않았는데 이젠 이 나이가 되고 보니 혹여 더 추하게 보일 까봐 두려워 어떨 땐 가슴과는 전혀 다른 위장된 모습 속에 평화를 만드는데 내 가슴을 늘 몰고 살아간다. 속은 뒤틀려도 이런 사람과 부닥칠 일이 생기면 어쩔 수 없는 기본적 선택처럼 가슴앓이를 할망정 참아야 한다. 혹여 따끔히 말을 해주고 싶어도 상대가 그만한 그릇이 못 되면 괜히 더 속만 상하고 망신만 당할 것 같은 조심스러운 생각에 요즘은 내 쪽에서 가끔 맘 편하고 싶고 또 조용히 살고 싶은 욕구 때문에 이젠 위장된 평화라도 기르면서 의연한 습성을 키우자는 의도로 참는 때가 더 많다. 물론 어떻게 생각하면 참는 게 제일 큰 미덕 일 수도 있지만 진심으로 참는다 해도 정당치 않고 시끄러움을 피하기 위해 의도적으로 참는 일이 많다. 그런데 참긴 참아도 맘속엔 언제나 진정한 가슴과 미움의 위선적 마음도 있다. 그러자니 가슴과 얼굴 속에 위장된 표정도 따르지 않을 수가 없다. 그렇게라도 나는 억지로 화평을 추구하고 싶을 때가 있다. 그 사람을 보면 미운 마음이 목구멍까지 올라와도 나 자신을 포장하기 위해 위선된 모습으로 평화를 추구한다. 이런 게 참음의 미덕인가? 하긴 성경에도 화평케 하는 자가 내 자녀라고 하신 말씀이 생각나지만, 어찌 보면 위장된 참음이 크지만 그 속에 인격을 기르는 인내가 되는 길인지도 모른다. 진실로 주님 앞에 고개를 숙이고 원수를 사랑하라는 말씀을 상고할 때는 과연 다른 세계의 마음인 줄 알았던 것이 아주 조금은 이해가 될 듯 말 듯하다. 그래 맞아? 원수가 예뻐서 사랑하라는 게 아니라 그런 죄인의 모습을 불쌍히 여기라는 말씀이라는 것이 조금 이해가 되는 듯하다.

사람은 누구나 다 죄인이고 누구나 나도 모르는 사이에 남에게 아픔의 대상이 되어 있는지 모른다. 상대가 화를 내면서 지적을 한다면 물론 자기를 판단할 기회는 주어지겠지만 그 순간 마음의 화평은 조금 망가질 듯하다. 누구라도 자기를 지적한다는 건 그리 유쾌한 일은 아닐 테니깐. 누군가 위장된 평화를 위해 조용히 넘어간다면 세월이 다 해결해 줄 것이 아닌가? 하는 생각을 해 본다. 인간들의 본성은 누구나 같은 듯하다. 너그러운 척하지만 반면에 까다로운 면이 있는 법이고 사랑하는 척하면서도 시기와 질투로 미워할 때도 있고 또 참는다 하면서도 화를 버럭 내는 일도 얼마나 많은가? 그리고 사람들은 참 이기적이다.

필요할 때는 어떻게든 아는 척을 하고 기대고 싶어 하는 소인배도 있는가 하면 친한 척하다가도 자기들이 크게 필요 없으면 은근히 무시하고 외면하는 못된 인간들의 나쁜 속성도 세상엔 간혹 있다. 잘 되면 내 탓 못 되면 남의 탓 그런 지각없고 밉상스러운 인간들도 부지기수다. 어떤 사람은 딱 네가 준 만큼만 되돌려 주며 살겠다는 인색한 인간들도 있고 얍체 같은 인간들은 받아만 먹을 줄 알지 줄 줄을 모르는 이기적인 인간들도 정말 많다.

이런 젠장 같은 세상 속에 이런 젠장 같은 인간이 이토록 내 속을 뒤집어 놔도 나는 오늘 하나님을 미소 짓게 하는 사람이 되고 싶고 또 젊은 자들의 본이 되고 싶어서 젖 먹던 힘을 다해 위장된 평화를 추구한다. 아니다. 아주 연극을 하는 주인공 같은 생각이 든다. 위선이건 위장이건 참는다는 건 역시 훌륭한 것 아닌가 하는 생각을 한다. 이런 고도의 인내가 필요하다니. 그래서 머리에선 참자 참자를 외치면서 위장된 평화라도 화평을 추구하는 건 그리 나쁘지 않다고 달래본다. 정말 머리로는 이런 일까지도 덤덤하게 생각하자, 그리고 민감하기보다 무뎌보자 하는 소리로 주문 외우 듯 해 보기도 한다. 숨을 몰아쉬면서 숨 고르기를 한다. 위장된 평화를 위해 속에선 화를 치솟는 모든 가라지가 서로 고개를 뻗히려 난리도 아니지만 애써 수행을 하는 맘으로 나는 나를 다스리면서 스트레스를 준 그 사람을 놓고 애써 사려 깊은 마음으로 위장된 마음으로 평화를 유지하고 싶은 맘을 갖고 참고 또 참고 견딘다. 이러다보면 언젠가는 진심으로 사랑하는 마음이 생기거나 불쌍한 마음이 생기겠지 주문을 외우면서 진정한 화평 속에 주님이 알려준 용서를 생각하면서 노력한다.

같은 영혼으로 사랑을 추구하는 그런 시간이 올 것이라는 믿음 안에 나는 수행을 하는 맘으로 가슴으로 기도를 한다. 훈련되지 않는 다혈질의 성격을 달래며 억지로 사랑하는 마음을 간구하면서 위장된 평화를 이끌고 간다. 가슴에선 전쟁을 하는 기분이지만 나는 화평을 위해 오늘도 위장된 평화를 만들려고 시간을 죽인다. 이렇듯 사람 사는 게 온통 보이지 않는 전쟁 같다는 느낌 속에 너와 내가 살아가는 우주 속에 대립의 관계가 아니라 상생相生의 관계인데 하는 생각을 뇌까리면서 하늘의 뜻을 가만히 생각해 본다.

많은 사람들 가운데 훌륭한 사람도 있고 야비한 사람도 있고 선량한 사람도 있는가 하면 악랄한 사람도 있기 마련이다. 지식이 많아도 지성이 있어야 되고 지성이 있어도 진심이 없으면 허사겠지만 그래도 화평을 추구하기 위해 위장된 평화는 다른 위선과 위장하는 마음 하고는 다르다고 생각한다. 나는 오늘도 그런저런 생각을 꿰맞춰 보면서 늘 배우면서 살아가는 느낌이다. 세상에서 가장 품위 있는 삶이란 내면의 양심에 충실해야 하는 것인데 나도 내 양심 속에 자유롭고 싶다.

언제쯤이면 이런 위장 없이 정말 자애로운 마음으로 평화만을 추구할 수 있을까? 그리고 하늘을 의식하는 사람으로 살고 싶은데 누군가 어진 마음은 큰 복이라 했다. 아등거리며 참는 내 모습 속에 그래도 신통하다. 오늘따라 하늘이 참 푸르다. 드높은 산일수록 계곡이 푸르기 마련이고 드넓은 강일수록 물빛이 푸르다.

오늘따라 진심으로 편안하고 진솔한 미소를 잃지 않는 해방된 가슴을 갖고 싶다. 이렇듯 위장된 평화를 유지하는 이런 내 마음의 딜레마에서 벗어나 훨훨 내 마음이 진심으로 춤을 추고 싶다.

불쌍한 내 친구

내가 사랑하는 많은 친구 중에 가장 불쌍한 친구가 하나 있다. 착하고 어질고 모양도 곱게 생긴 조금은 바보 같은 친구다. 그 친구는 평소엔 굉장히 약고 또 지혜로워 보이기도 하는데 삶은 그리 지혜롭지 못한 듯하다. 그리고 또 가끔 얄밉도록 이기적일 때도 간혹 보이지만 인정 많고 눈물 많은 마음결이 고운 사람이다. 친구로서 재미있고 유머도 꽤 있는 괜찮은 친구다. 무엇보다 나를 많이 좋아하는 고마운 친구다. 오랜 세월 속에 그 친구의 인생을 엿보아오면서 가끔씩 어쩜 저렇게 바보 같고 미련하고 속이 없는 친구일까? 하는 생각까지 들게 하는 마음결이 고운 친구다. 가끔씩 그 친구를 생각하면 늘 마음이 아리다. 그 친구는 늘 뼈골이 빠지도록 일을 한다. 그래도 내가 볼 땐 크게 많은 돈은 없는 것 같다. 그저 밥은 먹고 살 만한 듯하다. 전엔 지금보다 한참 어려울 때가 있었다. 나 역시 친구라도 큰 도움은 되지 못했지만 그래도 늘 그 친구 곁에서 함께 보아오고 함께 지내 왔다. 그런 그 친구가 어느 날 가족들에게 배신을 당하는 걸 느꼈다. 죽을힘을 다해 열심히 사는 그 친구는 배우자와 딸들한테도 무시를 당하는 걸 듣고 보와 왔다.

그 당시는 정말 그 친구가 안 됐고 가슴 아파도 위로의 말이 너무나 궁색해서 나는 그냥 네가 나중에라도 모든 게 잘 되면 너의 가족들의 마음도 다시 돌아오고 꼭 너에게 모든 게 다 되돌아올 것이라는 위로를 항상 했다. 한날은 그 친구가 눈물을 흘리면서 이혼을 하겠다고 내게 고백했다. 원래가 두 번째의 배우자였기에 아이들한테도 친부모는 아니었다. 다른 사람보다 인생의 아픔이 많은 친구라 늘 다른 친구보다는 간혹 조심스럽게 말도 하고 언제나 안쓰러운 마음이 있는 친구다. 그런데 두 번째 배우자마저 결국은 이혼을 하고 자녀들과 함께 살아가게 되었다. 자녀들 역시 그런 부모를 알뜰히 챙기는 것까지는 바라지도 않지만 사사건건 부모에게 뭘 해줬느냐는 비난적 발언을 하면서 부모를 힐난하는 말투로 부모에게 대들곤 한단다. 그럴 적마다 그 친구는 홀로 아픔을 삭이며 간혹 나를 만날 때면 그런 아픔을 토로하면서 늘 눈가엔 쓸쓸함 속에 그때마다 그의 눈은 촉촉이 이슬에 젖는다.

그런 친구를 볼 때마다 안 됐고 가슴이 아파도 마음껏 위로해 줄 것도 없이 큰 도움도 못 주고 고작 한다는 것이 함께 너스레를 떨어 준다는 것과 그냥 하소연을 듣는 게 고작이었다. 나는 항상 안타까운 마음에 친구에게 자식이 철없어 그러니 조금 참고 살아보세, 하며 자네도 언젠가는 옛말 할 때가 오겠지? 하면서 열심히 살자고 하는 말 뿐 별다른 대책은 없이 그냥 속으로 그를 위해 기도해 주는 것뿐이었다. 세상사가 물질이 없으면 사랑도 식고 마음도 메말라 버리나 보다. 세상 사람들이 다 그런 건 아니지만, 돈이 없으니 자연적으로 부모 자식 간에도 그렇고 또 부부지간에도 금이 가고 결국엔 파탄이 오는 걸 보니 역시 돈이 요물인 듯하다. 개도 안 물어가는 돈이 사람을 좌지우지 하는 물질 만능시대라니, 참 세상이 허무하고 쓸쓸한 마음이다. 딸들도 돈 없고 인기 없는 부모라고 자기들이 번 돈은 한 푼이라도 빼앗길 까봐 한 푼도 부모에게 내놓지 않는단다.

자기들끼리 뭉쳐서 자기들 치장이나 하고 마음대로 쓰면서도 부모에게 벌어다 줄 생각 없이 혼자들만 간간이 쓴다는 게 말이나 되나? 부모 알기를 개떡같이 아는 자식들이라며 많이 서운해 하는 친구를 보며 참 많이 속상하겠다는 생각이 든다. 물론 여느 부모하곤 조금 차이는 있어도 부모는 부모 아닌가? 그런 말을 나한테 하면서 늘 그 친구의 쓸쓸한 모습이 보여 마음이 안쓰러웠다. 그러던 중 그 친구는 혼자 고생 끝에 악착같이 노력하고 뼈골 빠지게 일을 하고 알뜰히 돈을 벌고 조금 모아서 이젠 좀 살만해졌다. 그런데 요즘엔 그렇게 부모 알기를 우습게 알던 자식들이 툭하면 부모한테 안 하던 재롱도 떨면서 달라지는 자식들의 태도 속에 남 같으면 괘씸해서 상종도 안 할 텐데 자식이란 내 속에서 낳은 부모이기에 그 옛날 생각은 아예 잊은 듯 그 친구는 요즘 살맛이 나나보다.

요즘은 늘 입가엔 미소가 띠고 모습도 밝아지고 가끔 싱글벙글하는 모습이 좋긴 해도 내가 볼 적엔 속 빠진 인간 같다. 나야 당해 보지 않아서 그 속을 다는 모르지만 그런 새끼들 따끔히 혼쭐을 내고 다시는 그런 인간성에서 벗어나게끔 가르치고 야단을 치면서 깨우쳐 줄 것 같은데 그 친구는 그저 자식들이 두 번이나 이혼을 겪으면서 등한시하고 키운 게 못내 안쓰러운지 자식들이 요즘 살갑게 하면서 희희낙락한 가정 분위기가 마냥 행복하기만 한 것 같다. 연실 밝은 표정에 자식들 칭찬까지 나온다. 부모는 저렇듯 바보 같고 등신 같다는 생각 속에 이해가 안 되는 게 많다. 속으로는 그래 자기 교육이 부족해서 그런 자식들을 따끔히 못 가르쳤으니 당했어도 싸다 싶은 마음도 든다.

그런데 거기까진 괜찮은데 요즘 헤어졌던 부부도 같이 합쳐서 이젠 아예 그 옛날로 돌아와서 그 친구의 외로움은 덜었을망정 내가 생각할 때는 참 이해가 안 되는 부분이 많고 세상 사람들의 냉소하고 변덕스러운 모습들이 눈에 보여 우습기도 하다. 또 한편 그 친구의 그 속 빠진 모습에 실망도 좀 느껴진다. 언제는 죽어도 꿈에도 생각하기 싫을 정도라고 욕하고 자식들도 내가 출세하면 두고 본다고 섭섭해서 내 앞에서 찔찔 눈물을 흘릴 때는 언제고 언제 그랬냐는 식으로 요즘 희희낙락하는 꼬락서니가 꼭 속이 없는 인간 같다. 그래도 한편으론 정말 잘 된 일이라고 축복해 주고 박수를 보내줘야 하지만 왠지 옛날에 말하던 생각이 나서 나는 그 친구에게 반 농담으로 에고 인간아, 넌 속도 없어? 하면서 곱게 비아냥거리면 그 친구는 그냥 피시식 웃는 표정에서 미묘한 표정을 읽게 된다.

어떻게 보면 너희들만 평탄한 가정에서 행복하냐? 나도 지금 너희들 못지않게 행복하고 부러울 게 없다, 하는 식의 무언의 행동마저 엿보여진다. 그래 친구들이 아무리 채워준다 한들 가족만 하리. 다 다른 행복인데.

그런데 나는 그 친구의 모든 어려울 때의 아픔을 아는 사람이다. 그 친구가 너무 불쌍하다. 얼마나 그간 외롭고 허전했으면 그리도 무시하고 버렸던 사람들과 용서를 하고 합쳐서 저리도 행복해할까? 그게 가족인가. 아님 까맣게 잊혀서 저러겠나? 아무렴 다 속은 있어도 그것을 갈망하던 그 친구의 바라던 소원이 아닐지. 그리고 그것이 가족이 아닌가 싶다. 어찌 됐건 그 친구가 행복해 하고 편하게 보이는 모습에 덩달아 좋긴 해도 인간들의 속이 너무 보이는 듯해 나는 좀 쓸쓸한 느낌이 든다. 물질이 뭔데 물질이 생기고 살만하니깐 저리도 부부지간도 자식 간에도 모습이 달라진단 말인가? 그렇지 않은 사람이 별로 있을까만. 인생이 너무 이해가 안 되는 부분들이 많다. 아니 인간의 간사함이 슬프다는 생각이 든다. 가족이란 돈이 있든 없든 서로 위로하고 아껴 주면서 변치 않는 게 가족인데 그리고 힘들 때 더욱 뭉치는 게 가족이 아닌가? 그 친구만큼은 혼자서 그 힘든 과정을 거쳐 왔는데 하는 생각 속에 저들 가족을 보면서 딴 나라 사람들을 구경하는 듯싶다.

하긴, 저 친구가 얼마나 고독이 싫고 힘들었으면 자식은 어쩔 수 없다고 치부하더라도 저런 가족을 다시 맞이해서 즐기고 살겠나? 하는 애처로운 생각도 해 본다. 그래도 내가 모르는 또 다른 정이 그들에겐 남았었나 보구나 하는 생각과 함께 나는 남의 일에 지나치도록 고민해 본다. 이제 그 친구가 남은 인생 더 이상 외로워 또 다른 배신에 울지 말고 지금처럼 행복하게 살아갔으면 좋겠다는 생각을 해 본다. 불쌍하고 착하고 어진 친구가 또다시 내 앞에서 우는 일이 없이 지금 있는 물질도 잘 간수하면서 일생에 자식들의 변하지 않는 효도도 받으면서 앞으론 부부지간도 물질이 있든 없든 서로 아끼며 의지하면서 병이 들어도 배신하지 않고 서로가 살피면서 아름다운 마음으로 진실로 정겹게 남은 삶을 멋있게 사는 인생으로 끝까지 잘 사는 모습을 보기를 소망해 본다. 나는 속으로 하나님께 기도를 올린다. 그러면서 어쩐지 그 친구의 가슴 깊은 곳이 보이는 듯해 조금은 마음이 찡하고 안 됐다는 마음이 든다. 그 친구라고 그때의 아픔이 왜? 기억나지 않겠나. 스스로 기억하지 않고 용서하면서 살아가는 것이겠지. 너무나 고독이 무서운 걸 아니까, 그 친구는 지금의 행복을 놓치고 싶지 않고 그렇게라도 가정을 꾸며 남들처럼 식구라는 이름으로 살고 싶은 마음이겠지, 하는 생각 속에 그래도 혹여 나 같은 친구에게 속을 보일망정 그 길을 선택해 행복을 느끼면서 살아가는 듯하니 고맙고 감사한 마음속에 가슴 한구석에선 어쩐지 티를 하나 보는 양 오늘은 이상하게 그 친구가 자꾸만 불쌍하다는 생각이 든다. 언젠가 나에게 그 친구가 무심히 던지듯 한숨을 쉬면서 나온 말이 자꾸만 귓전에서 맴돈다. 그때 나에게 하는 말이 "인생이 왜 이리 길게 느껴지니?" 하던 그 말은 온갖 힘들고 버겁고 괴로운 말이 아닌가? 인생의 고뇌가 포함돼 있는 듯 너무 맘에 와 닫는 한숨이었다. 얼마나 힘들었으면 칠팔십 노인도 아닌 게 인생이 길다고 한탄을 했었나 싶은 생각에 이제부터라도 인생은 살 맛이 난다는 말을 듣고 싶다. 늘 가슴으로 그 친구가 안쓰러웠다.

그래도 그 친구는 참 훌륭하다고 느껴진다. 나는 그렇게까지는 못할 것 같은데 용서할 줄 알고 사랑할 줄 아는 착하고 불쌍한 사람 같다. 그런 착한 친구가 모쪼록 행복했으면 좋겠다. 내가 살아 있는 한 너에게 큰 힘은 못 되어도 늘 네가 부르면 나가서 차 한 잔 사줄 수는 있고 네 눈물과 한숨을 편하게 보여도 될 수 있는 지금 같은 친구로 남고 싶다. 항상 내 자리에서 너를 보고 있을게. 염려 말고 당당하고 씩씩하고 용기 있게 살면서 많이 웃고 많이 즐겁고 건강하게 영원히 지금보다 더 많이 행복했으면 좋겠다는 생각을 하면서 어쩐지 가슴 한구석에서 자꾸만 그 친구가 안쓰럽고 불쌍한 생각이 든다, 지금처럼 우리서로 변치 않는 사랑과 우정이었으면 좋겠다.

우체국 가는 길

그리움에 하얀 밤을 꼴딱 지새우며 글을 쓰고 편지를 쓰면서 지새웠던 시절이 기억난다. 요즘은 그렇게 편지를 써서 우체통에 넣고 설레는 맘으로 사는 사람들이 얼마나 될까? 요즘엔 핸드폰 없는 사람이 없고 이메일로 주고받고 그렇게 밤새워 글을 써서 내 마음을 전하는 사람들이 없을 것이다. 스마트폰의 문자며 카톡으로 수많은 기계문명 속에 마음을 전할 수 있는 것이 수두룩한 세상이 아닌가? 그 옛날 우체국 하면 아련한 추억이 서린 듯한 곳이기도 하는데 글쎄 전에처럼 정겨운 편지를 부치러 드나드는 사람은 아마도 많이 없을 듯하다. 그 옛날 우체국 하면 제일 먼저 떠오르는 게 간절하게 소식을 주고 받는 곳으로 생각이 된다. 또 고운 연애편지 속에 고운 단풍잎이나 은행잎을 갈피에 넣어서도 내 마음을 몰래 보내는 아름다운 곳으로 추억이 서린 곳이 우체국이다. 고운 색이 있는 편지지에다 밤 새워 쓴 편지를 설레는 가슴으로 팔딱이며 행복한 가슴을 안고 우체국을 향했던 그런 시절에는 우체국 가는 길이 얼마나 행복했는가. 지금 생각해도 정말 아름답고 행복이 넘치는 추억이다. 그리고 답장을 기다리는 아름다운 설렘도 또 우체부 아저씨를 기다리는 모습도 그 옛날엔 펜팔이란 것도 유행처럼 많았던 때가 있었다. 요즘이야 우체국에 갈 일도 그리 흔치 않으니까 가더라도 용도가 전과는 달라지지 않았나 싶다. 요즘은 택배며 사무적인 영수증 등 기타가 많지 않던가? 그전처럼 군에 간 자녀나 펜팔 같은 건 거의 많지 않을 듯하다. 나는 요즘에 지인들이나 친한 독자분들께 가끔씩 책을 붙여주기 위해 우체국을 찾는다. 그래서 다른 분들보다는 좀 자주 다니다 보니 우체국 직원들에게 단골의 대접을 받아 친절을 맛본다. 오늘은 책을 좀 많이 부치는 날이다. 우표 값도 만만치가 않지만 그래도 나는 지인들과 친한 분들에게 책을 공유하고 싶은 생각에 늘 우표 값 드는 일에 관대하다. 오늘은 우체국 직원이 200원이 잔돈인데 깎아 주신다면서 곱게 웃는다. 나는 감사하다는 눈인사와 200원은 별 것 아닌 듯해도 공금에서 깎아 준다는 건 그분의 대단한 친절임이 틀림없다. 200원의 친절 속에 그분의 몇만 원 이상의 마음이 보여 나도 미소 속에 감사 표현의 눈인사를 했다. 돈이 많아서가 아니고 그분의 친절에 마음이 흐뭇했다. 그런저런 고마운 마음에 보답하기 위해 내 글이 등재된 동인지 한 권을 우체국 직원에게 선물했다. 모든 분들을 다 드리고 싶지만 몇 권 안 되는 책이라 다 드릴 수도 없고 해서 늘 단골로 접수해 주시는 여직원 분께만 드렸다. 내 책 선물을 받으신 우체국 직원께서는 사인을 내게 부탁하면서 매우 기쁜 표정으로 감사를 연발해 주시더니 잠시만 기다려 달라 하시더니 창고 쪽으로 들어갔다 나오더니 자그만 선물을 하나 주신다. 샴푸와 비누 세트다. 참 사람 마음이 별 것 아니지만 작은 친절에서 이렇듯 정감이 오고 가니 저절로 감사가 나온다. 고맙다는 인사를 하고 상쾌한 마음으로 우체국을 나와 다른 볼 일을 보기 위해 지하철을 탔다. 지하철을 타고 가는데 옆에 앉은 분이 중년쯤 되는 주부였다. 그때 마침 문자가 온 듯해 스마트폰을 열고 답장을 문자로 하고 폰을 덮고 있으려니 그 아줌마가 조용히 미소를 머금고 세상에 어쩜 그리 젊은 사람 못지않게 스마트폰을 잘 다루세요, 하면서 부러운 듯 내게 묻는다. 나는 요즘 스마트폰 못 다루는 사람 어딨어요? 하면서 조용히 되물으니깐 그분 대답이 전 아주머니보다 나이도 어린데 그렇게 못해요. 겨우 받고 문자만 할 정도라며 그래서 스마트폰 잘 하시는 분이 부럽고 대견스럽고 그런다며 묻지 않는 말까지 한다. 나는 못하는 게 어딨어요, 다 배우면 되는 거죠. 배우려 하지 않아서 그러시죠? 뭐든 배우면 못할 게 어디 있겠어요, 하면서 나보다 한 십 년은 더 젊은 그 여인을 보면서 은근히 기분이 좋았다. 얼마 전에 새로 나온 핸드폰을 문자 때문에 조금 무참했던 기억으로 열심히 스마트폰은 익힌 덕분에 내가 생각해도 젊은 사람 못지않게 곧잘 하는 편이다. 오늘은 왠지 그 옛날 설레는 마음으로 우체국에 가던 것 못지않게 행복한 마음이 드는 날이기도 하다. 이렇듯 사람의 작은 친절 속엔 행복이 깃든다는 걸 체험하는 날 같다. 이래서 고래도 칭찬을 하면 춤을 춘다는 말이 있나 보다. 어릴 적 소녀 시절 때 행복이 내 가슴 한구석에 가만히 숨겨져 있다가 오늘 슬그머니 고개를 들고 나풀거리는 것 같은 느낌이다. 오늘은 만나는 사람마다 내게 즐거움을 주는 좋은 날이구나. 그리고 작은 것이지만 날 알아주고 대접해 준다는 게 이렇게 속으로 또 흐뭇하고 행복한 거구나, 하는 생각을 하면서 속으로 뭐든 나이 들어도 열심히 배워야지 하는 맘도 들었다. 이 시대의 젊은 사람만 즐기라는 법 있나, 뭐 그런 생각을 하면서 다 배우고 싶은 심정으로 도전 정신이 더욱 발동하는 그런 날이다. 우체국에서 친절한 직원 덕에 소녀같이 예쁜 마음이 되어 누구라도 사랑하고 싶은 날이다. 설레는 가슴으로 연애편지를 부치러 가던 뿌듯한 마음에 그냥 흐뭇하고 퍽이나 행복한 날이다. 아무래도 햇빛이 너무 좋아 엔돌핀이 몸에서 많이 나오는 날 같기도 하다. 하늘도 더 아름답게 보이고 길가는 사람도 어쩜 저리다 행복해 보일까? 그리고 다 잘 생겨 보인다. 오늘 내 마음이 내 눈이 모든 걸 고운 색깔로만 보이게 하나보다. 세월의 흐름 속에 문명의 발전 속에 우리들 생활은 나아졌지만 그리고 모든 게 편리해졌지만 세상인심만큼은 그다지 발전된 듯하지 못하다고 생각을 늘 했는데 오늘은 왠지 잘못 생각했었다고 느껴진다. 오늘 같은 날만 자주 있으면 아니 오늘 만난 분들처럼 그런 좋은 분들만 있다면 세상은 살 만하고 괜찮겠다는 생각을 한다. 그 옛날 우체국 가던 길의 추억 못지않게 기분이 흠뻑 행복으로 젖어있는 듯한 마음이 되어 공연히 소녀 같은 느낌이 드는 상쾌하고 즐거운 날이다. 아, 사람은 큰 것에서 행복한 게 아니구나. 이렇게 작은 것에서 작은 친절에서 이렇듯 기쁘고 행복하게 하는 걸. 오늘 나는 우체국 가는 길과 길에서 만난 사람 사이에서 또 다른 인생의 지표와 작은 철학을 배운 즐거운 날이다.

내가 부러움의 모델이라니

오늘 동인지 책이 대여섯 권이 나와서 친한 지인들께 한 권씩 선물하고 내가 섬기는 우리 교회에 권사님이신 지인께 한 권을 선물했다. 그 권사님은 책을 많이 읽으시고 시를 좋아하시는 아주 지성적이고 고운 분이시다. 외모도 남다르게 멋지시고 겉으로나 내적으로나 교양이 몸에 밴 듯하다. 책을 건네받으시며 그분은 진심으로 기뻐 어쩔 줄 몰라 하시면서 하시는 말씀이 시인이 당신 곁에 있다는 것만 생각해도 행복하시다면서 나에 대한 글과 극찬을 아끼지 않으셨다. 나는 황송하리만치 그분의 정겨운 과찬의 말씀에 왠지 뻘쭘하고 민망할 정도면서 그래도 내심 마음은 뿌듯하니 행복했다. 그리고 고맙고 감사한 마음이었다. 부족한 나를 저리 좋아하시는 진솔한 독자분이 계신다는 게 내심 흐뭇했다. 글을 쓰는 사람이라면 누구나 자기 글을 좋다고 읽고 싶어 하고 또 읽는 분들의 감동을 받았다는 말을 들을 때면 정말 힘이 나고 더욱 글을 쓰고 싶은 충동이 날 것이다. 나도 마찬가지로 저런 지인들만 많아서 내 글을 행복한 마음으로 접해 주시길 원하는 내 거짓 없는 마음이다. 그런 분의 모습을 볼 때면 언제나 내 마음은 소녀처럼 설렌다. 그리고 더 열심히 더 노력하면서 글을 쓰고 싶은 마음이 신나고 기쁘게 넘실된다.

어떤 분들은 책을 주면서도 혹여 부담을 안겨 주는 것처럼 별로 반가워하지 않는 느낌을 받는다. 그런 느낌을 받을 때면 나는 한없이 기가 죽고 속으로 좌절되는 느낌이다. 그렇지만 글을 쓰는 사람으로는 자기 작품이건 남의 작품이건 읽어주고 감동까지 곁들여 좋은 품평의 인사까지 받으면 더할 나위 없이 행복한 건 사실이다. 그러나 그런 축복을 다 누릴 수 없는 일이다. 며칠 전 나보다 한참 어린 어느 아우뻘 되는 지인이 카톡으로 서로 주고받는 멘트 속에 자기는 나를 보면서 꼭 나처럼 나이를 먹고 싶은 희망사항이라면서 나를 보면서 자기가 따르고 싶은 인생 모델이란다. 세상에? 참 감사하기 짝이 없으면서도 한편 나는 속으로 부끄럽고 또 한편으론 기쁘기도 하면서 그 지인에게 과분한 칭찬 고만하라고 했다. 그러면서 은근히 기쁘고 행복한건 사실이다. 이럴 때마다 나는 다시 나를 점검해 본다. 내가 나를 볼 땐 너무 부족하고 하나같이 내어놓을 게 없는 사람인데. 그러면서 한편 아, 이 정도 인생이 많은 사람들이 추구하는 로망이구나? 그렇다면 내가 가장 평범하지만 많은 이들의 삶의 모델로 로망의 대상이 된다면 세상사는 게 별거 아니고 참 이상하다고까지 생각이 든다.

나는 나대로 또 부러운 사람들이 너무 많은데. 얼마 전 한 교회서 같은 구역으로 예배를 드리는 기운데 또 다른 나이 어린 지인이 나를 위해 공동 기도를 해주는 시간에 그분의 기도문에서도 이 분의 본을 우리도 따를 수 있도록 해주세요, 하나님 하는 기도를 들으면서 나는 하나님께 감사하고 송구한 마음까지 들었다. 또 부끄러운 맘도 함께 복합이 되어 어쩐지 마음에 묵직하고 부담스러운 무게까지 느껴진다.

이 분들이 나를 모델로 삼고 계신다는데 언제 또 나를 보면서 실망을 하실지 하는 두려움에 나는 요즘 그 분들의 칭찬인지 존경인지 그 모두가 내겐 더 없는 큰 부담과 숙제로 무게를 안겨 주는 듯하다. 나를 두고 못됐다는 말과 소인배 소리보단 이 얼마나 고귀한 칭찬의 귀한 소린인가 하지만 나는 그 분들의 모델이 과연 될 수 있는 사람인가 하는 마음에서 내 가슴을 손으로 만진다. 이렇듯 부족한 사람을 보고 모델이 되고 싶다니 어쨌건 하나님께 감사한 마음이 내 가슴에서 누에 실처럼 끊임없이 나오는 건 사실이지만 하나님 앞에 더욱 부끄러운 마음도 배제할 수가 없지만 나는 오늘 하나님께 제가 이런 말을 들을 자격이 과연 있나요 하는 고마운 질문 속에 세상을 생각한다.

사람이 사는 데는 아무리 능력이 훌륭하다 해도 인격이 따라야 하고 실력이 훌륭하다 해도 인품이 따라야 하는데, 그리고 지혜가 있더라도 덕망이 없으면 반쪽 인격일 테고 덕망만 있고 지혜가 없으면 반쪽 교양일 것 같은데, 나는 그 어느 하나도 채워져 있지 못하는 듯한 반쪽짜리 인생 같은데, 그분들의 눈에 그분들의 마음에 무엇으로 보였기에 꼭 나를 닮고 싶고 나같이 살고 싶고 나같이 나이를 먹고 싶다고 그런 귀한 칭찬 같은 말씀을 하신단 말인가 물론 듣기 좋게 하시는 분들도 있겠지만 모두가 듣기 좋으라고 하는 말 같진 않았다. 한두 사람이 넘는 분들이 짜고 하는 말들도 아닐 테고 그 말에 나는 내 인생을 더욱 가다듬는 계기가 되는 듯하면서 또 다른 진리를 하나 터득한다.

사람이 살아가는 데는 여러 가지 형태들이 있다. 그 가운데 사람이 죄를 짓지 않고 사는 사람이 없을 테고 그것이 평가가 아니라 어떤 모습으로 용기 있게 긍정적으로 행복을 추구하면서 살아가느냐에 초점이 있는 것이 아닐는지 나는 그렇게 살아가려고 노력하는 사람 중 하나이다. 그리고 되도록이면 솔직하게 내 마음을 표현하면서 살고 싶어 하는 사람이다.

아무리 인격적이라도 의도가 있어서는 곤란하고 교양적이라도 저의가 있어서는 곤란한 것처럼 인격 속에 위선이 따르면 공기처럼 사람들은 다 마시며 모두 아는 듯 하다. 순간은 가려질지 몰라도 시간 속에 맑은 공기는 코가 시원하고 탁한 공기는 코가 탁하듯 사람들도 언제고 진실과 가식을 잘 알고 판단하는 법이다. 나는 그분들께 실망을 주지 말아야 하는데 하는 마음속에 다시 한 번 나를 돌아본다. 오늘 그분들의 고운 말 속에 속으로 부끄럽고 죄송한 마음까지 들지만 지금부터라도 진정으로 닮고 싶어 하는 사람으로서 더 아름다운 진솔성 있는 마음으로 나를 가꾸어 살아가라는 다짐을 해 본다. 하나님의 보이지 않는 훈계같이 느껴진다. 남은 삶을 곱게 살아가면서 그분들의 부끄럽지 않은 진짜 모델이 되고 싶다. 지금은 부끄럽고 부족함 투성이지만 그분들의 고운 칭찬에 힘입어 더욱 착하게 더욱 용기 있게 열심히 행복한 모습으로 진정한 그분들의 모델이 되어 그분들의 가슴에 따뜻하고 아름다운 친구로서 수를 놓으며 오래도록 그분들의 가슴에서 잊히지 않는 사람으로 살고 싶다. 정말로 그분들에게 결코 실망을 주지 않는 멋진 모델이 되어 하나님을 미소 짓게 하는 사람으로 살고 싶다. 그리고 그분들과 더불어 언제까지나 사랑하며 슬플 때나 기쁠 때나 좋은 친구가 되어 함께 웃고 울면서 내 생이 다 하는 날까지 그분들에게 작은 실망까지도 주는 일이 없이 그분들의 가슴에서 늘 따뜻한 사람으로 살면서 멋진 글로 내 삶을 나열하고 싶다.

나를 모델로 삼고 싶다는 행복한 말을 영원히 도둑맞지 않고 싶다. 그리고 그분들의 소박한 꿈과 나의 소박한 꿈을 비벼서 아름다운 하모니를 이루면서 지금처럼 행복하게 살아가고 싶다.

세상엔 훌륭한 사람과 훌륭한 지도자들이 많다. 크게는 대통령을 비롯해 우리가 존경하고 따르는 성직자들까지 그러나 그분들이 우리의 직접적인 모델은 아닌 듯하다. 그저 믿고 싶고 바라보는 자들이다.

우리는 서로가 비슷한 상황에서 우리들의 모델이 있는 듯하다. 오늘 나는 그분들의 고운 마음을 접하면서 승승장구를 할지라도 자기 성찰이 필요하고 독야청청할지라도 자기반성은 필요하듯, 부족하고 못난 내가 힘들고 버거운 삶이 그분들께 넘치는 활력소가 되길 간절히 소망해 본다. 나와 비슷한 삶을 살아가시는 그분들의 칭찬 앞에 나는 조금은 부끄러운 가슴으로 고개를 숙여 하나님께 감사한 마음으로 기도하는 행복한 시간이다.

지킴이

러시아가 알래스카 산맥을 미국한테 팔았을 땐 무슨 생각을 했을까? 지금의 미국은 알레스카를 굉장히 싸게 샀겠지만 그 싼 것을 그때는 무슨 생각으로 또 샀을까? 갑자기 그 생각이 난다. 거대한 나라와 나라끼리 거래에도 분명히 이문을 생각했을 텐데. 미국이 그 땅을 살 때는 원유가 펑펑 나올 줄 모르고 둘 다 사고 팔았겠지만 그런데 한 나라는 그 땅으로 인해 부자가 되고 한 나라는 그 땅을 팔고 얼마나 후회를 하고 속상하고 배가 아팠을 것인가. 아니 통탄을 할 노릇이었겠지만 잠시의 실수가 영원히 후회할 일이 되어 버렸다. 사람 사이도 마찬가지, 나도 몇 년 전에 우리나라 부동산 정책에 의해 일 가구 이 주택 자들은 세금을 몽땅 먹인다는 정부 발언에 겁 많은 나는 조그마한 아파트를 현재 살고 있는 집 말고 하나 구입해 놓은 게 있었는데, 세금이 많이 부과된다는 말에 겁이 나서 홀딱 팔아 버렸다. 전세금을 빼주고 나니 손에 쥐는 건 그야말로 코딱지만큼 이었다. 넉넉지 않은 살림이니 게 눈 감추듯 그 돈은 다 날아가 버리고 몇 년이 지난 지금은 또다시 정부 시책에 바뀌어 그런 작은 아파트 값은 세금도 얼마 안 한다는 법이 만들어졌다. 들쑥날쑥하는 부동산 정책에 우리같은 서민들은 갈팡질팡하니 요즘은 집값보다 전세값이 치솟아 지금껏 그 집을 갖고 있었으면 전세만 놔도 전에 팔았던 값보다 훨씬 많이 부풀어 있었을 텐데, 하는 생각을 하니 정부 시책이 야속하고 억울한 맘까지 들었다. 돈이란 옛 어른들의 말에 의하면 날개가 달렸다고 한다. 들어오면 나갈 준비부터 하는 게 돈이란다. 공연히 작은 집이지만 세금 무서워 홀라당 팔고 나니 돈은 간데온데없고 집만 없어지고 나니 여간 아깝고 속이 상한 게 아니다. 그것이면 지금 세를 놓아도 반찬값은 충분하고 늘그막에 용돈은 자식한테 손 벌리지 않아도 되는 걸 하면서 생각만 하면 은근히 속이 부글부글 상한다.

그러니 나라나 가정이나 잠시 생각 한번 잘못으로 흥하고 망한단 말이 아주 다른 말은 아닌가 싶다. 부자도 아무나 되는 게 아닌가 보다. 나는 천상 옛날 말하던 복부인의 체질은 아닌가 보다. 사람과의 관계성도 이와 유사한 듯하다. 요즘 젊은 사람들은 참을성이 적어서 툭하면 이혼한 부부들이 많다. 뭐 이혼이 굳이 나쁘다고 말하진 못하지만 가끔은 이혼을 하고선 경제문제 때문에 또는 참지 못한 아쉬움 때문에 후회하는 사람들을 종종 본다. 그 순간은 그 길을 택할 수밖에 없었겠지만 나중에 생각하면 조금만 서로 이해하고 참을 걸 하는 사람들을 볼 때 우린 언제나 일을 저지르고 후회하는 인간들인 것 같다. 이 세상은 후회 없이는 살아갈 수 없지만 재산을 움직이는 문제나 사람을 갈아치우는 문제나 모든 것들이 하나같이 성급함에서 실수를 하지 않나? 생각을 해 본다. 얼마 전에 나도 괜찮은 사회 친구 하나를 내 소가지를 참지 못하고 결별을 했다. 지금 생각하니 그 또한 놓치기 아까운 친구였는데 하는 아쉬운 마음이 들기도 한다. 한편으론 그까짓 친구 아니면 뭐 친구가 없으랴, 맘 안 맞으면 헤어지는 거지 뭐. 부부도 싫음 이혼하는 시대인데 하면서 돌아섰지만, 별것도 아닌 걸로 삐치고 헤어지고 나니 한참 동안 남모르게 속으론 내가 좀 참을 걸 하는 후회도 했었다. 다른 사람이 못 지닌 또 다른 인정과 재미가 있는 좋은 친구이기도 했는데 하는 아쉬움도 속으론 해본다.

또 한편으로 생각하니 인간이 모든 걸 잘 알면 그런 실수를 하겠나? 그러니 인간이지 그런 위로를 하면서 이제 와 사과를 하고 다시 사귀자니 뻘쭘하니 그리 마음이 내키진 않는다. 우린 늘 성급함과 경솔함 속에 참음이 부족한 데서 손해를 보면서 후회 속에 사는 듯하다. 언제나 깊이 있게 참고 기다릴 줄 아는 사람이 손해가 적지 않을까 하는 생각도 해보면서 사람들의 부족함을 생각한다. 강물이 깊으면 소리가 안 나고 사람이 깊으면 다 틈이 없다고 했거늘 모두가 부족한 마음에서 오는 소치들이다. 한쪽으론 이것도 다 운명이겠지 하면서 혼자 위로를 해 본다. 나는 성급한 마음에 작은 아파트지만 하나 날리고 또 인간관계에서도 소가지를 못 다스리고 참을성이 적은 탓에 그렇게 괜찮은 친구도 하나를 또 잃고 나니 갑자기 저 광대한 알래스카 산맥을 팔고 나서 얼마나 후회를 했을까 하는 생각까지 날개가 펼쳐진다. 가끔씩 죽은 자식 배 만지듯 하는 것이지만 아쉬운 욕심이 꿈틀대며 지난날의 어리석음을 되뇌어 볼 때마다 아쉬움이 있다. 가끔 재산을 지키는 것도 또 친구와 사람을 잃지 않고 끝까지 잘 지키는 것도 다 하늘의 뜻이겠지 이렇게 생각하면서도 사람의 모자란 지혜 때문에 벌어지는 사단이라고 생각도 한다. 돈도 사람도 재산인데 하는 후회 속에 가끔 쓴웃음을 짓는다. 사람을 잃는 것도 속상하지만 돈을 잃는 것도 이만저만 마음 아픈 게 아니다.

재산이 뭔지 돈이 요물이란 소리를 하듯이 밥을 굶는 것도 아닌데 가끔씩 그리도 아까운 생각이 늘 가시질 않으니. 사람의 욕심은 끝이 없나보다. 그 아파트만 생각하면 속이 상하고 친구 역시 재산 못지않은 것인데 한 친구를 잃고 보니 참 어리석은 인생인 것 같은 느낌이 든다. 세상을 잘 사는 것이 과연 무엇인가? 세상에 인간관계의 진실성은 얼마나 있게 살았나? 오만방자할 만큼 교만하진 않았나 하는 이런저런 생각도 해 본다. 하지만 인생 살다 보면 고양이도 밤눈이 어두울 수도 있고 참새도 방앗간에 치일 수 있다 했는데 실수를 해야 인간 아닌가 재산보다는 건강이 최고이며 고독하더라도 인격이 부족해 나를 이해 못하고 떠나는 친구라면 미련을 두지 않는 게 현명할 것 같다. 사람한테 받은 상처는 또 다른 사람으로 채우고 사는 게 인생 아니던가 그렇게 내 마음을 다독이면서 세상에 힘든 건 재산을 지키는 것도 되지만 그보다 더 힘든 건 사람과의 관계성이란 것도 새삼 느껴진다. 지혜로워서 모든 것을 관리를 잘 한다는 것은 참 힘들다는 생각을 다시 해 본다. 모든 건 얻는 것보다는 지키는 것이 더 힘들다는 말이 있다. 그래서 우린 세상에서 내가 지킬 것을 잘 지키면 축복일 듯하다. 크게는 건강도 잘 지키고 내 나라 내 사람 내 가족 잘 지키고 돈도 친구도 잘 간수하고 지킨다면 인생의 아픔과 눈물이 적을 듯하다.

가시나무새

오랜 세월 동안 핏줄이 아니고 부모 자식 간이 아닌데도 우정과 사랑이 변치 않는 사람이 곁에 있다면, 그 사람은 충분히 행복하고 인간관계나 사랑에 성공한 사람이라고 말하고 싶다. 요즘 세상엔 사랑한다고 하면서도 서로의 이해타산과 장사꾼 사랑이 얼마나 많고 순수하게 사랑하고 싶어도 세상인심이 다 내 마음 같지 않을 때가 얼마나 많은지, 그리고 가끔 겉과 속이 다른 사람들이 사랑을 빙자로 가슴을 울리는 나쁜 사람들도 이 세상엔 얼마나 많은지. 그래서 진실로 좋아하고 사랑하는 사람이나 나의 마음을 알아주는 친구가 하나만이라도 있다면 정말 행복하고 성공한 인생이라고들 말한다. 서로 마음 터놓고 이야기 할 수 있는 그런 사람이 있다는 건 정말 소중한 선물을 받고 사는 사람들이다. 그만큼 진정한 친구가 드물다는 세상이다. 세상엔 사람들이 쳐놓은 그물도 있고 사람들이 힘들어하는 굴레도 많고 모순도 많은 것 같다. 혹여 남녀라면 가끔 순수하게 사랑을 해도 그것이 사람들의 눈엔 흉이 될 수도 있는 어찌 보면 복잡한 세상이기도 하고 좋아하면 순수하게 좋아하는 걸로 보는 게 아니라 색안경을 쓰고 보는 세상 사람들도 많다. 그래서 우린 마음껏 행복한 친구를 못 거느리고 살아가는 세상이 되는지도 모른다. 남녀가 단순히 좋아하고 사랑하면 그것이 왜 죄가 되는지 그런 비상식적인 생각도 문제가 되는 인생살이다. 남녀가 구분돼 있는 세상에서 미묘하고 복잡한 인간 사회에서 진정 자유롭게 진솔한 친구나 사랑하는 사람 하나쯤 갖는다는 게 쉬운 듯해도 정말 힘든 일이다. 그리고 여자끼리건 남자끼리건 결혼을 안 한 상태에서 너무 좋아하는 듯 하면 혹시 동성연애 중이냐는 오해도 받고 사는 현실 속에 이 세상엔 겉과 속이 너무 다른 사람들이 참 많다.

사랑하라, 사랑하라 하면서도 도대체 무엇 때문에 그렇게 다른 모습 속에 위선을 떨며 남들의 흉을 들추며 살아가야 하는지, 이런 어려운 세상의 굴레에서 과연 진실한 친구는 어떻게 무엇을 놓고 말하는 것인지. 가끔 주변에서 그런 사람들을 접할 때마다 쓸쓸한 마음이 든다. 친구라 하면서 잘되면 겉으론 축하한다고 하면서 속으론 시기와 질투로 실망시키는 소인배들도 얼마나 많은가? 나는 진실하지 못하면서 상대는 진실하길 바라는 사람, 상대에 대한 배려는 전혀 없는 사람이 겉으론 자상스러운 척 고운 미소를 지으면서 위장 속의 모습으로 가슴을 넘나드는 완벽에 가까운 연극배우 같은 사람들도 많이 있다. 그래서 천 길 물속은 알아도 한 치 밖에 안 되는 사람 마음은 모르고 살아간다는 이 씁쓸한 세상에 정말 거짓 없는 사랑을 나눌 수 있는 사람이 아쉽다. 겉과 속이 같은 진솔하고 순수한 사람을 만난다는 건 로또 당첨보다 더 횡재하는 것 같고 이 세상 사는 동안의 가장 크나큰 선물이 아닐 수 없다는 생각이 든다.

나는 갑자기 가시나무새의 전설이 생각난다. 그 새는 가시나무를 찾아 헤맨다. 헌신과 인내의 고통이 수반될 때 진정으로 신이 귀를 기울여 주실 것이고 거짓 없는 진정한 사랑을 할 때 마지막에도 신이 예비한 그 아름다운 곳에 도달할 수 있는 게 아닐는지. 그런 가시나무새의 일생에 고통을 초월해 이웃고 종달새보다 나이팅게일보다 더 아름다운 노래와 목숨을 바꾸는 모습에서 그때 비로소 신께서도 귀를 기울이시고 미소를 지으시는 것 아닌가 그것은 바로 위대한 고통을 치러야만 얻을 수 있는 선물이기 때문이 아닌가 싶다. 그만큼 사랑이란 단어 속에 가시나무새의 전설은 진정 위대한 고통 없이 진정한 성취감도 맛볼 수 없는 것을 알려주는 게 아닌가 생각을 하면서 가시나무새를 쓴 저 유명한 여류작가 콜린 맥컬로우의 글 속에서 짜릿한 위대함을 느낀다.

인생은 가시나무의 행복을 위해서 늘 헤매고 살아가는 듯하다는 생각을 해 본다. 행복을 위해 가시밭길을 가고 날카로운 가시에 찔리고 난후에 진정으로 사랑에 대한 소중함을 더욱 느끼며 살아가는 게 우리들의 인생이 아닌가 하는 생각도 하면서.

우리의 삶 속에 그런 과정 없이 좋은 친구와 함께 사랑하는 사람들과 더불어 산다면 그 얼마나 큰 행운이고 큰 축복을 받은 사람이겠는가 하지만 이 나이가 되고 보니 근사한 사랑보다 어쩐지 가시나무새의 사랑이 더욱 가슴에 와 닫는 그런 생각을 하는 날이다. 오랫동안 함께 사는 부부도 외로울 적이 있다. 세상에서 좋은 친구로 인연을 맺은 친구가 부부이건만 그런 부부도 가끔은 남 같을 때가 있다. 이만큼 인간과 인간 사이엔 어딘가 모르게 틈이 있고 쓸쓸할 때가 있으니.

인간의 사랑은 한계가 있나 보다. 나 역시 이렇게 외로울 때가 있으니, 저녁 바람에도 봄바람은 불어오듯이 이런 날이면 아득한 그 누군가가 공연히 아쉽고 그리운 날이다. 오늘따라 인생의 줄달음질 속에 잊고 살았던 삶의 길목에 분명히 내게도 아끼고 소중하던 사람이 있었을 터인데 놓치고 난후에 그리움으로만 남는다. 우리네 인생 한 장의 풍경으로 남기고 살아가는 미련한 가시나무새는 아닐는지.

오늘은 가시나무 새의 전설 속에 누군가를 떠올려 본다. 그 옛날 순수했던 가슴이 오늘따라 살포시 그리운 날이다.

타인의 마음이 보이는 날

요즘 나는 새로 출간한 내 작품 책이 팔리는 재미가 쏠쏠한 날이다. 교회서 교인들이 또 친지가 또는 친구들이 고운 마음으로 앞 다투어 서너 권씩 또는 한 권씩 내 작품의 책을 구입해 줬다. 작가에게 배당된 책이 몇백 권이 주어졌는데 한 달도 체 안 돼 거의 나가고 이제 몇 권 안 남았다. 그리고 내 작품을 읽으신 분들이 보는 이마다 내 작품의 품평을 너무나 좋게 평해 주시면서 단숨에 읽고 3번째 읽는다는 분과 하루 종일 책에 빠져 흐뭇했다는 말을 전해들을 적마다 글을 쓰는 작가의 내 맘은 더할 나위 없이 행복했다. 이런 맛에 글을 쓰나 보다 하는 생각을 해본다.

문고를 나가서 구입을 하고 인터넷 구입을 했다면서 나중에 사인 받으러 오겠다는 몇몇 지인들의 말을 접할 때마다 내 맘은 더욱 글을 열심히 쓰고 싶은 욕구에 휩싸인다. 돈이 문제가 아니고 내 글을 누군가 찾아 읽어 주신다는 것에 너무 좋았고 행복하고 감사했다.

어느 지인에게서 내 작품에 나오는 제목을 거의 외우다시피 한다는 말을 듣고 한쪽으론 겁이 날 정도로 글을 조심히 써야겠다는 무게도 느낀다.

인터넷을 치면 블로그에 혹여 내 글을 예쁘게 장식하여 올려놔 주신 분들을 볼 때도 나는 감사하고 행복하다. 이런 것들이 글 쓰는 사람들의 공통된 마음이 아닐지. 가끔 그중엔 나와의 안면으로 책을 사서 억지로라도 글을 읽다 보니 재미있었다는 사람들 말을 접할 때면 어떤 사명 의식까지 느껴진다. 저렇게 책을 멀리하던 분들까지 책과 친하게 하는 책임을 완수하는 듯한 마음에 나는 흐뭇했다. 내 남편도 평소엔 신문이나 시사잡지 정도나 읽던 사람이 내가 쓴 에세이집은 손에서 떼지 않고 줄기차게 읽는 모습을 보니 한편으론 감사하고 대견스럽기까지 하다. 그런데 이런 흐뭇한 모습 뒤에도 모순이 있으니 나는 오늘 평소에 아주 절친한 사람의 모습에 마음이 묵직한 시간이다.

평소에 늘 문자며 정을 오가는 절친인데 남들은 하나같이 다 내 책을 인사로라도 구입을 하는데 영 말이 없다. 속으로 은근히 섭섭한 생각이 든다. 야속한 것 같으니 내가 책을 새로 출간했으면 곧바로 축하한다는 인사와 함께 한 권이라도 구입을 해서 인사라도 읽어보고 괜찮으면 자기 또 다른 지인들께라도 두서너 권을 사서 선전을 해줘야지. 그리고 제일 먼저 축하하는 우정으로 구입을 해줘야 하는 것 아냐? 하면서 나는 속으로 정을 준만큼 속이 안 좋았다. 아직까지 남들은 다 인사로라도 책을 구입해 가는데 인사말도 아직 없고 한 권의 책도 구입도 하지 않고? 하면서 속으로 은근히 괘씸한 생각을 하면서 서운한 마음을 갖고 지나치는데 오늘 눈이 딱 마주쳤다. 그래도 무반응이다.

섭섭한 생각까지 든다. 내가 책을 냈으면 꽃다발이라도 사갖고 출판기념으로라도 선물해 줘야 될 정도로 친한 마음이었는데 아니었나?

그렇게까지 생각한 절친인 줄 알았는데 실망이 크다. 지금껏 내가 잘못 본 건지 인색한 건지 나 혼자 지금껏 짝사랑의 정을 준 건가?

통 감이 안 올 정도다. 이놈의 인간? 책 한 권 값이래야 얼마 간다고 비싼 커피 한 잔 값이련만 하면서 괜히 속으로 남모르게 씩씩댄다. 지가 비록 시간이 없어 읽지 못하더라도 나 같으면 관심을 보이는 척 인사로라도 팔아 주는 게 도리 아닌가. 그만한 돈이 없는 인간도 아니련만. 하면서 내가 저를 얼마나 사랑하는데… 그 지인에 대한 기대 속에 혼자 실망하고 뒤틀린다. 인내력 부족한 내 속이 그냥 넘어가질 못하고 나도 얄미워 한마디 하고 싶은데 꿀꺽 참느라 괘씸한 가슴은 숨기고 눈길을 피한 체 나도 얼른 자리를 피했다. 더듬대다간 내 소가지가 또 입바른 소리로 상처를 줄까 봐 도망치듯 그 자리를 피해 나왔다.

평소엔 그렇게 귀엽고 착하게 보이던 친구인데 오늘은 속으론 나쁜 계집애 같으니 괘씸한 계집애 하고 욕이 나온다. 그러고 보니 나도 참 한심한 여자다. 이런 일로 꼬여 속이 뒤틀려 말도 없이 토라졌으니…, 나는 이런 심정인 내가 한심하기 까지 하면서도 내 마음이 영 컨트롤이 안 된다. 사람은 역시 상대성 원리 속에 벗어나질 못하는 좁은 인간인 것 같다. 집에 와서도 내내 마음이 묵직하고 서운했다. 얌체 같은 인간 저는 나한테 그렇게 작은 사랑하나 찬스 맞춰 베풀 줄 모르면서 맨날 주둥이로만 사랑한다. 좋아한다. 네가 최고다. 하면서 입에 발린 소린 다하면서 내 맘을 빼앗아 놓더니 정작 내가 자기 마음을 받을 때가 되니 하나도 보여주질 않으면서 뭔 놈의 사랑이며 우정이며 나발을 부냐 하는 생각이 하루 종일 가슴을 넘나든다. 나도 사람인지라 너의 마음을 보여 줄 때 내 마음이 너를 사랑하는 것 아닌가 하는 생각 속에 어쩐지 울적한 마음이 들기까지 한다. 그까짓 책값이 몇 만 원 하는 것도 아니고 커피 한잔 값이면 내게 진실한 우정을 맛보게 할 수 있는데 하는 섭섭한 생각이 자꾸만 날개를 펴 나를 자극한다. 나 같으면 집필하고 출판까지 하느라 너무 애썼다면서 그러진 않을 텐데, 어쩜 인간들이 저리 속 다르고 겉 다른가 하는 생각 속에 은근히 속이 상했다.

따지는 가슴에서 거울을 본다. 나는 나한테 또 소스라치게 놀라고 만다. 내가 지금 뭐 하는 거야? 책은 필요하면 사는 거고 필요 없으면 안 사는 거지, 글을 쓰고 문학을 하는 게 이런 건 아니잖은가. 내가 책장사야 뭐야 책을 읽기 싫어하는 사람도 있고 또 구입하고 나서도 읽지 않는다면 무슨 소용이 있겠나, 작가는 공짜로라도 줘서 자기 작품을 읽어주고 감동해 주는 게 가장 큰 행복인데… 내가 글 쓰는 작가 맞아? 글이란 읽는 사람을 위해 쓰고 나를 위해 문학을 하면 됐지. 내가 지금 이런 맘을 갖고 뭐하는 거지 생각하니 나도 참 똑같이 이런 유치한 생각에 젖어서 책 한 권 못 팔아서 안달하는 사람처럼 절친이 내 책을 구입 안 해 줬다고 시위하는 것도 아니고 이런 지각없는 모자란 생각을 한단 말인가? 소위 작가라는 사람이 하면서 부끄러운 마음에 내 머리를 흔들었다. 그리고 나를 보니 유치하기 짝이 없는 소인배가 되어 있지 않는가? 이게 바로 나였구나.

생각하니 한심하고 기가 막혔다. 이런 소가지로 글을 쓰니 누가 사겠니 네 실력을 다 아는데 하면서 혼자 스스로 나무랐다.

그러면서 헛웃음이 킥 나온다. 그 절친도 생각과 지각이 좀 모자라 그렇지 마음은 설마 그렇게까지 얌체이겠나 하는 마음이 든다. 얼마나 좋아하고 사랑하는 사람이었는데 훗날 내가 말 안 해도 살다 보면 스스로 깨달을 때가 있겠지. 책 한 권 사 주고 파는 게 문제가 아니라 마음을 먼저 보려 했던 내 자신이 부끄러웠다. 책을 내고 많은 분들의 우정과 정을 나누고 모으다 보니 사람의 마음이 먼저 보이고 그분들의 보여주는 사랑이 먼저 느껴지다 보니 숨겨있던 이런 잘못된 내 작은 마음들이 보여 우습기까지 했다. 내 작품을 읽어주고 보아준다는 것에 만족하고 감사해야지 모자란 나를 보며 상대의 정이 보이는 유익 없는 시간 속에 내 작은 마음이 정말 창피하고 얼굴이 화끈거릴 정도로 부끄럽다. 어쩐지 오늘은 내가 아닌 나처럼 보이는 마음을 감추고 싶은 날이다.

글을 쓰려면 나도 이젠 좀 더 마음을 넓혀 살아야 할 것 같다. 그 사람에게 내일은 내 책 한 권을 곱게 선물해 주고 싶다. 읽든 말든 그 사람 몫이고, 안 사면 내가 먼저 마음을 전하면 되는 걸 꼭 그 사람 정을 받고 싶어 안달 하던 내가 불쌍하다.

잠시라도 모자란 생각에 귀한 동지를 마음으로 얄미워했다는 게 못내 후회가 된다. 내일은 다시 가슴으로 사과하는 마음에 커피라도 한 잔 사줘야지. 귀한 동지를 잃을 뻔 했구나. 괜히 좁은 소견에 서운해 하고 얄미워하고 섭섭했던 마음을 잊고 외로운 세상에 소중한 친구로 많이 사랑하면서 살고 싶다. 이렇게 혼자 마음을 다스리며 다짐을 하는데 우린 서로 텔레파시가 통했는지 마인드컨트롤이 통했는지 갑자기 따르릉 전화벨이 울린다. 여보세요? 응 나야 웬일이니? 요즘 내가 바쁜 일이 있어 너 책 나온 것 늦게나마 축하해. 그리고 책 몇 권 부탁한다. 그러면서 책을 몇 권 부탁하는 게 아닌가? 아뿔싸, 그러면 그렇지 내가 잘 참았지. 방금 전 마음을 다듬지 않고 경솔하고 천박하게 속내를 드러내는 행동을 했으면 얼마나 더 부끄러웠을까? 생각하니 정말 속으로 쥐구멍에라도 들어가고 싶도록 내 자신이 부끄러웠다. 나는 방금 전 선물을 곱게 하려고 맘먹은 걸 꾹 참고 며칠 후 그 친구에게 책값을 받아 챙겼다. 그래야만 될 것 같았다. 그리고 곧바로 감사 헌금을 했다. 가슴으로 많이 뉘우치면서 그리고 내일은 사인을 해 그 친구에게 서너 권 더 선물해줘야겠다. 지인들께 나눠 보라고. 그리고 따끈한 커피라도 진실로 대접해야겠다. 다시는 내 마음이 이런 예쁘지 않는 모습으로 저급하게 판단하면서 사람의 마음을 읽지 않았으면 좋겠는데 내 모자란 마음이 또 모르겠다. 인내하는 법과 기다릴 줄 아는 법을 많이 배워야겠는데 사람과 사람의 맘을 아는 데는 우선 행함이 먼저 보이는 것이니… 이런 못된 마음이 또 다시 발동하질 않기를 나는 기도드리면서 다음에 먼 훗날 이런 얘기로 한바탕 마음을 열고 소통되는 사랑을 만끽하면 하는 바램도 가져본다. 마음에 티끌 없이 이런 토론으로 힐링하는 시간도 갖고 싶은 생각이다. 마음을 끄집어낸 그런 시간에 그들이 놀려대고 힐난해도 나는 아무 말 못하고 행복할 것 같다.

부부 사랑도 헌신이다

졸장부는 위선적 자비로 빈자를 우롱하고 소인배는 가식적 정의로 약자를 기만한다는 말이 갑자기 떠오른다. 나는 며칠 전 내 남편과 작은 다툼 속에 내가 느낀 어떤 미묘한 감정에 사로잡힌다. 내 남편은 평소 지병에 시달리면서 그래도 열심히 살아가는 사람이다. 그 와중에도 늘 나를 돕고 싶은 맘에 이것저것 도와준다는 것이 내 맘에 하나도 안 들게 한다. 젊을 땐 작은 것 하나라도 늘 나를 도와주려 하던 남편이다. 그런데 몸이 안 좋고 나서는 도와주는 것도 내 마음이 편치 않다. 그래서 한날은 남편한테 당신은 가만히 있는 게 날 도와주는 것이라고 공연히 먹은 맘 없이 순간 확 쏴붙였더니 그래도 내가 남편인데 말을 곱게 안 한다고 하면서 당당한 남편의 위세를 부린다. 나도 질세라 남편이면 다 남편인가 남편의 역할을 제대로 해야지 하면서 대수롭지 않게 망발로 또 쏘아붙여놓고 금방 후회했다. 세상에 어쩌자고 그렇게 심술을 부리며 못된 말을 던져 남편의 맘을 건드렸나 하는 후회와 미안한 마음에 알았어, 하면서 웃음으로 슬쩍 넘어가려고 했더니 아니나 다를까. 남편의 인상이 싹 달라지면서 삐진 듯 말없이 자기 방으로 획 들어가는 뒷모습에 나는 찔끔 겁도 나고 미안한 마음에 묘한 죄책감에 휘감긴다. 그래도 어쩌리. 이미 쏟아버린 괜한 신경질을 주워 담을 수도 없고 이젠 사과하는 일만 남았구나 생각하면서 남편의 눈치를 본다. 도와준다고 하는 남편한테 이유 없이 짜증을 부린 내 마음이 오늘따라 아마도 무언가 남편에 대한 만족하지 않는 회의가 왔었나보다.

나는 바로 남편한테 미안한 마음에 차도 타다 주고 과일도 깎아다 남편이 있는 책상으로 디밀었다. 그러고선 열심히 눈치를 살피고 간접적으로 미안함을 보여주었다. 말을 할 때 조금만 더 생각하면서 하면 누군들 싸우고 마음상할 일이 없겠지만 그렇게 잘하면 또 어디 사람이겠나? 실수를 하면서 사는 게 사람이 아니던가. 그렇게 속으로 잘못한 걸 혼자 위로라도 하듯 살짝 미안한 맘을 스스로 달래면서, 나는 자신을 돌아봤다. 괜히 말로 남편의 자존심을 건드렸나 하는 생각에 번번이 입바른 소릴 잘 하는 내 자신이 조금은 부끄럽고 미워진다.

전에도 툭하면 삐치는 남편이 섭섭했는데 오늘은 남편의 마음이 이해가 간다. 그도 그럴 것이 남편이 옛날처럼 당당하게 사회적 위치나 또 물질적 위치나 건강상 위치가 다 겸비돼 있을 적에야 뭐 그런 말이 대수롭지 않게 들렸겠지만 지금은 늙고 병들고 힘없고 어린 아이처럼 자기 아내만 바라보고 사는 데 그걸 꼬집어 못된 말과 신경질을 서슴없이 내는 내가 좀 잘못했다는 생각이 든다. 고친다 하면서도 고치지 못하는 내 속에 이런 고약하고 나쁜 뿌리가 있는 내 모습에 나 자신이 오히려 불쌍하기까지 하다.

참 사람이 사는 게 이렇듯 상대에 따라 이긴 듯이 큰소리로 상대를 기죽여 놓고서도 이렇게 마음이 힘들고 후회되는 맘이 든다는 게 이상하다. 그런 나 자신도 어쩐지 이름 모를 서글픔에 내가 나를 이해가 안 될 적이 있으니… 그러면서 갑자기 나보다 요즘 더 약해진 듯한 남편이 나는 사랑한다고 했지만 절대로 사랑보다는 내가 남편을 늘 헌신하는 것이라고 생각이 은연중 들었던 것은 아니었는가 싶다. 그러면서 내 모습이 조금 부끄러운 생각으로 접어든다.

약해지고 병들고 작아진 남편에게 잘한다고 하면서도 가끔씩 짜증내고 보이지 않는 유세를 떠는 건 아니었는지….

졸장부의 위선적 자비심은 '목불인견' 이고 소인배의 가식적 동정심은 '점입가경' 이란 말이 숙여진 마음을 울린다. 그래 내가 남편한테 현재는 동반자로 그냥 헌신하는 마음으로만 살았었구나 하는 마음에 나를 돌아본다. 진정한 사랑은 그래도 헌신이 있어야 되는 것인데 하면서 내가 했던 망발의 무안을 덮어본다. 얼마 전 어떤 지인의 부부싸움 얘기를 나눴다. 그 댁 남편도 한때는 잘 나가는 기자였고 괘나 똑똑하시고 배울 만큼 인격도 상승돼 있는 분이다. 그런데 요즘 명태다 뭐다 해서 이분의 남편 역시 별다른 직업 없이 집에 계시다 보니 영 부부 사이도 전과 같지 않고 물질로나 정신적으로나 힘들다 보니 작은 일에도 민감하게 부딪힘이 잦아진다고 했다. 그러다보니 상한 마음에 가끔씩 남편이 미워 죽겠다는 엄살도 들었다.

그 남편은 남편대로 누이 같은 나한테 하소연을 한다. 그 아내는 아내대로 나한테 언니처럼 번갈아 가면서 하소연을 하는 그런 처지다 보니 나는 그들 부부의 같은 하소연을 접하면서 그저 좋은 말로 서로서로 토닥여주긴 했어도 그들 부부를 보면서 깨닫는 게 있었다. '여유가 있으면 바보라도 영화를 누리고 여유가 없으면 현자라도 고난에 시달린다' 라고 하듯이 뭐든 풍족할 땐 사랑도 풍족하고 마음도 풍족하지만 뭐든 일이 꼬이고 메마른 심정이 될 땐 서로 마음도 메말라서 툭하면 마른 낙엽처럼 부서지는 마음들이 되어 서로가 상처받고 부서지고 쓸쓸한 가을날을 만끽하는 마음들이 된다는 걸 알았다. 그 옛날 가난해도 사랑만 변치 않는다면 얼마든지 행복하다는 말은 먼 세상 말인 듯하다. 물론 다 그런 건 아니지만…, 그래도 대부분은 다 경쟁적으로 스트레스가 있어 육체적으로 힘들고 부족한 데서 오는 싸움의 발단은 다 만족함을 채우지 못하는데서 오는 게 아닌가? 생각이 든다.

특히 남자들은 잘 나가다가 갑자기 퇴직을 하던 명태를 당하던 건강을 잃으면 여자들보다도 훨씬 자격지심이 많이 드는 사람들 같다. 그런데 여자들 역시 이럴 때일수록 전에 보다 더 남자들을 떠받들어 주면서 비위를 맞춰 드리면 무슨 문제가 될 리 없지만 여자들도 그런 배려를 한다는 게 어디 그리 쉬운 일인가. 사람의 마음이 서로 사랑하고 뭐든 풍족할 때를 잊지 않고 늘 한결같지 않으면 얼마나 좋겠냐만 사람 맘이 다 그럴 수 있겠나. 정말 사람처럼 마음도 몸도 간사하고 변덕스러운 게 어디 있겠나. 서로 상대가 약해져 있을 때 더욱 위로하고 협력하는 게 부부라고 생각하지만 그렇게 착하게만 살아지질 않는 게 또한 인간의 모진 마음이다. 사람들이 하늘같이 아름다운 마음만 존재한다면야 이 땅에 부부들이 이혼할 부부가 어디 있겠나? 그리고 싸움하는 부부가 어디 있겠나.

나를 돌아보며 생각한다. 그래 맞아 그래서 진정한 사랑은 꼭 내가 낮아지고 나를 죽일 줄 아는 헌신이 있어야 우리들이 사는 삶이 부드럽고 평안과 행복이 있다는 걸 다시 한 번 느끼게 된다. 부부란 더 약해 있을 때 서로가 더 안타깝게 느끼면서 더 친절하게 잘하면 좋으련만 어디 사람 맘이 다 그런가? 내가 힘들면 화부터 먼저 나고 생각 없이 이기적인 마음에 함부로 말도 툭 튀어나오고 하는 게 인간의 모자람이 아닌가. 그렇기 때문에 많은 부부들이 아파하고 다투며 몸살을 앓고 살아가질 않나? 하는 생각이 든다. 언제나 한쪽에서 조금 양보하고 참고 헌신하는 쪽이 있다면 얼마나 조용하고 행복하게 살 수 있을까 하는 마음속에 그러고 싶고 머리로는 다 알아도 막상 현실로 닥치면 행하며 사는 부부가 얼마나 될까. 이렇듯 실수와 무례를 범하는 게 인간들 아닌가 나는 오늘따라 이런저런 부부들을 보며…

세상에 많은 부부들이 진정으로 애틋한 사랑만 갖고 사는 부부가 과연 얼마나 될까. 이런저런 불평 속에도 누구 하나가 꿀떡 참고 헌신이라는 마음이 있다면 행복한 가정도 행복한 부부도 이 세상엔 많을 듯하다. 부부가 살다가 한두 번씩 이혼하고 싶지 않는 부부가 어디 있으랴. 그래도 그때마다 자식 때문에 참고 또 형제 부모 모든 사회 또 자신 때문에 질근 참으면서 나 하나 헌신하면 모두가 행복하고 모두가 평화로운데 하는 헌신적인 마음으로 살아가는 게 아닐는지? 사랑이란 두 단어만 갖고 평생 살면 두말 할 필요 없이 좋겠지만, 사람의 마음이 어찌 그리 살 수 있으랴. 부부는 믿음과 헌신으로 메사 참으면서 가꾸어 가는 게 부부텃밭이 아니던가.

갑자기 전깃줄에 앉아 있는 참새들이 짹짹 댄다. 저 참새들도 지금 지들 부부가 싸우는 건가? 왜 저리 짹짹거리면서 시끄럽지? 아님 너무 좋아 노래를 부르나? 모든 생명 있는 것들은 짝을 이뤄 살아가고 또 짝을 찾아 늘 지지고 볶고 사는 게 우주 속 같다. 그중의 인간이란 만물의 영장인데 과연 그 속에 짝으로 준 부부란 인연 참 신비스럽게도 깊은 인연인데, 가끔 너무 쉽게만 생각하면서 서로가 살아왔다는 게 조금은 깊이 생각되는 날이다. 세상사가 행복을 누린다 해도 무한의 연속성은 없고 고난을 겪는다 해도 무한의 지성도 없듯이 부부도 때론 행복하고 때론 같이 살아간다는 게 불행한 생각이 들 정도로 힘들 때도 있는 법. 그러기에 우린 인내 없이 헌신 없이 한결같은 부부의 사랑을 지속 시킨다는 건, 극히 힘든 일이다. 그래서 부부사랑도 헌신이라고 당당히 말하고 싶다. 요즘 젊은이들은 과연 이런 말을 하면 모순된 말로 들을지 몰라도, 내가 살아온 삶 속에 부부란 이름의 선배로써 당당히 말할 수 있다. 부부사랑도 헌신이라고. 오늘 나도 모르게 남편한테 마음 상한 말을 해놓고 수습할 생각보다 이런저런 인생의 살아온 삶을 돌아보며 시간을 번다.

사람과 사람

세상엔 많은 사람들이 살지만 그중 정말 훌륭하고 무엇이든 프로로 일하는 사람들을 볼 때 너무 존경스럽고 그분들이 부럽고 다른 세계 사람들처럼 느껴질 때가 많다. 세상에 살아가는데 무엇 하나라도 나는 프로가 되어보질 못한 듯하다. 공부도 기술도 살림도 대충 조금씩 할 따름 프로급으로 하는 게 하나도 없다. 세상에 나 같은 사람만 있으면 세상이 존재하지 못할 것 같은 생각이 든다. 매사에 하는 일이라곤 겨우 흉내만 내며 사는 인생 같다.

오늘도 나는 김장이라고 한 20포기 하고 손엔 칼자국으로 반창고 신세를 지고 말았다. 손가락을 다쳐 목욕탕엘 갈까 말까 하다가 그래도 묵직한 몸을 뜨뜻한 물에 푹 담그고 싶어서 상처 난 손가락을 반찬고로 단단히 부치고 동네 단골 목욕탕엘 가려고 나섰다. 한동네서 오랫동안 단골이 된 목욕탕도 목욕탕이지만 그곳에서 몸에 때를 밀어주는 관리사도 오랫동안 목욕탕에서 근무를 한 처지라 친구처럼 편하고 정겨운 사람이 있어 더욱 좋았다. 그런데 요즘 목욕탕 가는 길이 멀어서 조금 꽤가 난다. 우리 동네에서 3~40년 정도 살아온 내가 요즘처럼 목욕탕 가는 게 멀다고 느껴 본 적이 없다 처음 서울 불광동(연신네)이란 동네로 이사를 올 때는 우리집에서 가까운 <보천탕>과 <천연탕>, <불로탕>, <용광탕> 이렇게 네 군데가 늘 집 가까이 있다 보니 맘대로 힘들지 않게 대중탕 이용하는 맛이 참 좋았는데 그 4개 목욕탕이 하나씩 둘씩 다 없어지고 이젠 그 자리에 빌딩이며 다세대 건물로 들어서다 보니 할 수없이 집에서 좀 거리가 떨어진 대중탕까지 가려니 귀찮은 생각이 앞선다.

그래도 뜨끈하게 몸을 담그고 싶은 마음에 한참을 걸어서 대중탕을 찾아 욕탕에 들어가니 반갑게 맞이하는 관리사 언니가 뒤이어 탕에서 나오는 한 손님에게 말을 건네는 소리가 들린다. 아니 오늘 아주머니 웬일이세요? 남에게 등을 다 밀고? 하면서 묻는 관리사에게 그 아주머니 하는 말 그러게 그냥 오늘 첨 한번 밀어봤어요 하고 대답을 한다. 나는 그 분들의 대화에 공연히 귀가 솔깃하고 의혹이 살며시 일어 그 아주머니 안 듣는 데서 살짝 물었다. 아니 저 아주머니는 등을 안 밀어요? 하고 물으니 관리사 언니 대답인즉 저분은 자기가 아는 동안엔 한 번도 남의 손을 빌려 등을 밀지 않았단다. 남의 손이 자기 살에 닿는 것을 매우 싫어하는 분이라고 말해준다. 늘 혼자 긴 타월로 닦고 간다고 말하면서 정말 오늘 처음 보는 모습에 자기도 놀랬다면서 고개를 갸웃거린다.

물론 모르는 사람과 함께 등을 밀고 하는 게 싫은 사람도 있고 혹여 돈이 드니 때를 밀어주는 관리사에게 밀어 달라는 것도 부담이 되어 안 하는 사람도 있지만 이 아주머니는 그게 아니라 남이 자기 살에 닿는 게 싫다는 분이란다. 마음도 취향도 어찌 그리 다른가 생각이 든다. 나는 목욕을 하고 등을 밀지 않고 오면 영 찜찜하고 목욕한 것 같지가 않은 느낌인데 그리고 남이 쓱쓱 밀어주는 그 시간이야말로 정말 편하고 행복한 시간이던데, 돈이 아까워 전체를 못 밀어 달랠 뿐이지 하는 그런저런 생각 속에 자그마한 한증욕실을 찾아 들어가니 동네 반가운 분들이 이런저런 세상 이야기로 꽃피우고 있다.

동네 목욕탕은 이래서 정겹고 좋은 것 같다. 모두가 벌거벗고 죽마고우 모양 거리낌 없이 편한 자세들로 회포를 풀듯 색다른 사랑방 같은 느낌이다. 어디를 가든지 무엇을 하든지 모든 게 자기할 탓이라 했던가. 이곳에서도 여지없이 두 가지 패로 사람들 모습이 갈라져 있다는 게 참 희한했다. 좋아하는 사람끼리 뭉치고 좋아하는 사람끼리 대화하고 어찌 보면 벌거벗고도 마음은 벗지 못하는 사람들이 아닌가 싶다. 한 오라기도 걸치지 않는 우리들의 모습인데도 감춰진 가슴들은 몇 겹의 옷들을 입고 있는 듯하다. 이것이 사람이며 감성의 동물이 아닌가 하는 생각 속에 나는 목욕을 마치고 집으로 와 부지런히 채비하고 교회로 갔다.

내가 평생을 다닌 <연신네 연신교회> 언덕처럼 기댈 수 있는 우리 교회다. 내가 처음 다닐 때(1980년)는 작은 교회로 8~90명의 교우들이 있었는데 지금(2017년)은 교우들이 5,000여 명이 되는 정도니 세월이 참 많이도 흘렀다는 생각이 든다. 그런 교회가 있어 나는 늘 행복하다. 이런저런 볼 일로 우리 교회 부목사님들이 근무하는 사무실을 찾았다. 평소 늘 정겨운 부목사님들 한 분 한 분이 다 소중하고 고마운 분들이시다. 늘 부족한 나를 격려해 주시고 기도해 주시는 귀한 분들, 이런저런 내 용건을 토로하는 중 착하디착한 목사님이 내게 농담 어린 장난기가 발동하니 옆에 계시던 같은 목사님들까지 합세해 나를 웃기신다. 잠시 이 유쾌한 시간 속에 스치는 또 다른 인간미 속에 또 다른 생각이 스친다.

저 분들은 하나님의 귀한 사명으로 목사라는 직업을 택했지만, 또 다른 갈등 속에 힘듦이 있겠나 하는 생각이 든다. 나는 간접적으로 그분들의 애환이 엿보인다. 젊은 목사님들은 남이 보기에는 아무 근심 없이 자애롭고 평화롭게 공평하게 목자의 사명 속에 기도하는 택한 자들로만 보이겠지만 저 분들도 사람이고 젊은 청년 같은 마음도 있을 게고 가정을 지닌 남편이고 아이들의 아빠다. 때가 되면 부목사님들은 보따리를 싸야 되는 아픔도 있고 성도들의 평가 속에 아파하는 극히 평범한 사람들이다. 담임목사님이야 별 일이 없으면 보따리 싸고 갈 일은 없지만 부목사님들은 만기가 지나면 갈 자리가 없으면 언제나 불안하고 또 다른 자기들의 자리를 찾아 능력껏 움직여야 되는 그런 한국의 목회 실정이다.

뭐 그렇지 않은 곳도 간혹 있겠지만 나는 대부분 그렇다고 알고 있다. 그분들과 잠시의 스스럼없는 대화 속에 그분들의 애환이 느껴지면서 목회자도 직업인만큼 냉엄한 현실 속에 아들 또래 같은 부목사님들이 어쩐지 짠한 느낌이 들면서 세상살이가 그리 녹록치 않음은 성직자도 마찬가지라는 생각을 한번 해 봤다. 지금처럼 저렇듯 행복하게 웃어도 때가 되면 저분들도 보이지 않게 자리다툼이 있는 현실 아닌가. 그런 상황 속에 진심으로 삶의 근심 없는 목회를 할 수 있을까 하는 의아심마저 들었다. 먹고 살기 위한 걱정이 따른다면 진정한 목자가 될 수 있을까 하는 의문도 살짝 들었다. 그리고 한국 목회자들도 너무 대책 없이 많이 배출한다는 것이 조금 모순된 듯 느껴졌다. 교회 역시 너무 자기 교회 부풀리는 일만 하지 말고 현실을 좀 바꿨으면 하는 생각도 해봤다. 적어도 우리 교회 같은 경우도 몇 천 명의 신도들이 있다. 그렇다면 교회를 넓힐 것이 아니라 딱 계획을 세워 약 천명 정도만 되는 교회를 만들어 부목사님들도 자리를 만들어 순서대로 공평하게 지교회로 분리시킨다면 저분들의 자리 걱정도 고민도 덜어 줄 텐데 하는 생각을 한 번 해본다. 하긴 모든 분들이 머리가 모자라 그런 생각을 안 해봤으랴만 그래도 어쩐지 내 생각이 바쁘다.

우리나라만 해도 얼마나 큰 교회가 많은가? 그런 교회가 좀 더 욕심을 버리고 정말로 함께 산다는, 함께 간다는 힘든 목회자들이 마음껏 목회 활동을 편한 마음으로 했으면 하는 생각에 방법을 좀 바꿨으면 하는 생각을 해본다. 진정으로 하나님 뜻이 그런 것은 아닌 듯 하다는 생각과 함께 공연히 오늘 내 머리가 바쁘다. 물론 모든 건 나보다 더 잘 아시는 분들과 머리 좋은 분들이 어련히 알아서 하시겠지만 그리고 목적을 이루시는 하나님이 하실 일이지만 어쩐지 오늘따라 가는 곳마다 사람들이 보이는 시간이다. 사람들이 너무나 몸 사리기에 앞서 이기적인 사람들이 많지 않나 하는 생각 속에 요즘 지각없는 커다란 교회 목사님들의 간간이 들리는 세습제라든가, 편법 논리가 때론 의식 있는 교인들의 눈살을 찌푸리게 하는 게 얼마나 많은가? 이런 현실 속에 저렇듯 맑은 목회자들을 접하면서, 정말 내 능력만 된다면 저분들이 목회만 마음껏 멋있게 편하게 할 수 있는 그런 자리를 해 드리고 싶은 오지랖 넓은 마음까지 드는 날이다. 능력이 되어 그리 했으면 얼마나 행복할까 하는 생각 속에 얼마 전 어느 교회 부목사님 한 분이 사임하시고 떠나면서 나누던 짧은 말과 가시던 뒷모습이 오랫동안 머리에서 잊히지 않는다.

갈 자리도 확실치 않는 가운데 보따리를 싸 고향으로 가시는 그분을 볼 때 마음이 너무 짠했다. 솔직한 대화는 나누지 못했지만, 말 없이 떠나야 하는 그분의 뒷모습을 통해 많은 현실을 읽을 수 있었다. 그게 그분들의 비켜갈 수 없는 슬픈 모습이 아니던가. 부목사란 자리는 언제나 가야 할 준비가 돼있는 분들이다. 잘 돼서 담임목사로 나간다면 뭐 걱정이 있겠냐만 가끔 대책도 없이 그분들이 갈 때가 되면 우린 헤어져야 하는 만남이다. 오랫동안 한 교회 있다 보니 부목사님들과 만나고 헤어짐이 다반사에 길들어져 있지만 그리고 이젠 마음 역시 비우고 살 정도다. 늘 정이 들면 가고 오는 것이 아픔이 따르기에 언제나 한쪽 마음 문은 늘 열어두고 산다는 걸 터득했다.

한때는 부목사님들과 헤어질 때마다 정이 뭔지, 이별의 아픔을 늘 감기 앓듯 견뎌야 하던 시절도 있었다. 하지만 이젠 세월 속에 많은 이별을 겪다 보니 헤어지는 마음도 익숙해져 의연하니 덤덤해 졌다 .그저 그분들이 잘 돼서 가시는 것만 보길 간절히 바랄 따름이다. 세월이 내 마음을 무디게 한 건지 인심이 내 마음을 교육한 건지 아리송하지만 암튼 요즘은 정든 분이라도 떠나실 때 조금 서운해도 그다지 신경이 쓰이진 않는다. 함께 있을 때라도 이렇게 웃고 정답게 산다는 것이 그저 감사하다는 생각이다.

오늘은 그냥 그런저런 생각 속에 맑고 순수한 목사님들의 사람 냄새가 나는 잠깐의 대화 속에서 하나님을 만난 듯하니 행복하고 즐거우면서 또 다른 많은 생각으로 휩싸이는 시간이다. 이상하리만큼 항상 만나던 사람들인데 목욕탕 사람들이나 목사님들이나 모두 내게 많은 생각과 많은 느낌을 받게 하는 날 같다. 세상 사람들이 사는 사람들의 모습 속에 또 다른 사람들의 냄새를 맡는 날 같다. 과연 나는 다른 사람들에게 또 어떤 사람으로 비춰질까? 하는 생각도 꼬리를 문다. 내 소망은 대한민국 아줌마로서 좀 더 멋이 있는 사람들의 흐뭇한 친구로 지인으로 매력을 주는 한 사람이 되고 싶다는 욕심을 슬그머니 해본다. 그러자면 한 알의 밀알이 썩어 싹이 나듯 늘 내가 썩어지고 남을 살리는 일에 앞장서야 되지 않겠나, 그분들에게 웃음과 행복을 주는 그런 사람이고 싶은데, 가능할지.

언제나 남의 마음 아프지 않게 하면서 평범하게 사는 사람으로 불쌍한 자들을 위해 기도할 줄 아는 조금은 교양을 겸비한 믿음의 딸로 살고 싶다. 그저 대중들의 모나지 않는 그런 사람으로 살고 싶다. 욕심이라면 그래도 내가 누군가에게 가끔은 보고 싶은 사람이 되고 싶고, 누군가에게 가끔은 대화하고 싶은 사람이었으면 참 좋겠다. 그리고 조금 돈이 많아 베풀고 나누며 누구에게나 기쁨조란 별명을 하나 건지고 싶다.

그런 저런 생각과 바람 속에 오늘도 벌거벗은 채로 정담을 나눌 수 있는 동네 목욕탕 지인들도 보고 성직자들의 사람 냄새와 대화 소리도 들어가면서 진정한 사람이 보이고 또 내가 보이는 가운데 오지랖 넓은 상념과 생각의 푸념이 가슴에 머무는 날 같다.

손주 사랑

손주처럼 사랑스런 사람이 이 세상에 또 있을까? 나는 세상에서 손주들처럼 사랑스럽고 어여쁜 사람은 없다고 본다. 비단 나뿐이 아닐 것이다. 세상의 할아버지 할머니는 누구나 다 나 같은 마음일 게다. 볼수록 신비스럽고 볼수록 사랑스런 존재가 손주손녀들일 게다. 오늘 손주들이 주말이라고 할아버지 할머니를 본다고 왔다. 나는 하나님의 축복 속에 손주만 넷이다. 재롱떠는 데는 손녀딸이 하나쯤 있어도 좋겠지만 하나님이 내겐 딸도 안 주시고 손녀딸도 안 주시고 욕심이 많다는 소리를 듣게 손주만 넷이다. 그래도 여러 손주들이 다 똑같이 사랑스럽고 소중하지만 그중 좀 살갑게 노는 녀석이 하나 있다.

성격이 좋아 재롱도 잘 떨고 늘 기쁨조 노릇을 하는 둘째 녀석이 언제나 조금 더 내게 미소 짓게 하는 녀석이다. 살갗도 뽀얗고 노는 것도 애교스럽고 늘 사랑스런 녀석이다. 맏이나 셋째 넷째 다 귀엽고 사랑스럽지만 유독 둘째 녀석이 눈길을 끌게 한다. 눈에 넣어도 아프지 않을 만큼 사랑스런 손주 녀석들이 어찌 그리 모습도 성격도 아롱이 다롱이다. 듬직하고 착하디 착한 큰 손주 녀석이 며칠 전 특목고를 지원했는데 공부는 상위라 2차까지는 합격을 했단다. 그런데 3차 논술에서 떨어졌다고 한다. 본인과 지 애미 애비 모두가 안타깝고 속이 상한 건 당연하다. 나도 듣는 순간 티는 내지 않았지만 욕심에 가슴이 철렁하면서 마음이 짠하지만 어쩌랴. 내 새끼만 떨어지는 세상이 아닌 걸 경쟁 사회란 그런 것이 아니던가. 모두가 실력대로 하는 걸, 위로는 하지만 욕심에 아쉬운 건 사실이다. 하지만 속상함 뒤에 속으론 정말 다행이라고 생각했다. 논술이란 인성도 태도도 보는 것인데 그래도 무엇이 부족했기에 시험관 선생님들이 떨어뜨렸을 것 아닌가? 그렇다면 더 크기 전에 깨닫게 하는 너무나도 좋은 계기고 경험이라 생각이 든다. 요즘 애들이 너나 할 것 없이 핵가족 제도라 어른 공경하는 법이랑 사회의 일원으로 배려하는 태도며 마음가짐을 배우는 것이 아무래도 부족한 듯 하다는 느낌이 든다. 옛날 천자문을 배우던 시절은 아니라고 해도 핵가족으로 인해 모든 가정교육서 부터 달라진 건 말 할 것도 없지만 암튼 논술이라는 시험과목이 잘 생겼다고 생각한다. 그러면서도 한편 풀이 죽은 듯한 손주 녀석을 보고 있노라니 마음 한구석은 짠하긴 하다. 머리로는 이것도 교육이라고 당연한 생각을 하면서 담당 선생이 얄밉기까지 하는 생각이 드니 나도 어쩔 수 없는 한국의 속물 할머니이다. 이렇듯 두 갈래 생각 속에 가슴이 짠한 게 핏줄이라는 것이 참 사람을 이상하게 만든다는 생각이 든다.

얼마 전 한 지인이 시집간 딸이 손녀를 낳았단다. 선화로 연락받지 않아도 갓 태어난 손녀를 온천지 페이북이며 카카오톡이며 안 올린 데가 없다. 물론 블로그며 홈피에도 올려놓고 세상에 없는 손녀를 본 듯 아가를 스타로 만들어 놨다. 세상 태어난 지 얼마 되지도 않은 갓난아이를 인형처럼 꾸며놓고 자는 것부터 배냇짓하는 모습까지 이건 원 가관도 아니다. 그것을 보면서 나는 내가 손주 사랑하는 건 비교도 안 된다는 느낌을 받았다.

그런가 한편 손주를 두어보지 않는 어떤 지인은 또 그렇게 말한다. 손주가 예쁘면 자식만 하랴? 하면서 손주 사랑하는 할머니 할아버지들의 마음을 곧이듣지 않고 손주를 둔 사람들의 손주 자랑하는 모습들을 가리켜 비아냥하듯 지껄여대던 그 사람들도 자기 손주를 얻고 나니 손주 말만 하면 늘 입이 코에 걸려 벙글거리는 모습이 우리네 할아버지 할머니들이다. 그러니 손주 보는 일에 종사하는 할머니 할아버지들이 마다하지 않고 기쁘게 보는 일이 많은 것도 요즘의 현실이 아닌가 싶다. 예쁘지 않으면 어찌 힘이 들어 돌볼 수 있겠나, 돈을 아무리 많이 버는 일이라도 행복하지 않으면 어찌 보겠나. 사람은 다 나이가 들면 힘이 들기 마련인데, 예쁜 마음에 사랑하고 소중한 마음에 몰입하고 반해서 다 손주 손녀 사랑에 허우적거리는 게 우리네 할머니 할아버지들이 아닌지. 나 역시 손주들이 없을 때는 아이들한테 무관심한 적이 있었다. 내 새끼 키우느라 너무 힘이 들어 그랬는지 작은 애들만 봐도 힘든 생각에 과히 예쁘고 사랑스러움을 만끽하지 못했다. 물론 힘은 들어도 내 새끼들이 주는 기쁨은 말할 것도 없지만, 그런데 다시 내 손주가 생기고부터는 남의 아이들도 어찌 그리다 내 손주 손녀처럼 예쁘고 귀엽고 사랑스러운지. 참으로 사람의 감성이 어찌된 건지 가끔씩 궁금하다. 내 자식을 키울 때의 감정하고는 또 다른 짜릿한 사랑에 황홀할 지경이다. 어느 애인이 이리 사랑스러우면 아마도 세상이 달라졌을 것이다. 미운 짓을 해도 금방 잊고 예쁘고 사랑스럽다. 정말로 손주 손녀는 신이 내린 가장 편하고 가장 사랑스런 존재가 아닐 런지. 그리고 가장 아름다운 신의 또 다른 귀한 선물 같다. 정말 이런 선물을 받고도 하나님께 감사가 없는 사람은 이 세상에 한 사람도 없을 것이다. 오늘은 손주들을 생각하니 저절로 하나님께 감사의 눈물이 나오는 행복한 날이다. 모쪼록 아름답게 훌륭하게 많은 사람의 필요로 하는 소중한 존재로 곱게 자라주길 가슴으로 기도 하면서 사랑하는 내 손주가 이번 같은 작은 깨달음으로 아픔의 기회가 인생의 전화위복의 기회로 삼았으면 하는 맘으로 하나님께 기도하는 맘이다.

자기가 희망하고 가고 싶은 학교엔 떨어졌어도 앞으로 많은 인생을 살아 갈 때 이런 시행착오가 삶의 교훈으로 전진하는데 디딤돌이 되는 수업을 받았다는 생각 속에 좋은 기회로 삼았으면 하는 생각이 든다. 사랑하는 내 손주들이 수없이 많은 경쟁 속에 더불어 살아갈 터인데 남보다 좋은 실력자로 살아가는 것도 좋겠지만 그것보다는 이 땅에 사는 동안 남에게 유익을 주면서 존경받는 자로 덕을 세우며 많은 사람을 사랑할 줄 아는 가슴이 따뜻한 사람으로 살아갈 줄 아는 사람이 되었으면 좋겠다. 그리고 누구에게나 꼭 필요한 사람으로 소중한 인물로 아름답게 마음도 몸도 건강한 자녀로 아름답게 커주길 이 할미는 기도하는 마음이다. 저리도 귀엽고 사랑스런 손주를 주신 나의 하나님께 감사한 생각을 하는 소중한 날이다. 사랑하는 내 손주들아, 할머니 할아버지의 영원한 기쁨조 아주 많이 사랑한다.

지인의 넋두리

며칠 전 친한 아우가 나를 보더니 속상해 죽겠다면서 부부싸움 한 소리를 털어놓는다. 나를 믿고 넋두리 아닌 넋두리 같은 고민을 털어놓는 그 아우가 귀엽고 한편 고맙고 감사한 마음에 열심히 들어 줬다. 가슴에 없는 제법 심각한 표정 관리도 잘하면서 그의 상한 맘을 들어 주었다. 이럴 땐 잘 들어주는 게 그에 대한 위로일 것 같고 예의니까.

부부란 별 것 아닌 것 같고 투덜거리는 게 일쑤지만 그 집 사정을 듣고 보니 그냥 작은 서운한 점에 부인이 속이 뒤틀려 그만 살고 싶다는 얘기까지 한다. 그러면서 하도 속이 상해 남편한테 편지로 그만 살고 싶다는 글을 써 놨단다. 날 보고 좀 읽어 보란다. 나는 호기심 반으로 또 읽어보라니 읽어볼 수밖에 없어서 건네주는 지인의 편지를 받아 들었다. 편지를 내게 건네 주면서 하는 말이 정말 밉고 속상해 죽겠어요. 그 사람이랑 이젠 그만 살 거예요, 하질 않는가? 나는 속으로 그만 일로 그만 살 것 같으면 우리 부부는 열두 번도 더 헤어졌겠다, 하면서 편지를 훑어보고는 그래도 겉으론 그래 많이 속상하겠다, 하면서 그의 마음을 열심히 다독여 주는 척 조용히 얘기를 들어줬다. 그리고 조금만 참고 기다려 보자고 말해 줬다. 그리곤 그들 부부를 위해 나는 하나님께 기도해 주었다. 그들이 화해하면서 평정을 다시 찾으면서 행복하게 살게 해 달라고 나에게 믿고 하소연하는 부인의 고마운 마음을 보더라도 간절히 진솔한 마음으로 기도를 해 주었다.

그런 일이 있고 나서 남의 일이라고 나는 곧바로 잊어버리고 말았다. 그런데 며칠 후 다시 만나니 글쎄 언제 그랬다는 듯 표정도 밝고 해맑은 표정이다. 아무 말 없이 조용하다. 속으론 잘 해결되었나 하면서 한편으론 고맙기도 하고 잘 됐다 하면서 모르는 척 눈치만 살피고 그냥 지나쳤다. 부부 싸움에 대놓고 물어보기도 뭐하고 그냥 지나치려는데. 오늘 그분이 나를 부르더니 밝은 얼굴로 전에 언제 그만 살겠다고 편지를 장장 써놓은 걸 보여줄 때의 마음은 흔적도 없이 나한테 남편의 정겨운 얘기를 또 하지 않나? 속으로 며칠 전 사네, 못 사네 하던 투정은 언제 그랬냐는 식으로 연실 아빠가 어쩌고저쩌고 입가엔 행복한 미소를 띠고 사랑이 넘쳐나는 얘기를 토해 낸다. 참 부부가 뭔지? 며칠 전만 해도 꼴도 보기 싫고 말도 섞기 싫다던 남편이 요즘은 자기에게 어찌나 잘해 주는지 안쓰럽고 불쌍하기까지 한다나? 나는 속으로 웃음이 픽 나면서 그래도 다행이라는 마음으로 저리도 변덕스러운 게 사람 마음인 걸 그래도 잘 해결해 정겹게 사는 걸 보니 내 마음도 흐뭇하고 좋은 건 사실이다. 참 사람 사는 게 우습다는 생각이 든다. 저렇듯 죽 끓듯 변덕을 떨며 사니. 하긴 날마다 햇빛만 있어도 사막이 될 테이고 또 비만 날마다 내려도 안 될 것이고 바람만 날마다 불어도 안 될 것이고 적절하니 비도 오고 태풍도 불고 햇볕도 나야 세상이 돌아가듯 인생도 우리네 가정도 부부 생활도 다 그런 것 같다. 한참 싸울 땐 밉고 그만 살고 싶어도 또 지나고 나면 후회 속에 저렇듯 정겹게 살아가는 모습 속에 사람 사는 것도 세상 이치와 조금도 다르질 않다는 걸 느꼈다.

그래 저렇듯 부부싸움은 칼로 물 베기라는 말이 있다는 걸 생각하면서 속으로 또 미소가 지어진다. 며칠 전에 그만 살 것 같이 내 마음을 근심케 하면서 난리를 쳐놓고 저렇듯 아무 일 없이 또 남편 자랑을 해대는 모습 속에 괜히 남의 일에 쓸데없는 걱정을 잠시나마 맘 졸이며 염려했던 것이 무색해져 버리면서 한편으론 그의 속상함을 들을 때 걱정이 되어 기도를 했던 생각에 감사했다. 혹여 모자란 생각에 같이 장단을 맞춰 그 남편의 흉이나 보고 함께 거들었다면 어쩔 뻔했나? 하는 생각에 아찔했다. 도대체 남의 넋두리를 들을 땐 어디서 어디까지 진실로 들어줘야 하는지? 오늘따라 속에 있는 말을 들어 주는 것도 괜한 걱정이 된다는 걸 느꼈다. 그래서 모르는 게 약이라는 말도 이런 걸 두고 하는 말인가 보다. 그래도 나 같은 걸 믿고 속상한 가정 얘기를 숨기지 않고 털어놓으며 넋두리를 한 그 지인이 오늘 따라 더 어여뻐 보이면서 한편으론 나를 믿고 속에 있는 말을 토해낸 그 지인이 더 정겹게 느껴진다. 얼마 동안 쓸데없는 걱정 속에 지인의 눈치를 살피며 근심했던 나는 역시 전문 상담원은 못될 듯하다는 생각을 하면서 다시 행복으로 돌아온 그 지인의 밝은 모습에 나도 덩달아 행복한 시간이다. 오늘은 내 가정을 비롯해 우리네 사는 평범한 모습을 보는 시간이 어쩐지 흐뭇하다.

3

내 인생의 황금기

훌륭한 친구

사람 사는 게 어떻게 사는 게 후회 없이 잘 사는 걸까? 하는 생각 속에 고민을 해도 정답은 없는 듯하다. 잘 살아도 후회 못 살아도 후회는 있는 것 같다. 세상을 살면서 검은 물 곁에 있으면 검은 물이 튀기기 쉽고, 흙탕물 근처에 있으면 흙탕물이 튀기기 쉽듯이 사람도 좋은 사람 옆에 있으면 같이 행복해지고 좋은 본을 받게 된다. '세상의 성공은 친구를 만들고, 역경은 친구를 시험한다.(사이러스)', '친구를 고르는 것은 천천히, 친구를 바꾸는 것은 더 천천히(벤자민 프랭클린)' 라는 말이 있다.

오늘 문득 정말 내 옆에 훌륭한 지인 한 사람이 생각난다. 그 사람은 꽤 머리도 좋고 능력도 있는 사람이다. 내가 알기로는 예능 면으로 꽤 뛰어난 재능이 있고 글도 곧잘 쓰는 재주가 많은 사람 같다. 그리 오랜 세월을 사귄 사람은 아니지만 사회에서 서로 알게 된 친구인데 이상하게 마음이 통하고 정겨운 사람이라 아주 급속도로 친하게 된 사람 중 한 사람이다. 재밌고 애교 많고 센스 있고 인정 많고 감성 또한 풍부한 사람이다. 나하고는 아주 잘 맞는 친구였다. 그 친구 역시 나를 많이 좋아하고 곧잘 맘이 맞는 말벗 친구다. 그러다 보니 우연찮게 그 친구가 내게 속 있는 말을, 자기 인생 얘기를 듣게 됐다. 갑자기 그 친구 눈에 약간의 이슬이 맺힌다. 나는 어릴 적부터 알던 사람이 아니므로 그 사람의 과거 지사는 속속들이 모르는 바라 조금 의아했다. 그래서 조용히 말 나오기만 기다렸다. 날 보고 하는 말이 자긴 딸이 없으시죠? 하면서 나는 딸만 둘입니다. 아들도 부럽지만 저는 딸이 좋습니다, 한다. 그러면서 자긴 아기를 못 낳는 사람이고 지금 두 딸들은 데려다 키운 딸들이란다. 즉 입양아라는 것이다. 나는 깜짝 놀랐다. 뭐 옛날부터 알던 일이라면 놀랄 것도 없는 현실이지만 친딸들이 아니고 입양아라는 새로운 사실에 놀라면서 아, 그렇군요? 하면서 의연하게 대답했다.

그 친구는 굳이 그런 사실을 숨기면서 살진 않는다고 말을 덧붙인다. 아이들도 다 성장했기에 충분히 이해하고 유학생활도 많이 시켰기에 그다지 감추고 싶은 마음이 아니란다. 그만큼 개방되게 삶을 사는 분 같았다. 나 같으면 저런 말을 쉽게 나오질 못할 텐데 속으로 생각하면서 열린 세상 같다는 생각을 해본다. 나는 새삼 그 친구를 다시 보게 됐다. 두 딸들을 아주 훌륭히 키워 놨기에 자랑할 만도 하다는 생각이 들면서 그 친구의 고백을 듣는 순간 더 놀랍고 훌륭하게 보였다. 크게 넉넉지 않은 살림이지만 남의 자식을 그렇게 데려다 유학까지 시킨다는 게 쉬운 일은 아니라는 생각이 든다. 전에 없던 존경심까지 들었다. 우리나라도 저런 분들이 적지 않게 있어 해외로 입양하는 일이 적어졌다는 것도 알고 있지만 내 가까이에서 저런 훌륭한 분이 있다는 게 퍽이나 자랑스럽기까지 했다. 그런데 키우면 닮는 것인가? 어쩌면 그리도 그 아이들 사진을 보니 그 친구를 꼭 빼어 닮은 듯한지 정말 희한한 일이다.

나도 자식을 키워봐서 알지만 내 속으로 낳은 자식도 때론 너무 힘들고 속상할 때가 많은데 남의 자식을 키우는 일이 얼마나 힘든지? 그런데 그런 느낌을 하나도 받지 않게 그분들을 뵐 때 대단히 훌륭하다고 생각이 된다. 가슴으로 낳은 자식이라지만 그게 어디 아무나 하는 일인가. 다 선택받은 자 들의 몫이 아닌가 싶다. 얼마나 착한 마음이면 저런 아름다운 일을 할 수 있나 하는 생각에 나는 내가 부끄럽기까지 했다. 집에서 키우는 강아지 꼴도 제대로 못 키우는 나는 좀 어질고 착하질 못한 사람 같다는 생각까지 해본다. 오로지 내 속으로 낳은 내 자식 내 가족만 벌벌 떨며 지금껏 살아오질 않았나? 그를 보면서 내가 참 낮아 보이고 적어 보였다. 그런데 그분이 눈가에 눈물이 촉촉하게 적시면서 하는 말이 작은딸이 자랄 때 자기 부주의로 다리에 생긴 흉터를 보면 늘 가슴이 아프다며 자기가 잘못해서 예쁜 다리에 흉터를 남겨 놨다는 죄책감에 말을 하면서 눈물이 그렁그렁 맺히는 모습에 나는 지금 천사를 보고 있는 기분이 든다. 그분의 눈가를 보면서 나는 색다르게 그분의 고운 마음에 갑자기 매료 되어 어쩜 저런 천사 같은 분들도 있구나 하는 고마움에 내 가슴이 울렁거렸다. 늘 내 깐엔 착하게 사는 것처럼 속으로 너희들이 내 맘을 알아? 하면서 때론 거들먹 되진 않았나? 내가 해놓은 거라곤 내 새끼 위해 내 남편 내 가족만 위하는 것도 크게 유세인 양 늘 나한테 대고 이만하면 모범이지 뭘 그래? 하는 교만 속에 범생이 아닌 범생이 대접만 받는 가운데 속으론 거만하게 살진 않았나? 내가 못하는 저런 일을 하는 그 친구를 보면서 훌륭한 친구라는 생각이 든다.

친구와의 대화 속에 나에게 속내를 주는 친구가 고맙다. 아이들을 키울 적에 이런저런 얘기며 다치게 한 것이 아픈 상처로 지금도 맘 아파하는 친구의 모습과 친구의 고운 눈물방울을 만들어 준 그 애들이 참 복이 많다고 느껴졌다. 꽃 한 송이를 키우는데도 숨겨진 노고가 없으면 고급화된 꽃이 탄생 못하거늘 저분의 사랑 속에 훌륭한 두 아이들이 이제 세상의 훌륭한 사람으로 또 그 부모의 본을 받아 아름답게 열매를 맺을 것 같다. 저렇듯 훌륭한 부모 밑에서 그들이 받는 영향이 과히 헛되게 될 리 없을 터라 믿으면서 가슴으로 나는 응원하였다. 자기는 애들한테도 입양 사실을 숨기며 키우질 않는다고 하는 그 당당한 사랑도 높이 평가하고 싶다. 나중에 간접적으로 알게 되면 그때는 더 감당하기 힘든 것이기에 아예 처음부터 입양 사실을 오픈하면서 사랑으로 인간답게 진솔한 정을 주면서 교육한다고 했다. 그런 말을 담담히 하는 그분의 눈가에 맺힌 이슬은 무엇일까? 내가 보기엔 그 이슬은 정말 최고의 비싼 진주알처럼 보였다.

담담히 말하는 그분의 입술은 고운 코스모스 꽃잎을 닮은 듯하고 그 사람의 모습에서 최고의 향수 냄새가 나는 듯하다. 저런 것이 하늘이 주는 진정한 사랑의 모습이구나? 하는 생각과 그분의 눈 속에서 주님의 모습을 보는 듯했다. 가슴이 따듯한 그 분을 보면서 사람이 저렇듯 훌륭해지려면 얼마나 가슴을 쓸고 닦아야 저렇게 된단 말인가? 하는 존경심이 든다. 아무리 훌륭한 성인도 사람 구제처럼 훌륭한 게 어디 있겠나 하는 생각을 하면서 요즘 세상 자기 아이들만 최고라고 야단법석이고 잘못을 해도 아까워서 따끔이 매 한번 못 드는 요즘 부모들이 아니던가. 과연 그런 아이들이 커서 부모나 남들한테 얼마나 잘할까? 하는 괜한 걱정도 해본다. 저런 부모 밑에서 터놓고 산교육 속에 키운다면 결코 입양아라 해도 상처 없이 이 땅에 정말 인간적이고 사회성과 또 남을 위해 희생정신도 곁들여 훌륭하게 되는 게 아닐까 싶다. 이 땅에 버림받아 아파하는 입양아들이 저런 부모만 만난다면 더 없는 축복이라 생각해 본다. 나 역시 오늘따라 훌륭한 그 친구를 알고 지낸다는 것이 퍽이나 자랑스러운 맘까지 든다. 옛말에 험한 사람 곁에 있으면 험한 꼴 보기 일쑤고 모진 사람 곁에 있으면 모진 꼴 보기 일쑤라 했건만 나는 오늘 저런 좋은 친구 곁에 있으면서 오래도록 준마의 향기를 맡고 싶다.

적어도 오너라면

가르치는 자는 당나귀 귀가 되라 했던가? 아무리 그래도 사람은 사람인지라 편견과 아집을 버리고 정말로 똑바른 오너가 과연 존재할 수 있을까. 그래도 작건 크건 어느 단체의 오너라면 늘 중립을 지키는데 최선을 게을리 해선 안 될 듯하다. 그리고 가르치는 자 역시 보는 바 들은 바 보다는 깊이 숨긴 잘못된 심성을 볼 줄 알아야겠지만 어찌 귀신이 아닌 이상 한치도 안 되는 심보를 헤아릴 수 있을까마는 며칠 전 교회 목사님 설교 속에 조금 놀라웠다. 설교 중에도 배울게 많지만 버려야 할 것도 있다는 걸 깨닫는 시간이었다. 무엇이건 좋게 받아들이면 별 거 아니겠지만, 그래도 사람과 사람 사이가 무수히 얽힌 곳이 교회라는 것도 부인할 수 없으니 참 많이도 힘들겠다는 생각이다. 천 번을 들어도 행하지 않으면 무슨 소용이 있겠나? 그리고 가르치는 자들이 비워진 마음이 아니고야 어찌 사람 마음을 감동시킬 수 있겠나 하는 생각 속에 도대체 사람의 마음은 얼마만큼의 포장 속에 쌓여 살아가나? 미덕과 변덕과 악과 선이 공존되어 있단 말인가? 하는 생각을 해 본다.

우린 세상살이에 날마다 집안과 방 청소를 해도 먼지가 있다. 하물며 우리 마음도 날마다 수양과 교양을 쌓지 않으면 늘 마음의 먼지가 쌓일 것이다. 보고 배우고 비우고 다듬어 살아도 알게 모르게 남의 마음을 속상하게 건드리는 많은 실수를 하는 우리들 아니던가? 나는 갑자기 한 오너를 보면서 대나무를 상상하게 된다. 대나무는 겉은 단단하지만 속은 텅 비어 있다. 겉의 단단함을 위해 얼마나 모진 비바람과 참음의 인내 속에 만들어졌는가? 무엇보다 겉은 단단하게 단련되었지만 속은 텅텅 비어 있는 대나무. 겉포장을 단단하기 위해 속이 빈 듯한 느낌이 들었다. 그만큼 사람도 혹여 겉은 카리스마가 있고 단단해 보여도 속은 문드러져서 텅텅 비였을 것 같다는 생각을 해 본다. 속이 다 녹아내려서 크든 작든 앞에서 이끄는 오너는 한 사람 한 사람을 이끌어 간다는 게 얼마나 힘든 일인가? 사람같이 고집이 있고 자존심 있는 동물이 어디 있겠는가? 그런 사람들을 다룬다는 거는 산을 오르는 것보다 힘들다. 고집을 버리고 오로지 헌신하는 마음과 감성 덕으로 다스려야지. 힘으로 다룬다는 건 모순이다. 그땐 듣는 척해도 그건 가식이다. 오직 사람만큼은 감성의 동물이기 때문에 마음을 조정하고 움직이는 것은 오너들의 능력 아닌가 싶다. 그렇다면 적어도 오너라면 대나무처럼 속이 비워질 만큼 노력을 해야 하는 듯하다. 그리고 덕을 쌓으며 헌신과 특별한 지혜 없이는 진정한 오너란 불가능하다. 좋은 오너라면 먼저 자기 마음을 비워야 할 것 같다 이기심과 욕심을 버리고 마음을 비워야 이 시대의 존경받는 오너가 되지 않을까 싶다.

악기는 비어있기 때문에 아름다운 소리가 울린다고 했듯이 비우면 누구나 내면 속 자신의 울림을 들을 수 있는 법이다. 그래서 리더는 아무나 하는 게 아닌가 싶다. 학력 실력 다 중요하겠지만 학력과 실력보다 중요한 건 따뜻한 마음, 도덕적으로 책임이 있어야 하고 세상을 정말 사랑하고 사람을 진심으로 귀하게 여길 줄 아는 깨끗한 사람이야만 되지 않을까 싶다. 낮은 자리에 있더라도 그만한 인격자라면 누구나 진정으로 그 사람은 리더자가 될 수 있고 오너로서의 훌륭한 자질이 있다고 볼 수 있다. 얼마 전에 세상을 비극으로 몰고 갔던 세월호 사건의 선장이 생각난다. 과연 내가 그 자리에 있었다면 어떻게 했을까? 별 수 없었을 수도 있겠다는 생각 속에 세상 사람들의 비켜갈 수 없는 무수한 비난 속의 그 선장 얼굴이 떠오른다. 우린 그 사람의 잘못보다 오너로서의 자질이 없음을 깨달아야 한다. 얼마나 많은 사람들이 오너의 자질이 없이 그 자리에 앉아있단 말인가? 우리 모두는 그 사람의 초상화가 아닐는지. 생각하면서 오너란 대나무를 닮은 그런 사람이어야 되지 않을까, 하는 생각 속에 그래도 슬픔을 당하고 그 모습을 보는 사람들이 나라와 정치를 비난하는 소리 속에 나는 다시 한 번 우리나라와 민족성을 생각해 본다. 그래도 세계 어느 나라가 한민족만큼 인정 있고 의리 있고 단합하는 민족이 있으랴 싶다. 간혹 오너의 자질이 없는 사람의 실수로 또 욕심이 많은 이기적인 사람들 때문에 가끔씩 많은 사람들이 실망하고 피해를 입고 살아가지만 그 와중에도 우린 착한 민족애를 맛보게 하는 아름다운 사람들도 많다는 기쁨에 또 다른 살맛도 난다.

사람을 귀히 여길 줄 아는 많은 사람들로 인해 이 세상은 돌아가고 있지 않나 싶다. 나는 오늘 생각한다. 적어도 오너라면 첫째 많은 사람들을 진심으로 사랑할 줄 아는 것이 가장 큰 능력으로 보고 싶다. 남을 나보다 낫게 여길 줄 아는 그런 사람이야만 확실한 자격이 있다고 생각하면서, 이런저런 많은 고민이 휘감는 한낮이다. 햇빛이 시린 가슴을 감싸는 따듯한 오후 창가엔 살랑 바람이 불고 세상에 모든 것들이 스크린처럼 돌아가며 광화문의 태극기가 내 머리 속에서 펄럭이며 많은 생각이 파도처럼 가슴에서 일렁이는 날이다.

어버이 날

오늘은 5월 8일 대한민국에만 있는 어버이 날이다. 나는 엊그제 일요일 아이들과 온 가족이 어버이날 행사 겸 미리 외식을 하면서 가족과 함께 지냈기에 오늘이 5월 8일 어버이 날인 것도 생각지 못했다. 그런데 한 동네 사는 절친한 형님뻘 되는 분한테서 전화가 왔다. 오늘 어디 가지 말고 꼭 만나자는 얘기다. 나는 무슨 일이냐고 물으니 그냥 어버이 날이라고 그 댁 자녀들이 나를 어머니와 함께 식사 대접을 하겠다는 거란다. 나는 그 댁 가족끼리 가는데 내가 왜 가느냐고 물으니 나 말고 또 절친 두 분을 더 청했으니 꼭 오라고 하신다. 나는 어쩔 수 없이 가겠노라고 대답을 하고 정해진 시간에 동네에 사는 두 절친과 함께 그 댁의 초대를 받았다.

우리 일행을 기다리고 계신 그 댁 큰 아드님이 대기하고 있던 차에 타고 준비된 고급 식당으로 안내했다. 오붓한 그 댁 가족분들과 초대받은 우리 세 사람과 함께 분위기 좋은 식당에서 준비된 음식을 맛있게 먹으면서 우린 그제야 우리가 왜 오늘 초대를 받았나를 알게 됐다.

그 댁 어머님은 우리 동네에서 모르면 간첩이란 말을 들을 정도로 제일 오랜 세월로 우리 동네 최초라 할 정도로 여자분이 공인중개사업(부동산업)을 하시는 분이다. 우리 동네서만 근 40년을 넘게 최고 고참 부동산업을 하고 계신 아주 능력 있고 정겨운 분이다. 오랜 세월 한동네서 집을 매매하고 놔주고 하는 사업을 하신 터라 모르는 사람이 없을 정도로 유명하신 분이다. 나 역시 이 댁과 인연을 가진 지가 어언 30여 년이 넘게 지내 왔다. 그 오랜 세월 동안 늘 한결같으신 분이셨다. 그분이 오늘 80세 생신을 맞으면서 우리들을 초대하신 것이다. 지금은 아드님과 자부님과 함께 이 사업을 이어받아 경영하고 계시다. 삼 남매를 잘 키우셔서 이젠 손자 손녀사위 며느리까지 식구가 많으신 다복한 가정이시다.

우리나라에 어버이날이 왜 생겨 젊은 애들 귀찮게 하는지 모른다고 며칠 전 했던 말이 무색하며 마음속에 변덕이 생겼다. 참 우리나라가 좋다는 또 다른 생각으로 바뀌었다. 며칠 전에 내 새끼들이랑 한바탕 즐거운 한때와 또 오늘같이 남의 자식 효도에도 초대받아 이렇듯 오고 보니 즐거운 것은 사실이다. 내 집도 남의 집도 가족이 화목한 걸 보면 우리 나이엔 더없이 행복하다. 부모에 대한 효도는 교과서에도 가르침이 많이 나오지만 성경책에도 하나님의 명령으로 기록돼 있다. 십계명을 비롯해 잠언서 사무엘서 성경 곳곳에 효도의 축복이 기록돼 있지만 이런 복된 말씀을 늘 알면서도 효를 다 하지 못하고 사는 자녀들이 아닌가. 이제 이 나이가 돼서야 비로소 부모의 사랑을 깨닫게 되지만 살아계실 동안엔 형편없이 불효를 하면서도 모르고 지내온 나 자신이 부끄럽다. 내 자녀들한테도 양심으론 효를 외칠 자격도 없는 내가 내 자녀들이 효를 할 때는 그다지 몰랐는데 오늘 남들의 집안을 보면서 효도란 별 것이 아니고 그저 내 자녀들이고 남의 자녀들이고 부모 마음 평안하게 잘 살아 주고 형제끼리 우애하고 사랑하는 게 가장 큰 효孝일 듯싶다.

우리 집에서 그다지 멀지 않은 효자동이란 동네를 지나칠 때면 효자동의 전설이 생각난다. 고장마다 조금씩 전해 오는 전설이 있겠지만 이곳 효자동의 전설은. 자식이 병이 나서 죽었다는 소리를 듣고 헐레벌떡 정신없이 달려온 아버지가 너무 기가 막혀 죽은 자식을 보면서 "이런 불효 자식이 있나? 부모 앞에 죽다니?"하면서 고함을 치니 죽은 아들이 놀래서 벌떡 일어나 살았다는 전설이 있단다. 그래서 부모 앞에 자식이 다시 살아 줬다고 해서 동네 이름을 효자동이라고 지었단다. 믿기지 않는 얘기지만 그 동네 전설의 뜻이 담긴 얘기다. 자식은 부모 맘을 편안하게 근심을 주지 않는 게 제일 큰 효자란 뜻이다. 사람이 태어나서 오래 사는 것도 중요하지만 그보다 옳게 사는 것이 더욱 중요하다. 제일 큰 인간의 도리는 부모에게 효孝가 아닌가 싶다. 비록 어려운 삶이라도 잘 살아 주는 게 효孝일 것이다. 사람이 사는 세상에 제일 먼저 인간성이 살아 움직이고 사회성이 살아 숨 쉬는 것이 최초 효孝로부터 시작되어야 하는 게 아닌가 싶다. 나는 오늘 어머니에게 좀 더 기쁨을 드리기 위해 자기 어머니의 절친까지 초대한 그 댁 자녀들이 한없이 고마웠다. 그리고 그 댁 큰 자부와 아드님이 다른 때보다 오늘은 훨씬 더 멋져 보였다.

오늘은 흐뭇한 가슴으로 그 댁 가정도 우리 가정도 모두 자녀들이 잘 되는 축복을 하나님께 가슴으로 기도해 본다.

수많은 어버이 날을 지냈지만 올해처럼 색다른 어버이 날을 느껴 보는 것도 내겐 또 다른 생각을 안겨주는 날이다. 사람이 행복을 찾으려면 멀리서 찾을 게 없고 인생을 즐기려면 멀리 즐길 게 없듯이 그런저런 생각 속에 이런 게 바로 행복이라고 생각했다. 우리 나이에 후회 없는 인생은 자식농사 잘 지으면 최고 아닌가 싶다. 크게 성공한 자녀도 행복을 주겠지만 고생하면서 키운 자녀들이 이렇듯 부모 마음을 알아주고 존경하고 사랑하면서 살아가는 게 감사하는 축복이 아닌가? 내 자녀나 저 분의 자녀나 또 다른 부모로서 앞으로 즐거움을 느끼며 살 길 소망한다. 부모는 자식의 거울인데, 저 분들의 자식들도 본을 보면서 또 다른 효孝를 받겠지 하는 마음이 든다. 그리고 오늘 초대해 주신 그분 자녀들께 감사하는 마음이다. 연신내, 우리 동네 집집마다 거의 내부를 꿰뚫고 계시는 동네에서 수장 같으신 그 댁 어머님도 이제 남은 삶이 더욱 건강하셔서 우리 곁에 든든하고 정겨운 모습으로 오래도록 머물러 주시길 바라는 마음이다. 나는 오늘 매우 흐뭇한 기분으로 그분의 어머님의 팔순을 축하하는 마음으로 좋은 대접과 좋은 가정을 접하며 내내 마음이 흐뭇하다. 가정이란 바로 이렇게 사랑하면서 살아가기 위해 어버이 날이 생긴 것 같다. 아름다운 낙원이 따로 있나 이런 것들이 낙원 아닌가 싶다. 좋은 부모 밑에 좋은 자녀가 있고 복된 가정이 있다는 걸 생각하면서 정말 오늘은 기분 좋고 감사하는 하루다.

남사랑 동지

요즘 나는 늦깎기 면학 열이 있는 사람처럼 배우려 하는 게 참 많다. 요즘 유행처럼 많이들 배우는 PoP 글씨를 배우고 켈리그라피 글을 배우고 싶어 학원을 다니고 내 딴엔 열심히 젊은 사람 틈에서 수업을 하고 있다. 딸 같은 어린 처녀 선생의 지도를 받으며 배우는 것도 조금 어색하긴 해도 그다지 나쁘진 않지만 영 진도가 느린 게 어쩔 수 없는 세월 탓을 못 면하겠다. 굳어버린 머리며 손끝이 함께 배운 젊은 사람들과 함께할 순 없구나, 하면서도 내가 낸 수업료가 아까워서도 빠지지 않고 열심히 배운다. 그런데 오늘 수업을 하는 도중에 음악을 하는 지인이 학원까지 찾아와 만나기를 청해 나는 수업 도중에 선생에게 양해를 구하고 조금 일찍 나와 커피숍을 찾았다. 별로 남보다 잘 배우지도 못하는 주제에 조금 일찍 나오려니 민망하기도 하지만 그래도 내가 자격증 따서 써먹을 사람도 아니고 편안한 맘으로 나왔다. 우린 서로 만나 헤헤 되면서 이곳까지 날 찾은 지인이 분명 나와 진지하게 나눌 말이 있는 듯하다고 속으로 생각했다. 나 역시 요즘 은근히 남편과 쌓인 맘에 누구라도 붙들고 속내를 털어놓고 싶은 날이었다. 우린 서로 도란도란 커피숍에서 지인과의 시간을 가졌다. 누가 먼저라 할 것도 없이 넋두리와 수다의 시간을 시작했다. 서로 말을 하는 도중 남편 흉이 기다렸다는 듯이 자연스레 나왔다. 그 지인도 나도 요즘 남편한테 쌓인 불만 들을 하나씩 토로하면서 마음을 나누웠다. 그러는 중 그 지인이 툭 하는 말 요즘 같으면 남편이 너무 얄미워 없는 애인이라도 만들어 놀고 싶다는 농담도 하면서 헤프게 웃었다. 나 역시 내 남편 좀 누가 잠시 사 가든지 며칠 휴가라도 보냈으면 좋겠다며 요즘 남편이 나도 너무 꼴 보기 싫으니깐 남편 부재중인 사람이 부럽다고 신나게 큰소리로 남편들 흉보기에 열을 올렸다.

한참을 우린 제 정신이 나간 듯 너나 할 것 없이 죽이 척척 맞아 실컷 남편 흉을 보다가 화들짝 정신이 들었는지 그 지인 입에서 우리가 이런 맘이면 하나님이 안 예뻐하실 것 같아요, 하면서 까르르 웃었다. 하나님이 남편을 머리로 주셨는데 우리 이러다 벌 받을 것 같다며 아무리 안 듣는다지만 부부지간에도 최소한의 예의가 있는데, 이렇게 하늘이 주신 남편을 도마 위에 올려놔도 되겠느냐면서 이젠 서로 제 정신이 돌아온 듯 깔깔 웃으면서 정신을 차렸다. 미친 척 둘이서 죽이 맞아 실컷 남편 흉을 보고 나니 속은 좀 펑 뚫린 듯하다. 잠시 제정신을 차리고 자아를 발견한 듯한 우리는 그래도 옆에 남편이 살아줘서 과부 소리 안 듣게 하고 사니 감사해야지 하면서 우리는 서로 회개하는 맘으로 남편을 좀 더 사랑하려면 남편 흉보는 사람들이 다 모여 남편 사랑하기 운동을 하나 만들어야 되겠다면서 또 한 번 농담 속에 서로 한바탕 웃었다. 그리고 정말 이럴 게 아니라 우리가 남편 사랑하는 모임을 만들어야 되겠다면서 또 까르르 웃었다.

참 우리가 흉을 보면서 또 이런 철없는 소녀같이 웃을 수 있다는 것이 진정 까칠한 마음은 아닌 듯하다. 그래도 이렇듯 허심탄회하게 남편 흉도 보고 속내도 말하고 나니 가슴 한구석이 시원한 건 사실이다. 이 나이에 모든 스트레스는 이렇듯 흉허물 없이 가끔씩 푼수처럼 주고받는 친구가 있다는 건 참 다행한 일이다. 생각하면서 제 정신이 돌아온 우린 다시 그래도 내 남편이 최고라는 진심을 찾아냈다. 우리 이제 남편사랑 모임 한번 생각해 봅시다. 당장 남사랑 모임을 추진하자며 또 웃었다. 가슴을 열고 이렇게라도 수다를 떨고 나니 시장기가 돈다. 함께 식사를 할까 제의를 했더니 그 지인이 집에 가서 그래도 남편이랑 함께 먹어야지 한다. 실컷 흉을 보고 나니 그래도 가슴 속에 양심이 제대로 집으로 돌아온 듯하다.

우린 그렇게 실컷 수다를 떨고 헤어져 집으로 와 내 남편의 뒷모습을 보는 순간 괜히 혼자 웃음도 나고 쑥스럽고 민망한 생각이 든다. 흉이란 나쁜 것만은 아닌가 보다 이렇듯 남편 흉을 배가 터지도록 보고 집에 오니 섭섭하고 미웠던 생각이 뻘쭘하니 부끄럽고 무안하게 느껴지면서 내가 엄청난 속물이 된 기분이고 나쁜 인간이 된 것 같다. 인간관계의 최소한의 예의도 모르는 아주 무식한 소인배가 된 기분이다. 훌륭한 지위보다 바른 인격이 더 소중하고 훌륭한 인물보다 바른 성품이 더 소중하다 했거늘. 내가 이토록 함께 사는 동반자이자 사랑한다는 남편이 좀 맘에 안 들고 밉다고 실컷 지인과 흉을 보고 태연히 들어와 남편을 보면서 넉살 좋게 내숭을 떨며 안 그런 척해도 되는가 그런 생각 속에 괜히 혼자 머쓱해지는 마음이 들고 미안한 생각에 요즘 한동안 남편이 미웠던 마음은 싹 없어졌다. 참 희한하다. 이렇듯 가슴에서 없는 흉까지 끄집어내어 지인과 주고받던 말들을 생각하니 어쩐지 내가 작은 그릇처럼 느껴지고 철딱서니 없는 여자가 된 듯하다. 천방지축 같은 인간처럼 느껴졌다. 팔아버리고 싶다고 실컷 욕을 하며 흉을 보고 온 남편을 힐끗 보니 미안한 마음에 먹을 것도 전보다 더 정성스럽게 갖다 주면서 마음은 공연히 죄지은 사람처럼 눈치를 살피면서 내 가슴에 부끄러움을 느낀다. 그런데 왠지 한쪽으론 후련한 건 사실이다. 미안한 맘이 드는 것도 사실이지만 이상하게 아침까지만 해도 얄미웠던 속마음은 없어지고 편안하니 마음이 넓어지는 기분이다. 내 마음 나도 모르는 일이다 이렇듯 가끔 속내를 주고받을 수 있는 지인과 흉이 아닌 흉을 털어놓으면서 스트레스 푸는 것도 건강상 괜찮다는 생각도 속으로 해본다. 속물적 핑계 속에 나는 입가에 뜻 모를 미소가 지어지면서 내일모래쯤 그 지인과 다시 만날 땐 정말 남사랑 모임 하나 만들어 볼까 하는 생각을 해 보면서 혼자 웃음이 나왔다. 자꾸만 남편의 뒷모습을 쳐다보는 내 마음이 실실 남모르는 웃음이 나오니 이게 도대체 무슨 웃음인가 이래서 내 맘 나도 모른다 했나 속으로 남사랑 모임 아님 뭐라 할까 아냐 그래도 남사랑 모임이 아름답지. 정말 이런 모임 하나 있으면 좋겠다. 혹여 그럴 리 없겠지만 남편들이 우리처럼 반대로 부인들 흉을 본다면 내 기분이 어떨까 생각하니 갑자기 끔찍하다. 설마 남자들이야 그럴 리 있겠어? 그래도 남자인데 아, 이래서 여자들은 턱에 수염이 없나보다.

생일날

오늘은 내 생일날이다. 마침 주일날이라 내가 섬기는 교회 성가대에서 이달 생일이 든 회원 모두가 앞에 나가 축송과 박수와 기도와 선물을 받는 기쁨의 시간 속에 예배를 맞추고 집에 와 그럭저럭 아침을 먹었다. 그런데 요번 생일은 어찌 남편이 케이크도 하나 안 사 오고 썰렁하니 참으려니 공연히 부아가 났다. 그래도 속으로 삭이고 모른 척 밥을 먹었다. 밥을 먹는 동안 내내 속으론 섭섭한 마음에 내 생일날 그냥 넘길 참인가 어디 두고 보자, 하면서 끙끙거리며 모른 척 밥을 먹고 치웠다, 참 부부지간 이렇게 자존심 싸움인지, 하긴 며칠 전 작은 자부가 집에서 내 생일상을 차려줘 고맙게 먹고 왔다. 작년엔 큰애 집에서 올핸 작은애 집에서 자기들끼리 타협을 했는지 돌아가며 생일상차림을 해주었다. 참 요즘은 바쁜 세월이라 생일 날짜하곤 상관없이 공휴일에 맞춰 식구들이 다 같이 모일 수 있는 날을 택해 생일도 해주니 그저 그것도 감사히 생각할 뿐이다.

요즘 세상 어린 것들 키우며 집에서 부모 생일상 차린다는 게 여간 어려우랴. 그것도 감사한 마음으로 받아야지 그러니 그냥 생일날이 지났건 안 지났건 초대하는 것만도 속으로 감사할 뿐이다. 며칠 전에 내생일 축하 파티를 했지만 진짜 내 생일날은 오늘이 아닌가? 교회 성가대며 내 생일 날짜를 아는 지인 몇 분한테서 축하 메시지가 올뿐 정작 진짜 내 생일날은 찬밥 덩이 하나 해 먹고 아무 말 없는 남편이 괘씸하다. 얼마 전 미리 생일상을 받아먹고 진짜 생일이라고 내 손으로 또 미역국이랑 끓여 먹을 순 없고 그래도 진짜 오늘이 내 생일인데, 하면서 속으로 부글부글 끓는 화를 참으려니 공연히 남편의 뒤통수도 얄미웠다.

나쁜 인간 같으니 엊그제 애들 집에서 때웠다고 오늘이 내 진짜 생일날인데 모른 척 한단 말이야? 그건 애들 몫이고 자긴 남편 아닌가 저런 걸 내가 한평생 치다꺼리 하며 끼니 걱정 때문에 어디 여행 한번 맘 놓고 훌훌 혼자 못 다니고 에이 괘씸한 인간 같으니라고 어디 두고 보자, 하면서 속이 부글거린다. 이젠 나도 당신 때문에 밥걱정 안 하고 내 맘대로 놀러 가고 여행도 가고 할 것이다. 당신 같은 인간한테 얽매여 꼼짝 못하고 안 살 것이다, 하며 속으로 씩씩대는 내 모습이 어쩐지 초라해진 듯하다. 아들놈들도 엊그제 미리 해 줬다고 문자 인사 하나 없다. 속으로 무슨 내 생일을 자기들 맘대로 챙겨주고 정작 진짜 생일날은 날 이렇게 심심하게 한단 말이야, 하며 속으로 구시렁거리는 찰나 띠링~링~ 큰 자부한테서 문자가 왔다. 어머니 오늘이 진짜 어머니 생신인데 케이크라도 사갖고 가야 하는데 애들 핑계 대며 어머님께 소홀한 듯해 죄송해요, 하는 체면치레적인 멘트가 왔다. 그것도 어딘가 이 판국에 두 번 받아먹을 맘은 없지만 그래도 진짜 생일날 인사는 받아야지. 며칠 전 휴일을 선택해 다 같이 가족이 모여 훌륭한 생일파티도 해주고 요즘 애들답지않게 이것저것 놓치지 않고 곰살궂게 애경사 챙겨주는 건 그래도 큰 자부다. 그 마음 다 알지만 하는 고마운 생각에 나는 곧바로 답을 하길, 아니다. 괜찮다, 무슨 생일이 큰 대수라고 몇 번씩 인사치레를 하냐 하면서 아주 지각 있는 대답으로 문자 답을 해 놓고 돌아서서 씩씩대던 모습이 좀 부끄럽다. 그래도 가슴은 오늘이 진짜 날인데 하는, 욕심이 남편한테 대한 심술은 여전히 뻗쳤다. 그리고 문자가 안 온 아들들한테로 불통이 튄다. 이놈의 아들놈들 그 흔한 문자 하나 하는데 돈 드는 것도 시간 드는 것도 아니련만, 며칠 전 해줬다고 진짜 오늘이 내 생일인데 또 한 마디 더하면 어디가 덧나나? 하면서 아들놈들 다 소용없어, 하면서 공연히 딸 없는 타령이 또 나왔다.

옆에 사는 지인들이 딸들과 나누는 정을 늘 훔쳐보면 딸들은 날마다 엄마를 챙기고 문자며 통화하는 모습이 내겐 흔하지 않는 모습들이다. 든든한 아들이 최고라 하지만 이럴 땐 어쩐지 곰살궂게 챙기는 딸이 있는 게 부럽다. 왠지 늙어서도 철없고 지각없는 욕심인지 그래도 누군가가 불러주고 또 챙겨주길 은근히 바란다. 이 무슨 욕심이라고 하겠지만 나이가 드니 메사 하나하나 섭섭함을 만들며 사는 사람 같다. 내 마음에 남모르는 섭섭함의 공장이 하나 있나보다. 머리는 모두 이해가 되는 일도 가끔씩 이런 날이면 심술보가 터진다. 여기저기서 아는 지인들은 내가 큰 호강이나 하는 사람으로 알고 좋은 시간 맘껏 행복하시란다. 미리 당겨서 해 먹은 생일잔치, 진짜 내 생일날은 이게 뭐람, 사는 게 참 우습다. 서로 직장에 매이고 환경에 매이다 보니 생일도 지 날짜에 얻어먹는 세상이 아니구나. 에라 친구나 만나러 가자, 하면서 오늘 만나기로 한 지인을 만나서 저녁 먹고 극장엘 가 영화 한 편을 보고 오니 어느덧 진짜 내 생일날이 골딱 넘어가는 시간이 되어간다.

정확히 11 50분에 나는 전화기 점검을 했다. 아무도 축하 문자가 다시 온 데가 없다. 꼭 기다린 사람이 하나 있는데 어째서 안 올까? 아니 이 나쁜 인간들 내 생일을 잊었단 말이야? 자기들 생일날은 내가 꼭 챙겨 주었건만 문자 하나도 없어? 평상시는 잊지 않고 정을 주고받는 지인인데 어째 오늘은 이 인간마저 문자도 하나 없지? 무슨 일이 있나? 한편으론 궁금하기도 했다. 그래도 난 오늘은 끝까지 먼저 전화 안 해. 아니 내가 할 수도 없었다. 공연히 엎드려 절 받으려 하는 것뿐이 더 되나. 그래서 꾹 참고 삭이면서도 속으로 괘씸하기도 하고 머리가 좀 복잡하다. 그리고 남편이란 사람도 엊그제 함께 해 줬다고 정겨운 말 한 마디 다시 없고 심술이 슬그머니 난다. 그래 좋다. 그래라 인생 뭐 상부상조다. 네가 모르는데 내가 너를 알소냐 유행가 가사처럼 나도 너한테 이젠 그렇게 할 거야. 두고 보자 하면서 속으로 씩씩거렸다.

오늘 문자 하나 없는 지인, 다음부턴 너도 땡이야. 너희들 아님 내가 뭐 사람이 없느냐 관둬라, 관둬. 괘씸한 인간들 받은 만큼만 나도 하고 살 것이다, 하며 혼자 마련해 놓고 대접 못 받은 심술에 시계를 보니 정확히 12시가 땡 넘어갔다. 이젠 내 생일이 아니구나, 하는 순간 지금까지의 속으로 불퉁거리던 것이 확 포기하면서 헛웃음도 나온다. 참 나도 언제 철이 들는지, 하면서 어제가 된 지금도 아직 궁금증과 함께 섭섭하고 괘씸한 마음은 가시질 않았다. 그래도 어쩌랴 그들의 정은 더 이상 오지 않는 걸.

이젠 자자하고 아침이 됐다. 아침상을 차리는데 남편이 이 사람아, 오늘 같은 날 그래도 미역국이라도 끓이지 웬 된장찌개야 하는 게 아닌가? 뭔 엉뚱한 소리야? 된장이 어때서 하며 퉁명스럽게 대답을 하니 오늘 진짜 당신 생일날 아냐? 하는 게 아닌가?

에구 인간아, 내가 저런 남편을 평생 믿고 사니 내 팔자야. 아무리 미리 해 먹었다 해도 날짜까지 모르다니, 호적과 다른 진짜 생일은 음력으로 하니 신경을 써야 알기도 하지만 아무리 그래도 그렇지 이해를 하려고 애써도 더 괘씸한 생각이 든다. 그래도 남편만큼은 꼭 내 생일을 기억해 주기 바라는 내 욕심이 섭섭함이 팡 터졌다. 당신은 하나뿐인 아내 생일 날짜도 모른단 말야, 하면서 고함을 쳤다. 그동안 쌓였던 섭섭함이 폭탄처럼 토하니 남편도 조금 뻘쭘한 얼굴을 하며 당신 화났구나. 미안해, 한다. 거기다 대고 생일 대접을 미리 받고 난 처지라 뭐라 할 수도 없고 그냥 지나려는데 띠리링, 또 전화벨이 울린다. 받아보니 어제 속으로 서운해 하던 그 친구다. 생일 축하한다면서 저녁을 산단다. 난 갑자기 섭섭했던 속은 접고 어제가 생일이지 오늘은 지났는데 뭔 밥이야 하니깐 어젠 식구들과 좋은 시간 방해할까 봐 오늘 일찍 연락을 했단다. 내 속이 참새가슴인지. 세상이 바쁜 건지 해마다 제멋대로 생일을 해 먹다 보니 이건 내 마음이 죄 안 지을 것까지도 오해로 죄를 지으며 사는 듯하다. 남이야 잊을 수도 있다는 게 이해가 가지만 남편까지 헷갈리게 하다니, 두 번씩 생일을 챙기려는 내가 잘못된 건지 도무지 생각의 정리가 안 된다.

어젠 하루 종일 속으로 공연히 오해를 했다, 이해를 했다면서 혼자 남모르게 가슴앓이를 한 내가 우습기도 하고 누가 알면 그야말로 창피하기도 하다. 사는 게 뭔지 생일이 뭔지. 내가 욕심이 많은 건지. 정에 굶주린 사람모양 속으로 남모르게 씩씩거리던 내 모습이 어린아이 같았다. 아님 심술보가 내 속에 하나 더 있는 건지 도무지 오늘은 내가 나를 생각해도 이해가 안 되는 밴댕이 속 같다는 생각도 들고 흡족한 답은 못 느꼈지만 그래도 이런저런 부족한 마음에 나 혼자 속으로 부끄럽기 만한 날이 되었다. 아무래도 내가 사랑 부족의 애정 결핍증까지 있는 사람이 아닌가 하는 생각을 하며 이래서 인생은 많이 살아도 사랑받고 싶은 욕심만큼은 어린아이 같은가 보다. 이것이 삶에 있어 사랑하는 사람들에게 나의 존재를 확인하고 싶은 욕구인 듯하다는 생각을 해본다.

사랑이 뭔지

제 아무리 똑똑하고 잘난 사람도 사랑에 빠지면 바보처럼 허우적거린다. 그러게 눈에 콩깍지가 씌우면 누가 뭐래도 그 사람이 뭐든 예쁘게 보이고 사랑에 빠지면 최면도 분수도 모르는 게 사랑에 빠진 사람들의 모습이고 또 모순이라고 할 수 있다. 제 아무리 잘나고 세상에선 인정받는 윗자리에 있는 사람도 사랑하는 사람 앞에선 어린아이처럼 수줍고 다른 모습으로 보이는 법 사랑이란 참 요술 방망이 같기도 하다. 그러게 옛말에 세상을 다스리는 장군도 사랑 앞엔 소년이 되고 세상에 제일가는 여왕도 사랑하는 남자 앞에선 어린아이처럼 애교가 있는 여인이 되고 화를 잘 내고 신경질이 많은 사람도 자기가 사랑하는 사람 앞에선 순한 양이 되고 사랑하는 사람 앞에선 누구나 천사가 된다. 이렇듯 사랑은 좋고 행복한 것인데 그 사랑이 혹여 다른 곳을 보면 그땐 교양 있는 사람도 지성인도 다 똑같이 질투로 눈이 멀고 질투라는 요물의 흔들림 앞엔 인격이 손상될 정도로 망가지는 게 사랑이다. 그리고 참을 수 없는 게 사랑의 질투다 그래서 우스갯소리로 부처도 시앗을(작은부인) 보면 돌아 앉는다는 말이 있듯이 가끔 그런 사랑 때문에 우리들은 또 아프고 힘들고 죽을 만큼 괴로움 속에 살아가는 사람들도 적지 않다. 사랑하다가 미워지고 미워하다 헤어지고, 헤어지고 슬퍼하고 사랑하다 원수가 되어버린 사람들도 부지기수다. 참 인간들의 변덕스러운 사랑의 요물 앞에서 우리의 인생들은 맥없이 흔들리며 흐트러지면서 살아간다. 아니 흔들릴 정도가 아니라 사랑 때문에 죽고 살고 하는 세상이고 인생이기도 하다. 정말 세상살이가 모두 사랑하면 행복하다고들 해도 그 사랑이 영원한 것도 없고 또한 보장되지 못하는 게 인생이다. 또 사랑으로 인해 아무리 아프고 힘들다 해도 그 또한 영원한 지옥의 마음도 없다고 한다. 이렇듯 우리네 사랑도 돌고 도는 세상 같다. 우리들의 사랑 어떨 땐 희열이 끝나기도 전에 고통을 겪는 사랑이 있는가 하면 행복한 웃음 속에 사랑이 끝나기도 전에 눈물이 나오는 일을 당하는 사랑도 많이 있고 또 사랑은 내리는 흰눈 같아서 사랑할 땐 하늘에서 내리는 아름다운 흰눈같이 보여도 사랑이 끝날 때는 흰눈이 녹아내릴 때 질퍽거리는 길처럼 더럽고 치사하게 되는 게 사랑이란 이름이다. 이렇듯 사랑이란 요물은 높고 명망 있는 사람이나 평범한 사람이나 청년이나 아이나 누구나 사랑이란 바이러스에 걸리면 약도 없고 사랑의 병 때문에 울고 웃는 인생을 살아간다. 사랑이란 것은 우리를 갖고 놀고 흔들어댄다. 이렇듯 우린 사랑이 있으면 행복하고 사랑이 없으면 그 또한 쓸쓸하다 물론 사랑할 땐 세상을 다 가진 듯 행복하지만 사랑이 떠날 땐 세상을 다 잃은 듯 허망할 때도 있다.

허지만 사랑도 입에 발린 사랑 거짓 사랑도 있고 많은 사람들이 사랑을 빙자한 사기꾼들도 있다. 그러나 진정 행복한 사랑은 과연 어떻게 하면 오랫동안 내 것으로 내 곁에 늘 묻어두고 행복할 수 있을까? 사랑은 받아도 행복하고 내가 줘도 행복한 것이지만 그래도 정말 행복한 사랑은 서로가 주고받으면 최고의 행복한 사랑이 아닌가 싶다. 하지만 그 사랑도 결국은 언젠가 식어지고 덤덤해지고 하겠지만, 인생사 호사다마의 개연성은 언제나 따르는 법 세상사 그 또한 사랑도 머물다 가는 바람 같은 것 영원한 것은 없으니 모든 것들이 다 사랑에 울고 사랑에 웃는 인생인 것 같다. 조건 없이 위대한 사랑도 결코 인간에게는 영원할 수 없다. 그건 단지 하늘의 신만이 우리에게 베풀어줄 수 있는 영원한 사랑뿐이다.

인간은 언제나 사랑의 한계가 있고 사랑의 종말이 있다. 가끔 인간들의 위대한 사랑이라고 우리가 느끼면서 찬사를 하는 사랑도 있지만 결코 그것도 사람의 사랑은 영원할 수가 없고 또한 완벽하게 진실 할 수가 없다. 거기엔 언제나 자기라는 모습이 곁들여 있다. 정말 흰눈처럼 아름답다고 자신 있게 까발리면서 말할 수 없다. 단지 그렇다고 보아줄 뿐이지, 인간의 사랑이 인정받지 못하는 짝사랑의 억울함도 있지만 그래도 에로스 사랑은 언제나 자기라는 존재가 그 속에 들어있다. 진정한 사랑은 내가 없고 남이 있는 사랑이다. 즉 아가페 사랑이라 할 수 있는데 가장 유사한 것이 부모님의 사랑이다. 하지만 그 역시 모두가 그런 건 아니다. 세상에서 아름다운 사랑이라 말하는, 기다리는 힘든 사랑도 헌신적 사랑도 있다고 하지만 그 또한 사람의 사랑은 어딘가 완전하진 못하다. 옥에 티처럼 우린 가장 아름다운 사랑이란 단어 속에도 보이지 않는 동물적이고 속물적 사랑이란 실체 속에 늘 휘둘리며 산다. 인간들의 부족함 속에 울고 웃는 건 인간의 사랑이다. 이건 자기도 모르게 욕심과 자신의 행복을 추구하기 때문이다.

오늘은 어쩐지 사랑이란 단어가 생각나며 먼 옛날 어떤 친구 생각이 난다. 그 친구와 수많은 시간 동안 사랑이란 단어 속에 꽤나 웃고 울고 지냈던 것 같다. 또 토악과 정겨움과 정말 갖가지의 단어들로 수를 놓으면서 지내왔었다. 그러던 중 결국엔 사랑이란 단어를 앞에 세우고 힘든 이별을 했다. 서로를 위해서란 그럴듯한 단어를 앞세우며 마음에도 별로 없는 말 이치에도 맞지 않는 단어를 쓰면서 이별 선언을 하고 우린 서로의 자리에서 지금도 살아가고 있다. 참 그때 생각을 하면 가끔 입가에 미소도 지어지고 또 다른 아쉬움과 미련도 없지 않아 한편으론 홀가분한 생각 속에 되돌리고 싶지 않은 시간 속 여행이기도 하다. 또 한편으론 가끔 그 시절이 아쉽기도 하다. 그래도 역시 사람인지라 그 사랑 때문에 힘들고 아팠던 것이 더 많이 생각난다. 이젠 먼 추억 속 얘기지만 그래도 세월 속에 가끔은 그리운 추억으로 한쪽 가슴에 남모르게 염증처럼 추억으로 남아 있다. 가끔씩 그놈의 요물 같은 사랑이란 단어가 잊히지 않는 건 사실이다 .

이쯤 되다보니 사람 사는 게 누구나가 다 한 가지든 두 가지든 아니면 사랑이란 단어의 추억이 있는 법인데 어떤 사람은 사랑 때문에 골병이 들고 어떤 사람은 사랑 때문에 횡재 만나고 또 어떤 사람은 사랑 때문에 평생을 가슴앓이를 하며 사는 사람도 있고 또 어떤 사람은 사랑이 없어 쓸쓸한 사람 어떤 사람은 그리운 사랑 때문에 병이나 있는 사람, 젠장 이놈의 사랑은 언제고 사람의 마음을 제멋대로 휘두르고 놀리며 우쭐대는 도깨비 같단 말인가. 오늘은 바람 같은 사랑을 좀 더 멋지게 사용하는 법을 연구 좀 해 보고 싶다. 내 남은 삶을 진정한 사랑으로 승하하는 건 무얼까. 어떤 수확보다는 아름답게 나무를 가꾸는 품격과 격조 있는 사랑을 한번 해 보고 싶다. 아무리 떠들어도 사람들의 사랑 앞에는 늘 티끌만한 이해타산이라도 끼어있게 마련이고 제 아무리 고운 사랑도 언제나 보이지 않는 티가 있는 법이다. 그러기에 인간들은 사랑을 놓고 언제나 장사꾼처럼 서로의 이득 속에 따져 살다보니 보이진 않은 듯해도 결국엔 이기적 가슴이 보이고 주고받던 사랑을 계수하면서 울고 웃는 일이 부지기수다. 그리고 사랑하면 움켜쥐고 싶고 내려놓기 싫은 게 욕심이다. 우리의 진정한 사랑엔 축복과 행복만 있는 법이고 행복하고 기쁨만이 있는 것이지만 그다음 눈물 아픔 이런 게 곁들인 사랑은 모두가 진정이라 할 순 없는 사랑이다.

사람의 인격에도 제아무리 훌륭해도 인품이 따라야 하고 지혜만 있고 덕망이 없으면 반쪽짜리 인격이듯이 사랑에도 마찬가지일 듯하다.

그러나 하나님의 사랑은 다르다. 그래서 멋진 사람들은 그 사랑을 배우며 흉내 내면서 살려고 애쓴다. 그래서 가끔 실전에서 편전의 마음을 얻고자 애쓴다. 그래서 고귀한 사랑을 배워서 내가 갖고 있는 사랑으로 가난하고 아픈 자들의 마음을 다듬고 가꾸는데 비료로 활용하고 싶어 한다. 거기엔 나란 존재보다 타인의 존재만 있으면서 사랑하는 게 진정한 사랑인 것이다. 우린 사랑 사랑하지만 진정한 사랑은 결코 서로가 계수하지 않으며 상대를 위해 목숨을 바꾸는 사랑이 아닌가 싶다. 죽기까지 사랑하는 게 진정한 사랑이 아닐는지, 이렇듯 사랑을 감히 말하면서도 아직도 나는 그 사랑이 뭔지 잘 몰라 배우면서 살고 싶다는 생각이 든다. 맑은 물과 같은 무색채의 깨끗한 그런 사랑을 나도 한번 연구하며 공부하고 싶다. 도대체 사랑이 뭔지? 사랑하라 사랑하지 않으면 멸망한다는 어떤 분의 문구가 생각이 나면서 사랑하다 울 때 울더라도 나는 지금도 요물 같은 사랑이라도 할 수만 있다면 마음껏 주고 받고 싶은 아름다운 꿈을 꾼다. 그래서 다시 한 번 쉬어 있는 가슴이 설레고 훈훈한 그런 사랑을 남모르게 하고 싶은 가슴이 살아 뛰노는 날이다.

우산 선물

겨울비가 부슬부슬 하루 종일 내리는 날이다 며칠 전부터 목덜미가 뻣뻣하니 요즘 컨디션이 안 좋다. 비가 오고 날이 이런 날이면 더욱 몸이 무겁고 편치 않다. 마음도 울적하고 이상하게 뭐든 기운이 없고 자신이 없는 그런 날이다 참다못해 잠시 동네 병원에 들러 주사와 치료를 받고 곧바로 집으로 왔다.

옷을 갈아입고 비 오는 창가를 바라보니 이상하리만큼 무언가 인생이 허무하고 고독함이 밀려온다. 전 같으면 이런 날이면 부침개도 부치고 또 다른 비 오는 날의 풍경을 즐기려고 애쓰면서 살았는데 이젠 뭐든 몸이 안 따라 주는 듯 귀찮아서 엄두가 안 난다. 갑자기 이러다 내가 만약 어느 날 죽는다면, 하는 생각 속에 그럼 뭐부터 정리를 해야 할까 하는 공포의 고민이 공연히 밀려온다. 슬그머니 장롱 쪽으로 슬슬 가본다. 장롱 서랍을 열어본다. 그리고 헝클어진 장롱 속을 대충 차근차근 정돈을 해 본다.

혹여 내가 죽은 다음 정리를 하려다 흐트러지고 산만하게 정돈돼 있지 않는 모습을 며느리나 아님 타인들이 접하게 되면 죽은 다음에라도 얼마나 흉이 될까 하는 생각을 해 본다. 그래서 옷 서랍을 차곡차곡 정리를 해놓고 그 다음엔 책장도 차근차근 다시 정리를 하고 이것저것 널려있는 필기한 것도 보고 낙서처럼 해놨던 원고도 다시 주섬주섬 정리를 해 본다. 사람 일은 모른다. 밤새 안녕이라고 금방 죽을 수도 있고 내일 죽을 수도 있고 또 오래 살면 다행이지만, 죽는 것도 준비하는 마음으로 산다면 모든 게 좋을 듯하다. 마음 역시 그런 마음으로 살면 정돈되고 깨끗하게 살 수 있는데 하는 생각 속에 사람들과의 사이도 이렇듯 얽히고 맺힌 게 없이 홀가분하고 산뜻한 관계로 살다 가면 세상엔 별문제 없는 듯한 생각이 든다. 이런 생각 속에 나는 대충 이것저것 살림 정리를 하면서 알게 모르게 맘 상한 사람이 있지나 않나 하는 생각도 해 본다. 그러면서 지금 같은 심정이라면 무조건 그 사람에게 아주 공손히 그리고 진실로 다소곳한 사과를 하고 껴안아 주면서 마음을 열고 사랑할 것 같다. 이렇듯 오늘같이 비가 오고 몸이 찌뿌둥한 날 내 인생을 점검하면서 집안과 마음을 청소하는 날이다. 비는 여전히 창밖에선 부슬부슬 내린다. 한편 생각으론 누구라도 불러내어 비를 즐기면서 멋진 곳에서 차도 한잔 즐길 수 있고 근사한 밥도 먹고 싶고 덕수궁 돌담길도 예쁜 우산을 받쳐 들고 거닐고 싶은데, 그건 생각일 뿐 그런 친구도 없거니와 요즘이야 그런 분위기가 내겐 상상뿐이다.

며칠 전 큰 자부가 아주 예쁜 우산을 하나 선물을 했다. 그 아이는 그 예쁜 우산을 사 오던 날 어머니 이 우산 너무 예쁘죠? 하면서 내게 건넨다. 그래 예쁘구나 근데 웬 우산 선물이니 집에 천지가 우산인데 저걸 다 언제 쓰려고 우산이 많고 많은데 또 뭐 하러 사 왔니 하니깐. 어머니 이건 그런 우산하고 달라요, 한번 보세요. 참 예뻐요, 하면서 사온 우산을 쭉~펴 보인다. 꽃무늬에 정말 예쁘고 특이하다. 그렇지만 우산은 우산이지 예쁘면 뭐 하니 저렇게 집에 우산이 수두룩한데 했더니 그래도 어머니 비 오는 날 꼭 이 우산 쓰시고 나가세요, 어머니는 예쁘고 멋진 것 좋아하시잖아요? 그러면서 그 우산이 너무 예쁘고 분위기가 있어 보여서 비 오는 날 꼭 쓰시라고 구입을 했다고 한다. 이 나이에 분위기 잡으라고 사다 준 며느리 앞에서 어쩐지 멀쑥하고 쑥스럽다. 그래서 대뜸 하는 말 너에게 어울리겠다. 너나 갖다 써라 내가 이 나이에 비 오는 날 분위기 잡고 데이트 나갈 일 있니 하니깐 그 아이 하는 말이 아네요, 어머니랑 꼭 어울려요, 한다. 참 평소 딸이 없어 좀 외롭다는 말을 했던 것이 아마도 그 아이 머릿속에 입력이 되어 접수를 해놓았는지 이렇게 엉뚱한 선물을 사 와서 나를 열없게 만든다.

늘 속이 깊고 외모도 곱고 착한 아이이다. 그러면서 한편으론 기특하고 마음 씀씀이가 한없이 고마운 생각이 든다. 모습도 행동도 마음 씀씀이도 하나같이 나무랄 데 없는 고운 아이이다. 내가 참 며느리 복은 있구나, 하는 생각을 하면서 흐뭇했다, 그런데 사다 준 그 우산은 한 번도 펴보지도 않은 채 오늘까지 서랍에 고이 모셔져 있었다. 오늘 정리를 하다 보니 눈에 들어와서 혼자 물끄러미 우산을 보면서 웃음이 났다. 그래도 우산을 보니 딸 같은 큰자부 맘이 한없이 기특하고 고마워서라도 봄비 오는 날 한번 쓰고 외출을 멋있게 한번 해야겠는데 속으로 그런 맘을 먹으며 한쪽으론 언제 그 우산을 굳이 펼쳐 쓰고 나갈 일도 없다는 생각도 해 본다. 또 많은 우산이 수두룩한데 굳이 소중한 맘이 담긴 우산을 아끼고 싶은 맘도 사실은 있어서 가만히 모셔 두곤 아직도 펼쳐 보지도 못한 우산이 아닌가.

우리네 시대 엄마들은 뭐든 좋은 걸 먼저 써야 하는데 아끼다 똥 된다는 말을 들을 만큼 아끼는 습성이 몸에 배인 듯하다. 나도 어쩔 수 없는 그런 시대 사람이다. 우린 가난한 시대에 살아왔기 때문에 뭐든지 좋고 소중한 건 아까워 처박아 놓는 버릇이 있으니 장롱 정리하다 보니 요것 저것 아껴둔 물건들이 눈에 들어온다. 우산 역시 지금껏 한 번도 펼쳐보지 않고 쟁여두었으니 한편으로 생각하니 내 인생이 서글프기도 하다. 전에 같으면 비 오는 날 그리도 좋고 분위기 찾아 그런 우산이 없어 못 쓰고 다녔지 아끼는 게 어디 있겠나, 온갖 폼은 다 잡고 있는 멋 없는 멋 다 내면서 놀고 싶은 때가 있었는데 이젠 분위기 좀 잡고 살라고 제일 예쁜 걸 사 줘도 감각이 없으니, 이런 감성과 모습 속에 이제 내 인생도 다 된 듯한 마음에 서글프다. 아니 그런 것은 고사하고 혹여 죽으면 하면서 죽는 준비를 하는 오늘 같은 마음이 아니었나 그래 이제 외출할 때 꼭 쓰고 가야지 이 나이에 아낄 게 뭐 있어, 죽으면 그만인데, 하면서 속으로 다음엔 비 오는 날 기회가 되면 가까운 친구라도 불러내어 이 예쁜 우산을 쓰고 나가야겠다는 생각이다. 그래도 이만큼 누리고 사랑받고 살았으면 이제부턴 저 빗방울 모양 누구에게나 사랑의 빗방울이 되고 싶다는 아름다운 욕심도 내 본다. 소나기보다는 오늘같이 조용히 내리는 저 빗방울처럼 조용히 누군가의 가슴에 촉촉이 내 사랑이 스며들고 싶다. 새싹을 틔우듯 고운 빗방울이 되고 싶다는 생각도 해 본다. 내 며느리가 내게 마음을 전하듯 내 자녀에게도 내 형제에게도 내 지인들에게도 베푸는 마음이 되어 덜 주고 더 주는 걸 따지지 말고 저 빗방울처럼 그들의 가슴에도 내 사랑만을 촉촉이 적셔주고 싶다.

하나님이 내 생을 언제까지 허락하실지 몰라도 늘 준비하는 이런 마음으로, 깔끔하고 정돈된 가슴으로 살아가면서 저 빗방울을 닮은 촉촉한 사랑을 이 세상 사는 날까지 적셔가면서 나누면서 살고 싶다. 내리는 저 빗방울은 나무에겐 싹을 틔우게 하고 많은 사람들의 가슴에 고운 추억을 일깨워 주고 목마른 자들에게는 희망과 행복을 주는 듯한 느낌이 든다. 오늘 내리는 빗방울을 보는 내 느낌은 사뭇 다르다. 빗방울이 모여 강을 이루듯 내 사랑도 모아 많은 이들의 강물 같은 기쁨이 되고 싶다. 오늘은 비 오는 날 내 가슴마저 조용히 청소를 한 듯한 그런 기분이다. 몸은 좀 무겁지만, 비 오는 날 집안 정리를 하다가 선물 받은 사랑의 우산을 보면서 잠시 우산 선물에 담긴 사랑을 만끽하는 날이 되었다. 이렇듯 감성이 살아 있음에 감사하는 날이다. 모든 걸 다 사랑하고 싶은 내 가슴을 누구에게라도 진실을 표출하고 싶은 조용한 날이다. 아마도 며느리의 사랑을 확인한 기분인가 아니면 비 오는 날 마음이 센티해진 것인가. 비오는 날 조용히 날궂이하는 내 마음, 드넓은 산일 수록 계곡이 푸르기 마련이고 드넓은 강일 수록 물빛이 푸르기 마련이듯이 오늘 내 마음은 장롱 정리와 함께 드넓은 마음이 된 듯 하다. 찬찬히 모든 걸 정리하고 나니 깨끗해진 집안이 마음을 청소해 주듯 기운도 좀 나고 활력소가 되어 기분도 좋아졌다. 하찮은 돌조각도 아름답게 느껴지는 넓은 마음이 되어 있는 듯하다.

조용히 비 오는 날 이런 일을 하면서 이런 감성에 젖어 보는 것도 그리 흔하지 않은 듯 오늘은 내 마음의 평정이 빗소리와 함께 아름답게 가슴으로 물결친다. 조용히 내 자부가 사온 고운 선물의 우산을 쓱 펼쳐 보니 참으로 예쁘다.

예쁜 내 새끼들의 얼굴이 하나하나 떠오른다. 그리고 내 자부의 어여쁘고 고운 얼굴이 동그랗게 밀려온다. 작고 하찮은 선물이라도 이래서 진심으로 마음이 담긴 선물은 다시 봐도 이렇듯 행복과 기쁨을 준다.

어떤 게 정말 착한 사람인지

나는 오늘 지인과 함께 영화관을 찾아 그 유명한 명작 프랑스 외국 작가 빅토르 위고 의 작품 레미제라블(장발짱) 영화를 관람하고 왔다. 그 옛날 어린 시절에 재밌게 봤던 외국 소설을 책으로도 읽고 영화로도 봤지만 오늘은 뮤지컬 영화로 새롭게 만들어진 영화 관람에 또 다른 재미로 즐겁게 구경하고 왔다.

영화 속 주인공의 일생을 다시 한번 회상하면서 그 원작의 마음을 읽게 된다. 나도 저런 대작을. 능력이 된다면 써보고 싶은 욕망이 일면서 인생살이가 더불어 사는 세상에서 과연 어떤 사람을 착하다고 할 수 있는가 하는 수수께끼 같은 의문이 불현 듯 인다. 사람들은 대부분 살아가면서 별다른 잡음 없이 순하고 거칠지 않으면 착하다고들 한다. 그리고 눈에 보이게 봉사를 하는 모습에서도 착하다고 한다. 그리고 불쌍한 사람을 보면서 외면하지 않는 사람을 착하다고 한다.

그리고 남의 말을 잘 들어 주면서 함께 울어 줄때 울어주고 웃어 줄때 웃어주는 사람을 또 착하다고도 한다. 그런데 나는 오늘 과연 그런 사람들도 착하기야 하겠지만 진정으로 착한 사람은 좀 다르다고 생각이 든다. 친구가 아파할 때 함께 울고 웃어주는 사람도 착하지만 좀 더 착한 사람 연구가 되는 시간이다 나는 그런 것보다는 진짜 착한 사람은 친구의 눈물 앞에서 가만히 고개를 숙이고 듣고 난 다음에 눈물의 해결책을 찾으려 애쓰고 해결을 해주는 게 착한 사람 아닌가 하는 생각이 든다. 누구나 남의 아픈 고백을 들으면 마음이 안됐다고 함께 맞장구를 치는 일은 흔히 할 수 있다. 그리고 슬플 때 함께 울어주는 일도 쉽게 할 수 있다. 그러나 진정으로 그의 눈물을 막아 줄 수 있고 그의 고통을 해결해 줄 수 있는 사람은 드물다. 물론 모든 걸 다 그렇게 해야 한다는 건 아니다. 예를 들면 내가 도와줄 수 있고 해줄 수 있는 일이라도 앞에서만 번드르르 하니 슬프고 안타까운 얼굴만 내세우고 목소리만 내세울 뿐 현실적으로 그 사람을 도울 수 있는 사람은 과연 몇이나 될까. 머리를 짜서 힘들더라도 행동으로 옮겼는가 하는 질문도 해보고 싶다. 그리고 해결책을 찾아서 노력해 준 사람이 진정 착한 사람이 아닌가 하는 생각이다. 우린 얼마든지 말로는 동참하기 쉽고 착한 척 할 수 있다. 그러나 진정 착한 사람은 가슴으로 눈물을 흘려주고 몸은 정말 그 사람을 위해 동문서주 바쁘도록 움직여 주는 현실적으로 수동이 동반된 행함의 사람이 진정으로 착한 사람이 아닐는지? 세상엔 이런저런 착한 사람이라고 인정받는 사람들이 많이 있다.

그러나 개중에는 좀 더 알고 보면 위선적인 착함 속에 눈가림이 있고 그 착함은? 아무짝에도 쓸모가 없는 허공 속 착한 자들이다. 겉으론 함께 눈물까지 흘려주면서 기도해 준다고 번드르르하게 해놓고 그가 진정으로 우는 자에게 어떤 해결을 해줬는가? 하나님만은 아신다. 나는 비유를 들어 우선 가장 가까운 내 남편을 생각해 본다.

격 없이 착한 사람이다. 모든 사람들이 나와 내 남편 둘을 놓고 항상 말할 때는 자식들까지도 엄마는 까칠하고 독하고 아빠는 순하고 착하단다. 나는 가슴에 손을 얹고 정말 나를 놓고 점검에 들어갔다. 아무리 생각해도 많은 사람들이 비웃을 것 같지만 나는 내가 더 착한 것 같다. 우리 남편은 온순한 대신 우유부단한 성품이다. 예를 들어 다른 사람과 나와 다툼이 있거나 혹여 형제도 부모도 나와 어떤 작은 문제가 생기면 내 남편은 늘 스스로 꼬리를 감추고 중재 역할은 커녕 아예 참견을 안 하는 스타일이다. 심지어는 자식들의 작은 실수도 어여쁜 마음만 전달하지 결코 따끔하니 나서서 나무라는 법이 없다. 그러니 늘 악역은 내 차지가 된다. 나까지도 가만있으면 질서도 교육도 모든 게 안 될 듯하니 늘 내가 나서서 부모로써의 교육적 상담과 더불어 항상 야단도 치고 혼을 내면서 해결도 하는 편이다. 작은 일까지 이러다 보니 정말 어떨 적엔 나 혼자 속상하고 온갖 인심은 다 나만 잃는 기분이 든다. 그런데도 바른 교육과 바른말 하는 나는 성격이 까칠한 사람으로 낙인이 찍히고 남편은 언제나 착하고 순하고 인자한 사람으로 인정을 받는다. 내 속으론 저런 여우 같으니라고 하면서 씩씩대보지만 타고난 성품인지 작은 소소한 것들까지도 가끔 연구 대상이 된다.

내가 힘든 건 정말 못된 사람으로 인한 고통은 참을 수 있을 것 같지만 착한 사람으로 인한 야릇한 고통은 사람을 어이없게 하면서 매우 참기가 애매하고 뭔지 모르게 매우 힘들게 한다는 걸 느낀다. 진정 착한 사람은 미안하다는 말로 힘든 자리를 회피해 버리는 사람이 아니라 함께 해결책을 모색해 주고 답을 주는 사람이 착한 사람이 아닐는지. 그래서 진정으로 착한 사람은 함께 있다 보면 나도 함께 착해져 버리는 게 착한 자의 빛이 아닌가 싶다. 그렇다고 나는 내 남편의 성품이 나쁘다는 게 아니다. 단지 다른 사람들의 평가에 의해서 가끔 나를 보면서 억울한 생각이 들어서 해본 소리다.

언제나 착한 척하는 사람의 특징이 있다. 모든 일에 우유부단하고 관망만 하는 사람이다. 어찌 보면 속이 깊어 보이지만 언제나 자신이 먼저 나서기를 꺼려하고 손이든 발이든 애쓰는 걸 싫어한다. 어찌 보면 철저히 이기적인 사람 같기도 하다. 누구와도 오랜 시간 함께 대화를 하면서 하소연은 다 들어 주면서 함께 동요하는 척 위로의 행동과 정겨운 말은 곧잘 해주지만 막상 대문과 방문을 나가면 제 자리에 언제나 마음이 머무는 단단한 사람들을 볼 때 과연 저런 게 착한 건지? 의문이 들 때가 많다. 모두가 그렇지는 않겠지만 적어도 내가 아는 많은 사람은 거의가 그런 걸 느꼈다. 물론 그런 사람들로 인해 크게 피해보는 건 없지만 또한 해결책도 없다. 그리고 세상은 그 사람들이 착하단다. 그러나 내 생각은 조금 다르다 진짜 착한 사람은 좀 부산스럽더라도 그 사람의 아픔이건 힘든 마음이건 내 일처럼 몸과 시간을 투자해서 희생과 몸을 아끼지 않는 사람이 진짜 착한 사람이 아닌가. 그리고 가능한 아픈 자들의 모든 일에 해결책이 되어주는 사람이 있다. 그런 사람은 적어도 행함이 있는 착한 사람인데, 어떨 때는 뒤바뀌 몸 사리며 조용한 속물 인생 앞에 그렇게 빛이 나질 않는다. 세상엔 진정 착한 사람 마음을 이용하는 많은 나쁜 사람들도 있는 게 문제고, 그 진정한 착한 마음이 소통되질 않는 게 슬픈 일이지만 그런 사랑을 받고도 배신을 하는 게 사람들이다. 정말 세상 살아가는 데 어떤 것이 진짜 착한 사람인지 자기들의 이익을 따져 줄서기와 갈아타기가 바쁜 세상, 오늘따라 이상하리만큼 깊이 생각하게 하는 날이다. 세상이 험하고 다 내 맘 같지는 않다고 해도 요즘도 크게 보이는 착한 사람들이 얼마나 많은가? 크리스마스 때면 남모르게 익명으로 거액을 내놓는 사람 불쌍한 고아를 데려다 따뜻하게 자식으로 훌륭하게 키워내는 행함 있는 귀한 인간성을 지닌 사람, 오른손이 하는 걸 왼손도 모르게 하는 사람들, 남이 모르게 착한 사람들이 많은 세상이지만 간혹 착하다는 게 헷갈리는 사람들 속에 내 부족한 가라지가 솟아나와 사람들의 작은 티가 눈에 보여 그것을 따져보려 한다.

인생이 고달프게 살지라도 남의 희망이 되어야 하는데, 요즘 나랏일 하는 위정자들을 볼 때도 정말 착한 마음으로 국민과 국가만 생각해 국민과 국가에 유익만 주는 자들이 과연 얼마나 될까? 공연히 심술 난 가슴처럼 이런저런 생각 속에 고민해 보는 날이다.

세상엔 정말 착하게 살아가는 사람들마저 가끔 오지랖 넓다는 소리만 듣는 세상이니.

오늘은 왠지 내 곁에 진정으로 착한 사람이 그립다. 진짜 착한 사람은 그냥 옆에만 있어도 같이 착해 지는 듯한 느낌이 드는 그런 사람 말이다. 오늘은 그런 착한 사람을 만나고 싶다. 정말 착한 사람은 과연 어떤 사람일까? 그건 누구보다 본인 자신이 제일 잘 알 것이고 하나님 앞에 설 때 자기 양심에 부끄럽지 않고 당당한 사람이다. 그리고 사람보다 하나님이 인정하는 착한 사람이 진정 착한 사람일 것이다. 나도 남에게 우유부단하다고 지적질만 하는 소리보다 남에게 우산 같은 사람이 되어야 할 텐데….

진정한 지도자란

세상 사람들 중에 소위 말하는 지도자들이 과연 지도자로서의 진정성이 있는 사람들이 얼마나 될까 하는 생각에 빠졌다. 얼마 전 우리나라도 역사에 큰 획을 그으는 여자 대통령이 나왔다. 박근혜 대통령이 당선되므로 우리나라도 업그레이드 된 듯한 기분이다. 여성을 앞세운다는 커다란 나라 미국에서도 아직 여자 대통령이 안 나왔는데 우리나라가 잘나긴 잘난 대단한 민족이구나 하는 생각도 해 본다. 그리고 은근히 흐뭇함도 느껴진다. 너무나 잘 된 일이고 또 우리들의 사고도 많이 바뀠다는데 희망적인 일이다. 물론 끝까지 가지 못한 게 아쉬운 일이지만, 선거 때마다 보이는 일이며 세상에서 보는 자질구레한 일들을 보면 어쨌든 지도자란 과연 어떤 모습이어야 존경심을 갖고 따를 지 다시 한번 생각하면서 과연 많은 지도자들을 볼 때 우리들의 지도자들은 문제가 없는가도 생각하게 한다. 개인적인 이권 앞에 무지한 눈으로 지도자를 뽑거나 편애 돼서도 안 된다고 생각하지만 그런데도 불과하고 혹여 우리들은 내 친지 내 형제 내 이권 이 모든 것에 눈과 귀가 엉망이 되어 있진 않나 하는 생각을 해 본다. 그렇지만 사람들은 정말 자기 자신만큼은 얼마나 양심적으로 객관적 입장에서 소와 대를 놓고 진심으로 행동에 옮겨 살았는가 나부터 그런 것들을 한 번쯤 생각해 봤는가 하는 질문을 하고 싶다. 물론 우리들도 언제나 인생의 시행착오는 겪으면서 살아가고 있지만 또 완벽한 척 해도 우리 인간은 '무소불위' 의 권세라도 한계와 종말은 있을 것이다. 그리고 '지록위마' 의 위세라도 한계의 끝은 있는 법이다. 그리고 아무리 독야청청할지라도 무한의 연속성은 없고 고군분투할지라도 무한의 지속성은 없는 법이거늘 우리 인간들은 우선 보이는 자기 이득과 자기 편견으로 진정한 지도자의 길을 걷는 사람들이 과연 얼마나 있는지? 또 우리는 진정한 지도자를 보는 눈과 귀가 얼마나 열려서 진실로 용기 있는 행동으로 옮길 수 있는 건지? 공연히 오늘은 이런저런 생각으로 다시 한번 고민 속에 빠져 본다. 선거 유세를 통해 많은 걸 보면서 한편으론 좋은 모습도 보이지만 한편으론 씁쓸한 모습도 보이는 세상이다.

나는 얼마 전 들은 얘기가 생각나서 정말 실망이 크다. 소위 말하는 성인이라는 사람들이 불교계에서 패싸움 하는 뉴스를 접하거나 또 기독교 지도자들의 문제를 볼 때 너무 황당하고 기가 막힌 일들도 있으니 물론 일부 소수의 몰지각한 사람들이였겠지만 이런 뉴스를 접할 때마다 실망이 큰 건 사실이다. 기독교도 마찬가지 어느 기독교 단체의 망언과 만행 속에 내가 기독교인이라는 것을 말할 수 없을 정도로 부끄럽기까지 하다. 나도 하나님을 믿지만 평신도만큼도 못한 지도자들이 얼마나 많은가. 어느 단체에선 깡패들을 동원해 자기들의 이권 다툼으로 성스러운 성전에서 소위 성인이란 사람들이 난동을 부린다는 뉴스를 접하면서 그들과 함께 옆에서 추종하는 인간들이 더 못마땅했다. 도저히 믿기지 않는 교회 지도자란 사람들이 얼마나 많은가 아이들이 뭘 보고 배우고 또 믿지 않는 자들에게 뭐라고 전도를 할 수 있나 생각하니 어쩐지 힘없는 백성의 한 사람으로서 맥이 풀린다.

요즘 나는 가끔 문단의 모임도 나가는 일이 있다. 거기서도 인간의 역겨운 냄새는 난다. 간간이 대단한 지식인 측에서도 눈살 찌푸리게 망동하는 모습을 볼 때 나는 내가 못나고 내 사고가 모자라서 그런지 몰라도 내 눈에 무질서한 모습이 보이면 정말 저래도 되는가 과연 저 사람들이 앞서 간다는 지도자며 지식인들이란 말인가 하는 의문 속에 실망을 안고 올 적이 많다. 나는 어떨 땐 좀 친한 지인한테 참다못해 꼭 찍어 쓴 소리로 한 마디 할 적이 있지만 그 친구한테서 돌아오는 대꾸는 이보게 친구, 그렇게 사는 게 삶이고 문학 일 수 있다네, 하면서 궁색한 대답으로 마무리하는 사람들을 보면 그것도 못 마땅하게 보인다. 글 쓰는 사람으로서 어떤 글을 어떻게 써서 자신 있고 당당하게 살 수 있는가도 생각해 본다. 그러자면 우선 내 가슴이 따뜻하고 내 삶이 떳떳해야 바른 글이 나올 것 아닌가? 아직도 내가 인생을 모르는 건지 세상을 순진하게만 살아온 건지.

오늘은 우리 교회서 송년 파티가 있는 날이다. 많은 교우들이 다는 못 참석해도 주역인즉 교회서 보이는 맡겨진 직분자들의 모임이다. 그래서 플래카드에도 제목이 ㅁㅁ교회 직분자 송년회란 글이 써 붙여졌다. 물론 보이지 않게 드러내지 않고 직분 없이 봉사하시는 분들도 많지만 그래도 맡은 직분자 모임이라는 명칭 아래 가끔 해마다 목사님의 배려로 우리 서민들은 자주 못 가는 호텔 부페로 작은 행복을 누리는 귀한 시간을 갖는다. 우리 목사님이 그걸 알기 때문에 봉사자들한테 잠시나마 행복한 누림을 주고 싶으셔서 힘들게 마련한 자리다 개중엔 봉사자라 하면서 호화스럽게 돈을 쓰면서 즐기느냐 할 수도 있겠지만, 그리고 말 많은 사람은 그 돈이면 저 지구 반대쪽에 굶는 민족에게 베풀면 얼마나 큰 봉사고 나눔인데 하겠지만 목사님의 성도에 대한 깊은 사랑의 뜻을 알 듯하다. 마리아가 제일 아끼는 향수로 예수님 발을 씻겨드린 그 깊은 뜻처럼, 오늘 같은 날 이런 곳에 평생 못 와 보는 사람도 있을 것이고 물론 자주 오는 사람도 많겠지만 그걸 떠나서 단지 지도자의 입장과 마음에선 어버이 같은 마음에 자주 못 와 보는 것을 전제로 한 번씩 데리고 와서 삶을 행복하게 곁들여 주고 싶은 아름다운 마음일 게다.

그런 뜻을 아는 나도 물론 늘 그 배려에 참여되어 감사한 시간을 선물로 즐기는 사람 중 하나다. 그런데 가끔씩 궁금증과 함께 그 시간을 보낸다. 이 많은 교인들을 이끌어 가시는 목사님을 볼 때 늘 지도자로써 존경을 받는다. 그러면서도 또 이런 자리에 올 적엔 더욱 그분의 능력이 돋보여 보이면서도 한편 힘들어 보이는 게 사실이다. 물론 교인들이 헌금한 돈으로 이런 배려를 하시는 것도 있겠고 지도자의 계획에 짜인 배려가 아니면 이런 곳에서 사람 사는 맛은 즐길 수 없는 것이 아니던가? 교우들을 사랑하는 지도자의 능력이라 믿고 싶다. 아침을 먹으면서 남편과 대화를 나눴다. 남편 역시 목사님의 지도력과 깊은 뜻을 헤아리며 진정한 지도자는 자기를 헌신하며 이끌어 줄 줄 아는 자야만 한다고 얘기를 주고받았다. 이런 일을 추진하려면 분명히 목사님은 자기 사비를 내든지 아님 누구에게 후원을 받기 위해서라도 분명히 아쉬운 소리를 하셨으리라 생각한다. 그분이 뭣이 답답해서 아쉬운 얘기를 하셨을까? 다 같이 복 받는 길이기에 당신의 체면은 뒤에 두고 많은 교우들을 사랑해 거둬 먹이기 위해, 있는 자에게 이런 저런 아쉬운 수고 속에 이런 아름다운 망년회를 만들어 주시지 않았겠나 하는 생각을 해 본다.

그리고 본인이 더 행복해하는 모습을 볼 때 나는 눈물이 날 만큼 목사님의 마음을 읽을 수가 있었다. 그래 바로 저런 게 지도자다. 당신 입에 넣기보다 교우들의 입에 들어가는 것을 보면서 행복해하는 저 모습이 이 시대 진정한 지도자의 모습이 아닌가, 식사도 못하시면서 이 사람 저 사람 많이 드시라고 테이블마다 챙기는 모습에서 나는 예수님 모습을 보는 듯 했다. 이런 저런 생각도 다르고 이해하는 방식도 다르겠지만 지도자들이 저분만큼만 하면 태평성대를 이룰 텐데 하는 생각과 더불어 감사한 마음이다. 이런 저런 곳의 지도자들을 생각하면서 오늘의 우리 교회 직분자 모임 날 기도로 물질로 가슴으로 진정한 봉사를 보는 듯한 기분이다.

우리나라에도 이런 지도자들이나 이런 봉사자들이 정말 많았으면 나라의 대통령도 살림하기가 좋으실 텐데 우리의 새로운 지도자들이 이런 마음으로 나라를 이끌어 갔으면 하는 생각 속에 자기 배를 채우기보다 가난한 백성들의 입에 맛있는 걸 먹여 줄줄 아는 진정한 지도자가 많기를 기도해 본다. 그리고 우리 목사님처럼 성도들이 좋은 곳에서 맛있게 먹는 모습을 흐뭇하게 여기며 바라보는 그런 아버지 같은 지도자들이 많았으면 하는 바람 속에 그래도 나는 희망이 있는 대한민국에서 태어났다는 것이 참 행복하다는 생각이 드는 날이다. 그리고 좋은 성도들이 있고 훌륭한 지도자를 만난 행운과 우리 교회를 만났다는 게 참 감사한 일이다.

사계절이 뚜렷하게 있는 아름다운 나라 우리 대한민국의 멋진 지도자들이 정말 많았으면 하는 바람도 가져본다. 진정한 지도자란, 과연 상대가 만든다는 생각도 빼놓을 수가 없다.

내 처 덕이다

오늘 목사님 설교 중 어느 분의 특별한 인생관을 가진 사람의 얘기를 들었다. 그분은 남들과 서로 인사를 나눌 때 하는 대답이 참 독특하고 특이하고 좋은 듯해 잊지 않고 나누려고 나는 오늘 펜을 들었다. 그분은 아침저녁이고 언제고 지인이나 누구와도 인사를 할 때는 꼭 이런 말과 대답을 한단다. 상대가 안녕하세요? 하고 인사를 하면 네 감사 합니다. 그쪽도 안녕하시죠? 하는 대답이 통례인데 이 분은 안녕하세요? 하면 대답이 네가 아니라(내 처덕입니다)라고 인사를 받고 답례 말을 그렇게 하신단다. 가끔 의아하고 이해가 안 되다가도 오래된 분들은 그분의 깊은 인사의 뜻을 헤아린단다. 말의 뜻인즉 내 처 덕, 내 부인 덕에 오늘도 무고하다는 희귀한 대답을 늘 하신단다. 나는 그 소리를 접하면서 어쩜 그리도 아내에게 고마움을 알리면서 사시는 남편이실까? 하면서 부러움마저 든다 또 의혹이 생긴다. 그분의 직업은 의사인데 성격이 좀 괴팍한 분이라 환자한테는 그럭저럭 직업이기 때문에 넘어가지만 평소 자기 부인한테는 까칠하기가 이루 말할 수 없었는데도 그 부인은 남편의 뜻을 늘 곱게 받아넘기면서 조신하고 얌전하니 내조를 잘하시는 분이란다.

그런 걸 나이가 드시고 세상을 살다 보니 자기 뜻을 잘 받아 주시면서 살아준 부인이 너무도 고마워서 그때부터 누가 인사를 하면 대답이 네가 아니고 내 처 덕입니다, 하는 독특한 대답으로 사람들의 눈길과 마음을 사로잡았나 보다.

그래서 많은 사람들의 기억 속에 입으로 전해지면서 독특한 분으로 기억되며 살았단다. 나는 그분의 그 인사말을 떠올리면서 그 정도의 생각과 인격을 갖추신 분이라면 얼마든지 까칠하게 굴어도 다 받아줄 것 같은데 글쎄 모르겠지만 세상엔 잘해도 모르는 사람들이 얼마나 많은가 자기가 잘나서 참아 주는 줄 알고 또 자기의 잘못도 헤아리지 못하는 사람들이 얼마나 많은가 그래도 그분은 자기의 까칠하다는 성격을 누구보다도 본인이 더 잘 아셔서 그것이 남을 힘들게 했다는 후회와 뉘우침을 아시면서 살아가는 분이라면 그분의 가슴은 따뜻하고 아름다운 분이라고 느꼈다. 그러면서도 대단히 인격적인 분이라는 걸 느꼈다. 우리가 세상에 살아가는데 가장 힘들고 불편하다면 흑백이 불투명하고 선악이 불투명한 것이라고 본다. 누구라도 내 마음을 헤아려 주고 좋고 나쁨을 확실하게 알아주고 느끼면서 올바른 판단을 해 주고 살면 그렇게 힘들지 않아도 되는 세상이 아닌가 싶은데, 어디 사람도 생각도 다 확실하게 투명할 수 있는 게 얼마나 되겠나? 가정이나 사회 속에 공익을 외친다 해도 사익이 우선이기 쉽고 공익을 외친다 해도 사유가 우선이기 쉽다. 그런 것이 인간의 마음이고 현실이 아닌가 싶다. 그런데 그분은 그래도 자기 자신의 잘못된 성품을 그렇게 고치면서 또 자기의 단점을 헤아려주고 받아준 아내에게 감사하면서 살아가시는 모습이라면 정말 최고의 멋진 분이 아닌가 싶다. 요즘 세상에 잘못을 해 놓고서도 발뺌을 하거나 아님 남의 탓으로 돌리는 소인배들도 얼마나 많은가? 그분이야말로 진정한 신사고 진솔한 분이라 생각이 된다. 그리고 그분의 부인 역시 남편을 진심으로 사랑하면서 사는 여인인 듯싶다. 사랑엔 언제나 참음과 인내와 헌신이 따르지 않으면 그건 진정한 사랑이 될 수 없다고 본다. 그리고 진실한 사랑은 서로가 신뢰와 존경이 따른다. 그리고 그런 사랑 앞엔 조건도 바람도 없다. 그냥 온유한 마음으로 무례하지 않으며 참고 견디며 기다려 주며 상대의 인격을 존중하는 것이 참 사랑이 아닐는지? 참 그 말을 접하면서 그분 내외는 찰떡궁합이란 말이 생각나고 또한 깊은 부러움이 솟구친다. 그리고 내가 공연히 부끄럽고 잘못 살아온 듯한 마음이 들면서 사뭇 나를 돌아보게 된다.

나 같으면 남편이 까칠하게 굴면 모자란 마음에 받아치기 바쁘고 한술 더 떠서 늘 분쟁이 죽 끓듯 할 텐데 내 남편이 많이 참아주고 살아온 듯해서 속으로 공연히 미안한 마음까지 든다. 나 역시 누가 인사를 하면 앞으론 대꾸 말을 '내 남편 덕이요' 하는 말로 바꿔 써야 되는 게 아닌가 하면서 속으로 웃음이 난다. 참 세상엔 사람도 똑같은 사람이 없고 짐승도 식물도 똑같은 게 없고 하물며 들풀 하나도 같은 게 없다. 눈이 내릴 때 눈송이 입자까지도 모양이 다 다르게 지어 놓으신 하나님의 그 섬세하시고도 신비로움 속에 너도 나도 같을 수야 있겠나만. 저런 남편의 모습을 보면서 세상 사람들의 사는 방법도 참 가지가지에 또 한 번 놀랍고 신비스럽다. 우리가 살아가면서 좋은 건 배워야 하고 나쁜 건 버려야 하지 않는가. 오늘은 어쩐지? 이 땅에 사는 동안 내 색깔을 좀 더 아름답고 예쁘게 나타내면서 살 수 있는 게 뭘까, 하는 생각 속으로 빠져든다. 언젠가 어느 지인이 날 보고 농담 속에 장난스러운 말로 나에게 던진 말이 생각난다. 좋은 사람이긴 한데 가끔 내가 안하무인이고 구제불능이라면서 은근히 나를 놀린 생각이 난다. 물론 우정과 사랑이 섞인 표현이었지만, 농담 속에 진담이 섞여 있는 게 아닌지 그 당시 나 역시 일부러 괜한 억지를 부리며 생떼를 한번 해봤으니 그런 말이 나오긴 했지만, 오늘 따라 갑자기 그 생각이 나면서 언제쯤이면 남들에게 진정한 모습 속에 지성인답고 아름다운 모습으로 살 수 있을까 하는 뜻 모를 고민 속에 빠져보는 날이다.

아무래도 '내 처 덕에' 라고 인사를 받으신다는 그분 모양 나도 내일부터는 철부지 같은 심성 좀 줄이고 '내 남편 덕입니다' 하고 인사의 대답을 만들어야 되는 게 아닌지 고민을 하면서 나이를 먹어도 가끔씩 철이 덜난 듯한 나를 보면서 인격적인 모습의 깊이 있는 그분의 인사말이 기억 속에서 아름다운 노랫말보다 더 내 가슴에 와 닿는 날이다. 부부도 물론 사랑으로 만나 살지만 알고 보면 남남끼리 만난 것 아니던가. 그렇다면 늘 깨어지기 쉬운 질그릇 같은 사이다. 이런 고마운 말로 마음을 사로잡으며 서로 노력과 감사한 마음으로 서로를 지킨다면 세상에 깨질 부부가 어디 있겠나. 부부의 사랑처럼 자유롭고 아름다운 게 세상에 어디 있겠나.

최초로 여성 대통령 취임식 날

제18대 대통령 취임식이 2013년 2월 25일 오전 9시 20분 국회의사당 광장에서, 오늘은 대한민국 최초로 여자 대통령이 취임식 하는 역사적인 날이다. 한국의 획을 그으는 아주 뜻 깊고 자랑스러운 날이다. 광화문에서 부터 대통령이 사는 청와대까지 행사를 지켜보면서 정말 감격했다. 괜히 가슴에서 울컥한 마음이 든다. 박근혜 대통령을 바라보면서 참 단아하고 훌륭하다고 생각을 하면서 한편으론 어딘가 안쓰러운 생각이 든다. 그리고 가슴 한편이 공연히 아프다. 그래도 우리나라의 앞서가는 역사를 만들어 준 장본인인데 앞으로 또 얼마나 나라 살림을 하시느라 수고가 많을까? 하는 염려와 기대 속에 오늘은 많이 흥분되는 날이다. 인간의 요소는 선천적인 것이지만 인간의 교양만큼은 후천적인 요소가 다분하다고 했는데 오늘 취임하시는 박 대통령을 보면서 어쩜 그 옛날 당신의 어머니를 쏙 빼닮았나 하는 생각을 했다. 비명에 돌아가신 어머니 육영수 여사님. 우리나라의 자랑스러운 최고의 교양과 덕을 겸비한 모습이셨던 현 대통령의 어머니 모습이 저 분한테서 느껴지면서 그동안 얼마나 많이 힘이 들었을까, 하는 생각 속에 속으로 찬사를 보내고 싶다. 대한민국 국민이라면 누구나 그분의 아버지와 어머니를 모를 리 없겠지만 부모님들의 핏방울로 키운 조국을 업으로 살아온 저 분이 아니던가. 그래도 어찌 보면 부러울 게 없는 분으로 역사에 남겠지만 나는 그분을 보면서 그렇지 않다고 생각이 든다. 내가 만약에 내 딸이 저 자리에 앉는다면 나는 어머니로썬 마음이 아플 듯하다. 그리고 극구 말리고 싶을 거 같다. 그만큼 그 자리가 대단하지만 힘든 자리 아닌가? 사람은 육신적 단련은 그다지 어려운 일이 아니지만 정신적 수양만큼은 그렇게 쉬운 일이 아닌 것인데 그래도 저렇게 훌륭하게 잘 견뎌 주시고 지금까지 지켜 오신 것을 볼 때 대단하고 훌륭한 분임은 틀림없다. 진정 그 아픔이 나라를 다스리는데 큰 도움이 되고 국민들의 마음을 헤아리는 데도 많은 도움이 되었으면 좋겠다. 아픔은 아는 자 만이 안다. 아파하는 깊은 것까지라도 헤아릴 수 있는 사람이 아닌가 그분이 이제 나라의 제일 큰 대통령의 자리에서 모든 것들을 훌륭하게 해 내시리라는 것을 나는 결코 믿어 의심하고 싶지 않다. 오늘 대통령 취임식 연설에서 그분이 하시던 말이 한 줄 생각난다. “아는 사람은 좋아하는 사람만 못하고 좋아하는 사람은 즐기는 사람만 못하다.” 이런 말을 들으면서 정말 인간적이고 좋은 말이라는 것을 느꼈다. 사실 사람의 마음처럼 솔직하고 또 이기적이고 변덕스러운 게 어디 있겠나. 다 자기 자신에게 유익과 이해타산이 따르는 게 인간 사회 아니런가? 그래서 우리네 조상들도 그 옛날 품앗이 일꾼이란 말을 사용하고 살지 않았나. 세상엔 물 한 모금도 공짜가 없는 듯하다. 그리고 모든 건 뿌린 대로 거두는 것이 진리 인 듯하다. 그런데도 사람들은 모진 말을 서슴없이 하고 모진 행동을 서슴없이 하고 살아

갈 때 보면 사람처럼 미련한 동물도 없는 듯하다. 겁 없이 사는 인간들 때문에 많은 사람들이 아픔을 겪으며 살아가고 있다. 가끔 시한폭탄처럼 인생사가 두렵고 무서운 게 많은 것 같다. 나부터 가끔은 망각 속에 늘 죄악에 허덕이면서도 또 지은 죄를 먹고사는 게 인간들 아닌가?

참 미련한 인생들 같다. 새로운 지도자가 된 저분이 우리나라를 좀 더 행복한 나라로 탁월한 지도력을 발휘했으면 하는 바램 속에 오늘 우리나라가 자랑스러운 민족이란 것을 느끼는 날이다. 여자 대통령의 최초 역사적 획을 그으는 멋진 대통령을 보면서 축하의 박수와 함께 그분의 부모님의 업적과 덕을 생각 안 할 수 없는 그런 날이다. 그분의 슬픔을 참고 견디므로 지금의 영광 속에 저렇듯 훌륭하고 멋진 모습 속에 설 수 있지 않았나 싶다. 앞으로도 하늘의 도움 속에 우리나라를 잘 이끌어 가실 줄 믿는다. 그분이 앞장서서 나랏일을 할 때 너무 힘들지 않게 하늘을 쳐다볼 줄 아는 아름다운 국민들이 많았으면 좋겠다는 생각과 상식이 통하는 국민들이 많았으면 좋겠다는 생각을 해본다. 오늘은 하늘도 축복하시는 듯 맑고 고운 날씨에 서울 하늘은 온통 축제의 물결 속에 아름다운 꽃바람이 분다. 그리고 오늘처럼 멋진 그분의 모습이 영원하길 바라며 내 나라 내 조국이 자랑스럽다 내 후대들에게 더욱 태평성대로 이끌어 가시는 최고의 대통령으로 세계적으로 훌륭한 지도자로써 기록에 남는 멋진 분이 되시길 기대하면서 대한민국 국민 한 사람으로서 그분을 위해 조용히 가슴으로 기도하는 맘과 함께 뜻 깊은 날이다.

오늘은 2017년 3월 10일 우리나라 최초의 여자 대통령 박근혜.

오늘 박근혜 님은 대통령 임기를 일 년 남기고 탄핵이라는 오명 아래 대통령 직을 박탈당했다. 그리도 염려하며 기도했건만 결국엔 우리나라

첫 여자 대통령으로서 그것도 최초로 탄핵이란 오명 아래 결국엔 불행하게 대통령 직을 내려놓았으니, 참 안타까운 일이다. 최순실이라는 사람을 잘못 만나 결국엔 낙화를 했으니 아, 이런 안타까운 일이 어디 있을까? 그래서 인간 사회에서는 첫째 사람을 잘 만나야 한다는 말이 다시 실감난다.

박대통령이 되던 날 쓴 글을 보면서, 나 역시 사람 사는 게 참 쓸쓸하다는 느낌 속에 또 역시 하나님은 공평하시다는 그런 느낌도 드는 날이다.

당일장을 아시나요?

오늘은 지인의 부모님 문상을 다녀오면서 이런저런 얘기를 나누었다. 이제 우리 시대에 곧 닥칠 듯한 장례식 문화가 달라질듯하다는 말씀을 접했다. 우리나라도 한 가정에 자녀들이 하나 아니면 둘이 거의가 되어 가는 시대에 살고 있으니 우리가 사는 요즘 시대에 곧 닥칠 장례문화도 법으로 바뀔 듯 하다는 말들을 했다. 지금은 삼사일장 장례 문화에서 일일 장례 문화로 나갈 듯 하단다. 즉 직장이란 장례식이 치러질 것으로 차츰 바뀌지 않을까? 하는 생각을 하는 시간이다. 애들도 하나나 둘밖에 없다면 옛날처럼 자식이 많아서 장례식장을 시끌벅적하게 지켜줄 사람도 없을 뿐더러 바쁜 세상에 삼 사흘씩 허비할 시간이 과연 필요치 않다는 것이다. 돌아가신 분에게는 아쉬운 일이지만 변하는 시대의 형편을 생각하면 그도 나쁘지 않을 듯하다.

누구나 죽고 또 죽은 다음에야 뭘 알겠나만. 살아 있을 때 부모고 자식이고 서로 잘하다 가는 게 최고라는 말들을 모두가 주고 받는다. 내 생각으론 그래도 우리네 정서뿐 아니라 세계 모두가 장례식을 하는 건 거의 비슷하지 않나 싶다. 가시는 분을 배웅해 드리는 분들의 시간적 여유를 갖는 게 세계 어느 나라를 막론하고 배려라는 미덕과 떠나보내는 아쉬운 생각에 장례식은 언제나 이삼일로 생각하고 거의가 그렇게 지키고 행해지는 게 전례가 아니던가.

그런데 앞으론 더 바쁜 문화 속에서 당일장을 만든다는 소리에 어찌 생각하면 인생이 더 쓸쓸하고 허무한 생각마저 드는 것도 사실이지만 죽은 사람이 인사 오는 사람들을 볼 것도 아니고 자식 역시 아무런 감정이 통하지 않는 죽은 부모 시신을 한 이틀 더 껴안고 있다고 큰 슬픔이 덜어질 것도 아니건만 이상하게 그 말을 듣는 순간 아쉬운 생각이 앞선다. 혹여 내가 죽을 때 보고 싶었던 사람이나 또 알리고 싶었던 사람들이 다 오지도 않았는데 덜커덕 땅 속으로 파묻히고 또 사라지면 진정 영혼이 있다면 더 허무할 듯한 생각을 해 본다. 죽지도 않는 지금 죽어서의 일까지 고민하는 내가 참 한심하고 우습기까지 하지만 그래도 사람은 누군가의 말에 생각하는 갈대가 된다. 그래서 이렇듯 쓸데없는 생각까지 또 걱정 아닌 걱정까지 만들어 생각에 빠지는 시간이 아닌가 싶다. 어쩐지 사람이 산다는 게 별 것 아닌데 그렇게 아옹다옹하고 또 미워하고 질투하고 더 나가서는 나쁜 짓까지 하는 사람들이 모여 사는 세상이 안타까운 생각이 든다. 이세 나이가 들고 보니 넌 어떻게 허면 내 남은 삶은 좀 더 멋지고 보람되게 살다가 후회 없이 갈수 있을까 하는 생각을 해 본다.

일일 장이든 사흘 장이든 그게 뭐 그리 대수인가? 남은 사람들의 기억 속에 어떤 사람으로 각인되어서 그리운 사람으로써의 생각을 넣어 주고 갈 수 있나? 하는 게 숙제 아닌가 싶다. 갑자기 쏘크라테스와 갈릴레오, 두 사람이 생각난다. 그 유명한 소크라테스의 일화에는 그를 살려 준다는 회유에도 아테네 시민의 깨우침을 위해 그가 말한 한 구절 중 "내 철학적 임무를 포기할 수 없다."라고 자기 소신을 꺾지 않았지만, 갈릴레

오는 목숨만 부지하고 법정을 나서면서 하는 말이 "그래도 지구는 돈다." 라는 구차한 일화를 남긴 말이 생각난다. 사람이 살고 죽는 것은 정한 이치건만, 삶의 모습들이 가지각색이니 어떤 사람은 구차할 정도로 길게 집착해 있고 어떤 사람은 좀 더 멋진 삶을 추구하면서 짧더라도 멋진 삶을 구상하는 사람이 있다. 그런 것을 보면서 하나님의 섭리를 생각해 본다. 그냥 살아 있는 사람들의 몫이 편하다면 그것을 행하는 것이 바른 처사라는 생각도 든다. 어찌 보면 세상살이가 모두 내 뜻대로 되는 게 하나도 없고 바람에 밀려서 사는 느낌도 든다.

오늘따라 세상이 너무 바쁘게 달려가는 듯한 느낌 속에 어쩐지 자꾸만 뭔가 모르게 안달이 난다. 어떤 생각이 어떤 사고력이 어떤 행동이 과연 내가 살다간 흔적을 예쁘고 길게 귀감으로 남길 수 있단 말인가? 하찮은 동물도 긴 역사를 만들어 놓고 떠난 동물도 있는데 사람으로 태어나 이슬처럼 낙엽처럼 살다 간다는 것이 오늘따라 사뭇 내 마음을 흔든다. 오늘은 어쩐지 동네 어구에 서 있는 고목나무를 보면서 부럽다는 생각마저 잠시 든다. 그래도 세상에 태어나 사람으로 살다 가게 해 주신 하나님께 감사한 마음으로 히죽이 내 입가에 싱거운 미소를 지으면서 나도 모르게 책장으로 손이 간다.

한 권의 책을 꺼낸다. 그리고 굵고 짧게라는 구절이 내 머리에 떠오르면서 어쩐지 사는 것도 모두 맘대로 될 수 없다는 진리 앞에 흘러가는 대로 모든 걸 항상 긍정적으로 살고 싶은 맘이다. 이런 들 어쩌하리, 저런 들 어쩌하리, 사는 날 동안 많이 사랑하고 많이 다니고 많이 보고 많이 좋은 일 하다 갈 수만 있기를 간절히 소망해 본다. 일일장이면 어떻고 삼일장이면 어떻겠나? 어차피 인생은 가고 나면 한 줄의 평가인데. 그 한 줄을 위해 우리 모두는 어리석게 이렇게 동동거리며 살아가는 인생이 아닌가.

침묵

말하는 것은 의사 전달을 위한 소화 수단이고 목적이다. 그런데 가끔 말보다는 침묵으로 대꾸를 하든가, 눈짓이나 제스처로 답을 할 때도 있다. 물론 말을 못하는 벙어리 분들은 어쩔 수 없이 수화로 당연 대화법이 이루어지지만, 가끔 우리는 세상 살면서 사람과 사람끼리 대화가 단절되고 말도 하기 싫은 사람들이 가끔은 있다. 대개 말씨엔 평범한 말의 모양이 느껴지고 말투엔 독특한 맘에 느낌이 느껴지지만 대체로 말씨만 들어봐도 그 사람의 성격과 교양과 현재의 감정을 어느 정도는 느낄 수 있는 게 말투다.

대체로 말소리는 정서와 감성이 서려 있어 듣는 이로 인해 우리는 느낄 수 있다. 말씨가 고우면 왠지 친근감이 느껴지고 말씨가 거칠면 어쩐지 불쾌감이 느껴지는 게 인간관계의 주고받는 말의 특징이다. 가는 말이 고와야 오는 말이 곱다는 말도 있듯이 말이란 오고 감에 따라 감성 속에 늘 느낌을 알 수 있다. 하긴 요즘에는 좀 무서운 일들도 있지만 사람을 사기 치고 또 남녀 관계에도 소위 말하는 제비들이 맘먹고 다가오려면 달콤한 말로 유혹을 하는 악질들도 있지만 이런 사람들은 말속에 특징을 이용해서 사람의 감성을 현혹하는 게 아닌가 싶다.

사람을 죽이고 살리기도 하고 말말말. 인생을 평생 행복하게도 하고 말 한 마디의 약속이 평생 해바라기처럼 바라보며 살게 하는 것도 있고 말 한 마디에 천 냥 빚도 갚는다는 속담도 있듯이 말이란 정말 중요하고 좋은 말 속에도 우리들은 느낌으로 감지하는 동물 중 최고의 촉이 있는 인간이다. 그런데 침묵은 무엇일까? 어떤 분의 말씀에 사람이 말을 해야 될 때는 꼭 말을 해야지 아무 때나 무게 있어 보이게 산답시고 입을 꾹 다물면 그건 쓰레기 만도 못한 입이라는 말을 들은 적이 있다. 그리고 말을 해줘야 될 때 자기 이기적인 옹호를 위해 입을 다문 다는 것은 비겁한 인간이고 말을 할 때 안 하는 사람은 차라리 조금 거칠어 보여도 화를 내면서라도 자기의 감정을 표현하는 게 훨씬 낫다고 본다. 간혹 상대를 무시해서 아예 상대를 안 해주는 교만한 침묵도 있다. 이렇듯 침묵도 인간성이 나쁜 침묵들이 있는가 하면 그래도 침묵은 금이라는 명언이 있듯이 침묵할 때 멋진 침묵은 천금보다 아름다운 침묵도 있다. 국가를 위하여 자기가 죽어도 입을 열지 않는 희생적 침묵이라든가, 남을 위해서 가슴에 묻어두는 아름다운 침묵도 있고 사랑하지만 말 못하는 그런 침묵도 있을 것이다. 그런데 침묵 속에 악이 깃든 침묵도 있다는 걸 나는 또 하나 알았다.

내가 아는 어떤 지인 한 사람이 평소에 많이 친하다고 느끼며 살아왔다. 긴 시간 속에 서로 알 만큼 성격을 알았다고 자부했는데 사람 맘이 보이는 게 다는 아닌가 보다. 그래서 천 길 물속은 알아도 한 길 사람 속은 모른다는 속담이 있나 보다. 나는 그 지인과 격 없이 늘 지낸 터라 그리 말에 큰 비중을 두지 않았다. 그냥 진솔하게 지나면서 가끔 격 없이 말 할 적도 있고 또 정겹게 티 없이 말하면서 우린 그렇게 지내왔다. 그런데 무심코 나눈 대화 속에 그 사람의 자존심을 건드렸나 보다. 나는 아무 사심 없이 평소와 다를 바 없이 인생의 현실을 얘기하며 상대와 격 없는 대화라고 생각했는데 그 사람은 자기를 무시한 태도라고 매도하니 별도리가 없었다.

그 후 모든 대화가 하나하나 신경이 쓰였다. 친구란 편한 맛에 만나고 싶고 또 보고 싶은 건데, 조금은 그 사람이 부담스럽다. 과연 저 사람이 지금껏 사랑한 친구였나 하는 의문마저 들 정도로 입을 꽉 다물고 말이 없다. 그 일이 있은 다음 나는 지금껏 정이 든 그 사람을 아끼고 놓치고 싶지 않은 맘에 가끔 전화로 문자로 대화를 걸었다. 그런데 그 사람은 그 때부터 묵묵부답으로 시종일관 별 것도 아닌 것에 나를 무시하는 생각까지 들었지만 화를 내기도 어색하고 찝찝한 건 사실이었다. 그래도 풀고 싶은 맘에 한날 그 친구를 만나기로 했다. 내 성격이 누구와 말하지 않고 불편하게 지내는 관계를 못 견디는 성격이다. 내가 잘못했으면 나는 겸손히 사과를 하고 서로 간의 대화로 푸는 걸 원칙으로 하면서 살고 싶은 게 내 인생관이다. 내게 아프게 하는 사람이라도 대화로 내 마음을 알려주고 사과를 받든지 아니면 서로 간에 찝찝한 상태로 살아가는 게 너무 괴롭고 힘들다. 그런데 사람마다 가진 특유의 성격들이 다 다른가 보다. 하지만 말을 않고 사는 게 내 체질엔 영 아니다 싶다. 사랑을 주고받던 사람을 놓치고 싶지 않는 내 욕심이기도 했다. 나는 그 집을 방문해서 그와 대화를 청했다. 만나고 나니 전처럼 내 마음이 홀가분하니 그땐 참 좋았다.

그 후 서로 바빠서 못 만나고 오늘 우연히 길에서 그 친구를 만났다.

나는 기쁨 마음에 차 한 잔하자고 제의를 했다. 그런데 전에 같으면 그래 하며 좋아했을 그 친구는 누굴 만나러 가는 중이라며 슬쩍 거절한다. 어쩐지 느낌이 누굴 만나러 가는 것은 아닌 듯하다. 사람은 이상하게 느낌이란 교감이 있는 법이다. 나는 알았다고 그럼 다음에 보자고 돌아서려다 그래도 자존심을 뒤로 하고 차 한잔 하자 내가 쏠게 하면서 다시 하고 싶지 않은 너스레를 떨면서 은근히 강요를 했다. 속으론 내가 보니 너 하고 나온 걸 보니 그냥 나온 듯한데 뭘 그러니 하고 싶지만 혹여 또 맘을 건드릴까 봐 그냥 모른 척 너를 좋아한다는 표현만 해주려고 노력했다. 그래도 그 친구는 끝내 바쁘다는 핑계로 거절을 하면서 나와 함께 하기를 싫다는 느낌을 받았다. 전에 같으면 두말 할 것도 없이 반갑게 찻집을 찾았을 텐데, 다음에 연락하자는 헛말을 남기고 우린 헤어졌다. 나는 집에 와서 이상하게 그 친구에 대해 전에 없이 연구가 된다. 내가 믿고 짓궂게 농담을 해도 잘 웃고 받아 넘기던 친구였는데 어느 날 생각이 변해서 무심코 던진 농담에도 오해를 하면서 입을 꾹 다물고 소위 말하는 묵비권 행사를 보였던 그 친구, 그냥 그때는 성격 급한 나한테 혹여 잘못 말하면 우정에 금이 갈까 봐 그 친구가 속 깊게 참는 건가? 싶어 속으론 고마움과 미안한 맘까지도 생각해 사과도 먼저 하면서 너스레를 떨어 보았지만 요즘 다시 그 친구의 행동을 보니 말을 안 한다는 게 참아주고 화해가 아닌 듯 생각이 든다. 오히려 내가 무시 당하고 있는 기분이 든다.

그런 생각을 하니 알 수 없는 속에 무섭고 쓸쓸한 마음까지 들어 조용히 나를 돌아본다. 그 친구에게 내가 혹여 마음을 낮추는 것을 한 번도 보여주질 못했나 보다는 생각도 해 본다. 나를 얼마나 교만한 친구로만 여겼으면, 나의 친절도 거절하는 사람처럼 느껴진다. 무조건 말 없는 모습 속에 나는 많이 실망하는 날이다.

집에 와 나를 돌아보며 회개했다. 무언가 그래도 그 친구의 마음에 상처가 있었기에 저리 말을 묻어버리고 나를 멀리하려 드는 게 아닌가 아님 원래 저런 성격인 줄 그동안 내가 몰랐단 말인가 다음에 만나면 조심해야 되겠다는 생각 속에 조금 겁이 난다.

이젠 내가 아무리 진정으로 진솔한 마음으로 해도 또 잘못 오해하면 어쩌나 하는 걱정도 앞서게 된다. 전처럼 보고 싶은 마음도 만나고 싶은 마음도 없는 것 같다. 사람 맘은 이래서 정말 질그릇보다 약하다고 말들을 하나보다. 믿는답시고 친하답시고 말이며 행동을 소홀히 하면 절대로 진정한 친구가 될 수 없다는 것을 깨닫는 순간이었다. 나도 갑자기 그 친구와 말을 건네고 싶질 않다. 왠지 잠깐의 그 친구의 침묵을 좋게 생각하고 고맙게 생각한 것이 와르르 무너지는 시간이다.

그때부터 나에게도 그 친구에 대한 침묵이 생겼다. 다시는 그와 말을 섞고 싶지 않은 생각이 든다. 세상에 침묵이란 참 가지가지란 생각이다. 사람과 사람사이 살아가는데 여러가지 침묵이 있겠지만 나는 진정한 침묵은 사랑이며 헌신이고 가장 아픔이 아닌가 하는 생각을 해보는 시간이다. 그리고 아무리 친한 사이라도 기본을 벗어난 언어는 결코 개성이 아니며 서로가 사는 세상에서 지켜가야 될 우리들의 숙제 같다. 그리고 사람만이 하는 작은 실수는 누구나 있다. 실수를 모른 척 하는 게 나쁘지 실수를 인정하고 사과를 하는데 사과를 받지 않는 침묵은 결코 바람직하지 않다는 걸 느꼈다. 적어도 토라진 마음이라면 빠른 시일에 대화로 풀고 오랜 침묵은 옳지 않다.

어느 책에서 본 듯한 글이 생각난다. 꽁한 성격은 자신에게 늘 갇혀서 밖으로 나가질 못하면서 살고 또 사람과 사람 사이에 벽을 쌓아 서로 오고 가기가 어려운 사람들이다란 말이 생각난다. 좋을 땐 몰라도 조금 사이가 벌어지면 성격이 나온다는 말이 생각나면서 부디 그 친구는 그런 성격이 아니기를 속으로 은근히 바라는 맘이다. 그래서 금 같은 침묵과 쓰레기 만도 못한 침묵, 그리고 꽈배기처럼 꼬여진 침묵, 이런저런 침묵도 가지가지가 있지만 우린 침묵을 연구하며 사는 사람이 되어야겠다는 생각을 해 본다.

오늘도 세상에 함께 더불어 살아가는 사람의 모습 속에 그의 인상 속에 가끔 인생이 드러나 보인다. 아무리 침묵을 해도 우리는 늘 정이 묻어나는 침묵만 하고 살았으면 좋겠다.

침묵에도 이렇듯 많은 색깔이 있고 급수가 있다는 걸 깨닫는 시간이다.

내 인생의 황금기

나는 오늘 어느 지인이 던진 질문에 옛날을 추억해 본다. 이 작가는 남편과 어떻게 만나 결혼을 했어 하고 묻는다. 나는 그냥 무심코 하나님의 뜻 가운데 만났지요, 하곤 성의 없이 대답을 해주니깐 구체적으로 어떻게 결혼을 했냐고 즉 연애결혼이냐 중매결혼이냐 아님 길에서 사귀었느냐, 동네서 사귀었느냐 하는 그런 말이지 하면서 대어들듯 묻는 게 아닌가. 그렇게 묻는 그분께 그럼 나중에 조용히 말해줄게요. 아님 언제라도 글에 올려 주든지요, 하면서 성의 없는 대답과 약속을 했다. 하긴 뭐 별나게 만난 것도 아니니 크게 스토리가 있는 것도 아니고 평범하니 남들처럼 그렇듯 만나 사는 게 우리 부부 아닌가 싶기도 해서 대충 대답한 일이 생각난다. 그래도 그 말을 듣고는 오늘은 가만히 옛날 일이 생각난다. 그 옛날 풋풋한 그 시절 나는 갓 스물을 넘고 내 남편은 조금 나보다 위인 나이에 직업군인 장교로 육군 소위로 새파란 풋내기 군인이었다. 억지로 군에 온 것이 아니라 본인의 자원으로 직장으로 생각해서 택한 직업 장교였다. 그때는 지금의 남편의 모습과는 판이하게 다른 정말 괜찮은 체격에 괜찮은 모습에 나도 어디를 가든지 자랑스러운 남편이었다. 우린 친구의 소개로 만나 잘생기고 착해 보이는 남편의 외모 덕에 집안에서 큰 무리 없이 친지들의 축복 속에 결혼을 했으니 굳이 별다른 에피소드도 없는 평범한 부부지만 한 가지 기억에 남는 건 결혼 직전 남편과 함께 데이트를 할 때 아마도 지금의 광화문 지하도 같다.

그곳이 그 무렵 처음 개통되는 때였는지 가을 국화 화분을 즐비하게 늘어놓고 길엔 기자분들의 카메라 작가들인 듯한 사람들이 제법 많이 있는 날이었다. 남편은 장교 정복을 입고 나는 정장을 한 듯한데 우리 부부의 그때 모습이 기자들 보기에 과히 나쁘지 않았는지. 아니면 멋있게 보였는지 정겹게 보였는지 암튼 카메라를 짊어진 한 기자인 듯한 젊은 사람이 우리 앞으로 다가와 사진 한 장만 찍으면 안 될까요? 하며 제의를 했다. 나는 어디 나오는데요? 하고 물으니 잡지 기자라고 한다. 그 소리를 들은 남편은 한 마디에 쌀쌀맞게 거절을 하고 불이 나게 그곳을 빠져 나왔던 기억이 난다. 그때만 해도 현역 군인이 외박 나가서 사진에 찍힌다는 게 그리 자랑스러운 일은 아닌 시절이었다. 아님 그런 것에 낯설고 촌스러운 우리 부부였나 보다. 그것보다도 매사 조용하기를 원하는 남편은 당연 거절하고 바쁜 걸음으로 그곳을 피해 나왔던 기억이 지금도 그곳을 지나치려면 그때 그 기자를 매몰차게 거절하며 사진을 못 찍게 하던 생각과 더불어 아쉬움이 남는다. 그래도 그때 괜찮은 모습으로 보인 게 아닌가 생각하면서 스스로 만족해 한다. 지금 같으면 굳이 그렇게 매몰차게 거절할 필요가 있었겠나? 그냥 모델로 찍혀 주는 것만도 감사할 뿐인데 그 시절에는 시사화 된다는 게 좋은 일이든 나쁜 일이든 무서울 정도로 피하는 때였으니 찬스를 놓친 건 당연지사, 요즘 나는 가끔

잡지사나 신문사나 인터뷰와 함께 실려 봐서 그런지 그때 우리 부부가 예쁘게 찍혔으면 지금 아름다운 흔적으로 추억의 근거가 되었을 걸? 하고 영 아쉬운 생각이 든다. 그리고 그때 우리 부부가 나란히 장교 정복을 입고 나 역시 깔끔한 정장에 하이힐을 신고 날씬한 몸매로 걸어가는 모습이 크게 잘나지는 못해도 젊은 한 쌍의 그림이 괜찮기에 사진 제의가 들어오지 않았나 하는 생각이 든다. 그래서 혼자 추억의 사진을 놓쳤다는 생각에 아쉽다는 생각을 해 본다. 그런저런 생각 속에 추억 속으로 내 머리 속은 지금 달리고 있다. 지금껏 살아오면서 내가 전성기라고 할 정도로 행복하고 멋있던 때가 있었나 하는 생각을 해본다. 큰 출세를 해서 쟁쟁하게 살아본 기억도 없고 빼어난 미모도 아니니 자랑거리도 없고 특이하게 재능도 없으니 내세울 것도 없으니 그냥저냥 평범한 남편 공무원 생활에 빠듯하니 애들 키우며 잔잔하게 살아온 듯한 내 삶이 아니던가? 별다르게 전성시대라는 말을 붙일 만큼 크게 내놓을 건 잘 생각 안 난다. 그래도 굳이 내 인생의 전성시대가 어느 때지? 하고 물으면

난 갓 시집올 무렵이 아닌가? 싶다.

그 당시엔 길을 가다가 혹시 모르는 길만 물어도 누구라도 친절하게 길을 알려주면서 넘치는 대접을 받고 어디를 가든지 친구들 사이나 친지들 사이에도 나를 원하고 인기가 있었던 것 같다는 생각이 난다. 밤이 새도록 놀아도 힘들지 않고 겨울에도 추운 줄 모르고 눈이 오면 마냥 행복했던 시절이 있었던 것 같다. 지금은 겨울은 추워 싫고 눈이 와도 문 앞에 눈 치울 걱정부터 앞서고, 그 옛날 여름은 친구들과 바닷가에 가서 몸매는 없어도 비키니 차림으로 깔깔대며 웃고 즐기는 게 행복했는데 지금은 여름엔 더워서 기운이 없어 싫고 요즘은 두 번 물으면 상대방 얼굴에 금방 피곤하다는 표정을 읽히는 세월이 됐으니, 전엔 내가 말을 걸

면 걸수록 상대방의 행복한 표정을 읽었는데 지금은 두 번 물으면 늙어서 말귀 못 알아듣는 사람 취급으로 당하니 참 세월 앞엔 이토록 인심도 변하고 인기 없는 아줌마가 되고 보니 과연 내 인생의 전성시대는 언제였던가? 하고 물어본다면 그래도 풋풋한 젊음이 넘치던 청년 시절이 아니었나 싶다. 지금 생각하니 인생의 가장 황금기라는 젊음을 그때는 왜 모르고 세월이 빨리 흘러 나이가 좀 먹었으면 하는 생각 속에 철없이 살았는지 그럭저럭 시집와 아이들 키우고 남편 뒷바라지 속에 지금껏 살아오다 보니 이제 애들도 우리 곁을 떠나 다 출가해 버린 지금에 또다시 부부만 남게 되는 게 인생이구나. 그래도 요즘 들어 나는 또 다른 전성시대라고 느껴지는 삶을 산다. 내가 하고 싶었던 글을 이제 부담 없이 마음껏 쓰고 작업도 할 수 있다는 것이 정말 좋고 행복하다. 이것이 내 인생의 또 다른 전성기가 아닌가. 어느 젊은 동료 작가가 함께 모임의 장소에서 내게 한 말이 생각난다. 나를 보고 선생님이 참 부러워요. 그리고 참 좋으시겠어요, 하는 말을 들었다. 나는 뭐가 그리 내가 부럽고 좋습니까? 하고 물으니 그 작가가 하는 말 선생님은 자녀도 훌륭히 다 키워 제각기 살림도 내주시고 오로지 이젠 마음껏 편한 마음으로 좋은 작품만 하시면 되잖아요, 한다. 자기는 아직 애들도 어리고 생계유지 때문에 직장도 못 버리고 작품은 하고 싶어도 마음뿐 엄두도 못 내고 있다면서, 말이 작가지 작품 한 번 제대로 못 내고 먹고 사는 게 이렇게 바쁘니, 하면서 나를 은근히 진심으로 부럽다고 한다. 나는 그래도 그분께 시간을 쪼개서 틈틈이 하면 되죠, 하면서 그리고 나도 그분 나이엔 그렇게 살았노라고 위로를 했다. 가만히 생각하니 그래 사람은 한계가 있는데 어찌 그리 여러 가지를 다 충실히 할 수 있겠나, 욕심뿐이지 하는 생각 속에 그분의 말이 조금은 이해도 간다. 사람은 본인이 자원해서 하는 것도 있고 억지로 하는 것도 있다. 그렇다면 물론 자원해서 하는 건 즐겁고 행복하겠지만 억지로 하는 건 언제나 힘들다. 그래도 우리들 삶 속엔 자원보다는 억지로라도 해야 할 일 들이 더 많지 않나, 그렇다면 나는 지금 자원해서 글도 쓰고 무엇이건 이 나이엔 자원하는 일이 더 많으니 지금이 내 인생의 황금기라는 생각을 해 본다. 나이를 먹으니 하루하루가 정말 소중하고 세월이 너무 빨리 지나는 것 같다. 내 인생의 황금기라 하면 난 지금인 것 같다고 크게 말하고 싶다.

내게 사랑하는 가족이 젊었을 땐 없었고 지금처럼 사랑스러운 새끼도 또 그 외 많은 선물들이 지금처럼 없지 않았나. 지금은 늙었다는 것 빼고는 내게 많은 보물들과 함께 축복 속에 살아간다. 나는 지금이 가장 내 인생의 황금기라고 말하고 싶다. 지금은 맘만 먹으면 무엇이건 꺼릴 것 없이 할 수 있는 시기 아닌가 다만 능력과 체력이 좀 안 따라 준다는 게 문제이다. 뜨는 해도 아름답지만 지는 석양도 더없이 아름답지 않는가 나는 석양을 닮은 아름다운 내 노후를 건설하고 싶다.

오늘은 어쩐지 나이가 관계되지 않는 묘한 분위기가 내 가슴에서 없는 자신감까지 희망으로 출렁거린다. 입가에 조용히 행복이 번지는 날이다. 세월의 흐름에 늙지 않을 도리는 없지만 또 죽지 않을 사람도 어디 있겠는가? 그렇다면 지금이 가장 축복의 시간 소중한 황금기라 말하고 싶다. 남은 시간을 좀 더 선량하고 지혜롭게 살고 싶은데. 이제부터 건강도 챙기며 주어진 시간을 알뜰히 활용하면서 정말 행복을 찾으며 살고 싶다.

아무리 행복해도 영원한 천국은 없고 아무리 불행해도 영원한 지옥은 없다 했는데 사람 사는데 삶의 집착이 너무 강해도 인생이 고달프고 삶의 애착이 너무 강해도 인생이 고단한 법이거늘 이제 나는 이 황금기를 넉넉한 마음으로 다듬으며 많은 이들과 함께 사랑하면서 기록 문학에 좀 더 즐기면서 살고 싶다. 모든 건 내 삶을 내가 가꾸며 전성기로 만드는 것도 내가 노력하고 만드는 것이 아닐는지, 하는 생각을 하면서 과연 내 인생의 전성기란 내 마음이 가장 편하고 행복을 아는 시간이 아닌가 싶다. 요즘엔 부부도 서로 크게 다투는 일 전혀 없고 서로를 배려하는 나이가 아니던가. 젊을 때 별 거 아닌 것 갖고 자존심 싸움도 했건만 이젠 나이만큼 넉넉한 마음으로 옆을 보면서 사니 그것이 세월이준 선물 같다. 강물이 깊으면 소리가 안 나고 사랑이 깊으면 다툼이 없다. 세월도 깊으면 편안함으로 선물을 받는가 보다. 나는 내 인생의 지금이 바로 그런 황금기라 생각하며 오늘도 열심히 사랑하며 살리라.

4

함박눈 오는 날

함박눈 오는 날

오늘은 함박눈이 펑펑 쏟아진다. 눈보라와 동행을 하면서 회오리바람 속에 바람이 부는 날이다. 괜히 내 마음이 울렁거리며 누군가 불러내고 싶다. 그리고는 가슴이 울적하니 공연히 누군가의 그리움이 봇물처럼 밀려온다. 갑자기 눈물이 나려고 한다.

그냥 소리를 내어 엉엉 울고 싶다. 아마도 눈 오는 날, 비 오는 날, 날궂이 하는 우울증 병이 도졌나 보다. 이럴 땐 체면 교양 신분 다 패대기치고 두 다리를 쭉 뻗고 엉엉 울고 싶다. 무슨 복에 그렇게 울 수나 있나 나는 울고 싶어도 울 수 있는 복도 못 타고났나 보다. 그렇다고 매일 웃을 일만 있는 것도 아닌데 웃을 일이 있어도 박장대소를 하면서 웃는 축복도 그리 많지 않은 듯 그냥 즐거우면 조금 소리 내어 웃는 것이다.

가끔 이렇게 울고 싶은 날이면 그냥 훌쩍이며 울 정도다. 제기랄 무슨 병인가? 가끔 이런 함박눈이 펑펑 쏟아지는 날이면 누군가 그립다.

개뿔 크게 그리울 사람도 그리워도 냉큼 자유롭게 불러내어 만나는 축복도 내겐 없으면서 이렇듯 울적한 날이 있다.

이놈의 가슴에선 늘 계산을 한다. 고장도 안 나고 이런 날 친구하나 불러내는 것도 계산기가 먼저 나와 있다. 이 사람은 함부로 보자고 못하고 이 사람은 만나면 남들이 오해를 하면 곤란하고, 이 사람은 만나보고 싶어도 내가 또 혹시 귀한 시간에 피해를 주지 않을까? 이 사람은 부르면 달려 나오기야 하겠지만 억지로 나오면 곤란하지 않겠나. 얘는 또 바쁘지 않나 내가 공연히 부담이나 주지 않나 이런저런 걱정도 되고, 이 사람은 혹시 또 다른 사람과의 좋은 약속이 있어 거절하면 어떡하나? 하는 곰살 맞은 생각 속에 내 계산기는 항상 나를 외로운 사람으로 만든다. 누구라도 편하게 불러내어 그윽하고 분위기 있는데 가서 이런 날은 아름다운 자연이 주는 함박눈을 함께 즐길 수 있는 친구가 없다는 게 사뭇 서럽기까지 하다. 이런 나를 두고 모르는 사람은 퍽이나 잘 놀고 허물없이 세상사는 줄 알겠지만 말이다.

난 이렇듯 늘 시간 속에 만남 속에 애매한 내 계산기만 남모르게 바쁘다. 허긴 이 나이에 무슨 분위기는… 세월이 뭔데 전에 같으면, 아니 청년 시절이라 해야겠지. 누구라도 먼저라 할 것도 없이 불러내어 눈 오는 날 즐거운 시간을 마련했는데, 두꺼운 외투를 걸치고 눈 속을 뛰어다니는 강아지처럼 행복한 적도 많았는데, 이런 날 방구석에 눌러 있다는 건 상상도 안 해봤다.

눈 오는 날 강아지처럼 즐거운 맘으로 친구이건 애인이던 시간이 모자라 못 놀던 시절이 엊그제 같은데, 언제 이렇듯 나이를 먹고 주부라는 입장이 되었는지 남편이 챙기지 않으면 분위기는 관두고라도 저녁 반찬 걱정에 여념이 없이 사는 인생이 되었다.

세월 속에 내 감성도 모두 가져갈 것이지 이런 날이면 어김없이 찾아

오는 감상적인 마음은 도독도 맞지 않으니 이런 날이면 늘 내 속에 든 감성이란 놈이 철딱서니 없이 몸살을 한다. 세월이 그리 많이 흘렀어도 추억은 늘 잊히는 법이 없이 이렇듯 한가한 낮에 이렇듯 아름다운 함박눈이 내리는 날이면 주마등 같이 그리운 얼굴들이 스친다. 그때 그 사람들이 생각나고 보고 싶은 충동에 바람난 가슴이 된다.

오늘 같은 날 그 옛날 소위 말하는 보이 프렌드들은 지금쯤 어디에서 무엇을 하고 살까? 그 사람들도 이런 함박눈을 어디선가 보고 있을까? 또 나를 기억하는 사람이 단 한 사람이라도 있을까? 혹여 추억이 떠올라 나를 그리워하는 사람이라도 있을까? 이럴 줄 알았으면 좀 더 멋진 추억을 많이 만들어 놨을 걸? 하는 아쉽고 이상한 생각들까지 동원되는 날이다. 마냥 나를 창문 밖으로 추억과 함께 마음을 몰아세운다.

그 옛날 생각이 갑자기 하나 둘 떠오른다. 나는 학창 시절에 방학 때 부모 모르게 남학생들과 한겨울에 요즘 애들 말로 엠티 비슷한 여행을 한 적이 있었다. 그 옛날엔 어디를 가도 지금처럼 펜션이며 작은 모텔들도 거의 없는 가난한 시대에 살았다. 겨우 간다는 곳이 민박이고, 아니면 친척 집이 괜찮게 사는 집이 있으면 그곳엘 찾아가 머물기도 했다. 그것도 부족하면 여인숙 신세를 지며 놀았던 것이 최고의 부모 모르게 노는 고얀 바람족 들의 행동이었다. 지금 말로하면 소위 문제아들이기도 했다.

몇몇 친구들과 짝을 지어 여러 날 부모님들 모르게 여행을 갈 준비를 했다. 최대한의 비용으로 최대한의 절약을 하면서 예산을 짜고 집에는 남학생 없이 여자 친구끼리만 간다고 부모님에게 거짓말을 준비해 놓고 설레는 맘으로 비상망을 만들면서 준비를 해 강릉으로 여행을 갔다.

지금 생각하니 그때나 지금이나 젊은 애들의 마음은 같았던 것 같다.

추운 강릉의 바닷바람도 그때는 어찌 그리 낭만이 있고 좋던지 우리 일행은 모두 들뜬 행복에 그 겨울 바다를 아마도 평생 못 잊을 듯하다.

그곳에서 추운 줄도 모르고 걷고 또 걸으면서 우리들의 젊음을 수놓고 지냈던 시절이 엊그제 같은데, 친구들과 시간 가는 줄 모르면서 티 없이 행복한 시간이었다. 저녁엔 시장 어느 국수집에서 저녁을 때우고, 지금 생각하니 어느 초라한 여관에 다 들어가면 주인한테 들킬까 봐 다른 친구 둘이만 먼저 예약을 하고 계산을 한 다음, 남은 우리는 다시 살금살금 들어가 밤이 새도록 잠도 자지 않고 큰소리도 못 내며 자지러지게 이불로 입을 막으며 웃으며 놀던 생각이 난다.

지금 생각하니 참 간도 크게 놀았다는 생각이 된다. 우린 별로 웃을 일도 아닌데 뭣이 그렇게 행복한지 연실 까르르하면서 가슴 조이면서도 재밌게 놀던 그 시절이 지금 생각해도 우습고 행복하다. 지금은 돈 주고 그렇게 놀라고 해도 싫을 정도의 초라한 모임의 여행이었지만….

그때는 그것이 왜 그리 행복하고 재미가 있었는지 참 어여쁜 청년 시절의 기억이다. 우린 하나같이 부모들을 속이고 놀았던 그때, 그 철없던 시절이 그래도 영원히 잊히지 않는 아름다운 추억이 되었다. 그리고 가끔씩 강원도 쪽으로 여행을 할 때 그곳을 지나치려면 어김없이 철없이 놀던 그 시절이 주마등처럼 생각이 난다.

가난하던 나라, 가난하던 시절, 송충이를 잡아오라던 학교. 쥐꼬리를 잡아오라던 학교시절. 그렇게 가난하고 후진국 같은 우리나라가 지금은 이토록 발전해온 이 나라에 애들에겐 먹히지 않는 얘기고 우리도 먼 꿈속 같은 얘기가 되었지만 오늘따라 이상하게 그때 그 친구들이 몹시 그립고 보고 싶다. 어느 곳에서 각자의 삶을 열심히 살아갈 사랑하는 친구들과 이런저런 사람들이 함박눈과 함께 필름처럼 돌아가면서 가슴을 적신다. 그랬던 지금은 나는 내 자녀들에겐 아주 건전한 척 훈구만 앞세우며 요즘 애들을 이해 못하는 꽉 막힌 부모로 고상한 척 내 자식은 모범생 자녀로만 커주기를 원하면서, 고상하게 살아온 척 내숭을 떨며 자녀를 키워 온 내가 어쩐지 모자란 부모 같은 맘이 들면서 살짝 부끄러운 마음도 든다.

내 자녀들도 아마도 내가 모르는 또 다른 추억이 있겠지만. 오늘 혼자 함박눈을 보면서 이런저런 옛날 생각 속에 많은 세월이 흘러 이젠 어디에선가 그 친구들도 범생이처럼 아름다운 부모 노릇들 열심히 하느라 애쓰고들 살고 있겠지. 이젠 가고 싶다고 훌쩍 갈 수도 없는 한가정의 아내와 엄마란 직책에 얽매여 어쩐지 울적하기까지 한 그런 날이다. 무심한 세월 속에 지금 이런 시간에 누구 하나 맘 놓고 불러내어 멋진 곳에서 함박눈을 함께 즐기며 놀 수 있는 세월은 지나간 듯하다. 그런 마음을 나눌 친구도 하나 없는 게 서러운 건지, 아니면 친구는 많은 척 해도 마음 하나 제대로 못 열고 조심스럽게 살아가는 나란 인생이 못난 건지, 도대체 인간은 서로가 만들어 놓은 그놈의 체면치례와 자존심의 틀 속에 매여 이토록 자유롭지 못한 삶이 오늘따라 철조망같이 느껴진다.

성장하면서 지금 내 처지에 걸맞게 인생을 가꾸며 살아야 하는 게 또 다른 인생인가 보다. 잘난 체면 잘난 위치 잘난 나잇값에 꼴랑 자존심이 언제나 묵직한 짐이 되어 사는 건 아닌지….

사회적 인격과 사회의 질서 모든 것이 본이 돼야 하는 모범된 내 처지와 신분 모두가 살아가면서 올가미 같은 진을 치고 사는 우리네 삶이 과연 잘 사는 건지, 누가 시킨 것도 아니지만 내가 만든 내 틀에 갇혀 공연히 오늘따라 함박눈이 오니깐 심통 난 어린아이 마음처럼 우울하다.

철없이 자유로웠던 어린 시절이 너무나 그립다. 그리고 가끔은 인생도 어린 시절로 되돌려 줘서 한번 살 수 있는 그런 요술 램프가 있다면 얼마나 좋을까 생각하면서 되지도 않는 망상에 휩쓸려 본다. 갑자기 추억과 외로움 속에 고아가 된 기분이다.

눈물이 아롱진다. 갑자기 뿌연 창밖에 함박눈이 이상하게 춤을 추며 나를 비웃는 듯 앞으로 휙휙 원을 그리면서 눈보라를 만든다. 아~ 나는 언제나 철이든 완벽한 어른이 될까 하면서 혼자 '이 푼수야! 정신 차려!' 누군가의 훈계가 귓전을 친다. 이 아줌마야! 주책 떨지 말고 빨리 대문밖 눈이나 쓸어라 하는 현실 속의 소리에 화들짝 놀란다. 내 손은 두툼한 스웨터를 걸치고, 어느새 대문 밖으로 나가 빗자루를 들고 집 앞에 쌓인 눈을 쓸어낸다.

잠시 함박눈 오는 이런 날 망상에서 깨어나 보니 이것이 내 행복이고 내 할 일이라는 걸 알았다. 그래 이게 현실이다. 이놈의 함박눈아 고만 좀 내려라 너희들 때문에 내 마음이 공연히 센티하고, 울적하기도 하고, 너희들 때문에 눈 쓸기도 힘들어 죽겠다 하면서 하늘을 보니 내리는 눈송이들이 깔깔대면서 나를 두고 놀리는 듯하다. 이리저리 눈송이가 내 머리를 때리기도 하고 빈정거리며 살짝살짝 내 어깨를 차갑게 쳐댄다. 내 눈 속으로 입속으로 깔깔 되면서 약을 올리는 듯 스킨십도 한다.

조용히 내리는 눈을 내 손으로 안아보고 가슴으로 안아보는 하얀 눈송이가 곱게 대지를 덮으면서 함박눈들은 자유롭게 앞 다투어 쓸어대는 내 팔뚝위로 훨훨 날아다닌다. 현실로 돌아온 내 마음이 또 다른 오만가지 걱정으로 휩싸인다. 이렇게 많이 눈이 내리면 운전하는 아이들 걱정 또 우리네 이웃에 가난하고 현장에서 일을 하는 사람들이 많이 힘들 텐데.

애국자

오늘 목사님 설교 중 옛날(故, 박정희 대통령) 시대 얘기를 들었다. 정말 우리나라 역사에 큰일을 하신 분이라는 건 대한민국 사람이라면 누구나 같은 마음일 것이다. 그런데 그분이 재직 당시 짧은 운명 속에 이제 고인이 된 이ㅁㅁ박사의 애국심을 듣게 됐다. 우리나라가 핵을 어떻게 만들었나를 알게 됐다. 박 대통령과 막역한 지인 사이인 그 박사님이 핵을 만드는 비밀의 문서를 다리 속에 수술을 해서(비닐로 꽁꽁 싸서 비밀 자료를 숨겨) 다시 다리에 넣고 봉합을 해서 우리나라로 들어왔다고 한다. 청와대로 곧바로 찾아 박통 앞에서 정형외과 의사를 불러 봉합을 푸는 수술을 해서 감춰진 문서를 꺼내었다는 그분의 일화를 들으면서 참 놀라지 않을 수가 없었다.

정말 그런 분이야말로 우리나라의 대단한 애국자가 아닌가 생각했다. 목숨을 걸고 나라 일을 했다는 건 정말로 놀라왔다.

그 후로 우리나라도 핵의 첫발을 내디디었다는 것을 알게 되었다. 정말 진정한 애국자의 눈물겹고 힘든 모험에 나는 감탄했다. 박통도 대단했지만 ㅁㅁ박사의 의지와 선택이 정말 대단하고 존경스럽다. 진정한 선택은 국가와 세계와 자기 인생을 움직인다.

역사를 거슬러 생각하면 많은 애국자들의 헌신도 많이 있지만 이런 분들이 있기에 우리나라가 이만큼 잘 살 수 있는 게 아닌가 싶다.

하나님은 우리에게 선택의 자유라는 걸 분명히 선물하셨다. 좋은 일도 나쁜 일도 본인의 자유의사에 따라 하라는 선택의 자유를 주셨다. 대신 그 선택을 과연 자신이 어떻게 사용하느냐에 따라 인생도 운명도 달라진다고 볼 수 있다. 그렇다면 우리들은 우리에게 선물로 주신 그 선택권을 과연 어떻게 사용하면서 살아야 하나? 하지만 인간은 약하기에 진짜 선택의 길 앞에선 늘 망설인다. 그러다 보면 실패도 하고 성공도 한다. 우리 인간은 더불어 살아야 하는 사회적 동물이다. 남을 위해 또 국가나 더 나가서 세계를 위해 과연 어떤 모습 속에 어떤 선택 속에 어떻게 살아야 하는가. 작은 일에도 아옹다옹 자기 작은 가슴 하나도 못 다스리는 못난이가 될 때가 있다. 세상을 다스리는 것보다 마음을 다스리고 지키는 일이 더 힘들다고들 말한다. 이기적이고 작은 가슴으론 과연 무엇을 할 수 있겠나. 살아가는데 작은 것 하나라도 진정한 나눔과 사랑은 자신을 늘 오픈해야 한다. 자신의 마음을 꽁꽁 잠그면서 남의 마음만 훔치려 들면 아무것도 할 수가 없다.

우린 늘 남의 마음만 보면서 움직이려고 한다. 조금만 상대가 잘못하면 지적을 하면서 뜯어고치려고 비난의 입이 되고 자기 자신을 고치려는 데는 인색한 사람들이 얼마나 많은가. 내가 변해야 개혁도 되고, 발전과 화평도 이루어지는데 우린 머리로는 알면서도 선택을 잘못하며 살아가는 인생 들이다. 나는 오늘 그분의 그 대단한 선택에 과연 그런 분들이 그리 흔하진 않겠지만 진정한 역사를 바꾸는 한 시대의 획을 긋는 용기 있는 선택 속에 인생의 길을 뚜렷하게 아는 사람만이 할 수 있다는 걸 느꼈다. 바람처럼 살다 바람처럼 사라지는 인생보다는 사람이라면 작든 크든 국가나 이웃에게 또 사람들에게 좀 더 뜻있게 살다가는 것이 최고의 삶이 아니겠는가. 핵 비밀문서를 갖고 온 그분이야말로 참 대단한 애국자라고 생각을 했다. 우리나라엔 알게 모르게 숨겨진 애국자들이 많다. 그 때문에 우리가 편하게 살아가는 줄도 모른다.

나는 얼마 전에 내 작은 손주 녀석이 한 말이 생각이 난다. 이제 겨우 초등학교 학생인데 하루는 나에게 "할머니, 할머니는 절대 일본 ㅁㅁ상표가 있는 것 사지 않죠?" 하고 묻는다. 나는 그 상표 이름도 잘 모르지만 왜? 하고 물으니 그 회사가 우리나라 독도를 차지하려는 속내가 들어있는 나쁜 회사래요 하지 않는가. 물론 어린애가 하는 말이니 선생님한테 들은 얘기를 하는 거겠지만 손주 녀석 말에 나는 부끄러움을 느꼈다. 늘 편하다고 신발이며 화장품이며 많은 것을 구입하는 사람 중 하나였다. 별것 아닌 것 같아도 그런 작은 것 하나라도 애들만도 못했구나 하는 자책을 해본다. 지식이 있다 한들 지키지 못하고, 지성이 훌륭하다 해도 진심에 따르랴 작은 것 하나부터 실천치 못하는 나를 보며 스스로 부끄러움을 면할 수 없다.

손주 녀석의 물음에 궁색한 대답으로 양심을 피하듯 얼버무리긴 했지만, 요즘 시대 글로버 시대로써 서로 무역도 교류 하며 서로 나누는 시대기는 하지만, 어쩜 일본 사람들은 지금도 얄밉기가 한이 없다. 여전히 심심하면 지진 날 때도 세계적으로 물론 언론이 된 것이지만 우리나라가 얼마나 도와주고 서로의 우애를 추구 했건만 툭하면 망발을 하는 일

본인들을 생각하면 공연히 울화가 치민다. 속도 상하고 가끔씩 얄밉기도 하면서도 늘 까맣게 잊은 듯 일본 것에 대한 물건을 늘 선호한다. 작은 것 하나도 못 고치는 내 꼴 앞에 공연히 내 작은 손주 녀석의 그 말이 생각나며 얼굴이 화끈 거렸다.

많은 국가나 세계 속에 사는 우리들인데 나 하나쯤 하는 방관 속에 우린 알게 모르게 국가나 사람들에게 유익하기는커녕, 피해를 입히며 살고 있진 않았나. 애국이 별것인가. 우리 같은 소시민이야 그저 내 주어진 자리에서 열심히 살고 도리에 어긋나지 않게 살며 국가나 남에게 해되는 일 하지 말고 주어진 자리에서 조용히 살아가면 되겠지 생각한다. 작은 것 하나라도 모아지면 큰 것이 되듯이 작은 노력과 생각 아래 나라가 잘 산다는 생각이 옳지 않나. 진정한 사랑과 애국은 훌륭한 지위보다 바른 인격을 지니고 작은 일에 소중하게 생각하면서 사는 사람이 아닌가 싶다. 그런 생각 속에 오늘은 진정하고 훌륭한 애국자 노릇은 못해도 진정한 애국자를 존경하는 마음은 열심히 품고 살아야겠다고 다짐한다.

비빔국수

나는 밀가루 음식을 좋아하는 편이다. 그 옛날 칼국수를 별미로 해 먹던 시절이 있었다. 손님이 오시는 날에는 닭을 삶은 국물에 집에서 홍두깨로 밀가루 반죽을 얇게 밀어서 칼로 곱게 썰어서 닭고기 꾸미를 위에 얹어서 먹은 칼국수 맛은 정말 별미였다. 늘 해 먹는 게 아니라 큰손님이 오실 때나 맘먹고 집에서 키우는 토종닭을 잡아서, 닭고기 국물에 해 먹는 칼국수는 또 손이 많이 가니깐 바쁜 농사철에도 그렇게 쉽게 해 먹을 수 있는 게 아니다. 귀한 손님이 오실 때나 별미로 내놓는 어려운 음식이었다. 그냥 호박이나 멸치 국물에 해 먹는 국수야 식구끼리도 자주 해 먹지만, 옛날에 칼국수를 하는 날에는 잔치처럼 온갖 식구가 한데 모여 커다란 옹기 함지박에 퍼서 두레 반상에 둘러앉아 먹었다. 칼국수는 지금도 생각하면 가끔씩 먹고 싶다. 요즘이야 입맛 따라 편하게 국수도 종류대로 즐길 수 있는 세월이지만, 난 그 옛날 커다란 함지박에 퍼놓고 먹던 칼국수만 생각하면 가끔씩 명동 칼국수를 찾곤 한다. 그 옛날 어머니가 해 주시던 커다란 그릇에 퍼서 우리 식구들과 먹던 맛은 아니지만, 요즘도 밀가루 음식을 좋아하는 나는 멸치 국수도 잘 해 먹고 가끔씩 국수를 갓 삶아 김치를 송송 썰어 고추장에 버무린 새콤달콤하고 칼칼한 비빔국수는 내 입맛에 맞는다.

가끔 칼국수를 보면 그 옛날 엄마가 생각나듯이 비빔국수만 보면 꼭 한사람 생각나는 사람이 있다. 약속을 안 지킨 나쁜 사람이지만 그래도 가슴 깊은 곳에선 지금도 생각나고 보고 싶은 사람이다. 나를 많이 사랑하고 아껴주던 내가 잊지 못할 한 사람이다. 그 사람은 내가 국수를 좋아하는 걸 잘 알고 함께 놀 때면 가끔씩 국숫집을 찾아 함께 즐겼다.

살갑고 정겨웠던 그 친구는 내가 좋아하는 국수를 자기 집에서 파는 것보다 더 맛있게 해 주겠다는 말을 하면서 언제라도 꼭 내게 자기의 솜씨를 보여주겠노라고 철석같이 약속을 해놓고 지금껏 그 사람의 비빔국수 맛은 기억 속에만 있다. 그 사람은 끝내 비빔국수를 내게 해주질 않고 멀리 떠나 버렸다. 내가 좋아하는 비빔국수를 해주고 싶어 하는 그 사람의 마음이 비빔국수만 보면 늘 고맙고 잊히지 않는다.

말만 남기고 해준다던 비빔국수는 어디 가고 그 사람은 바람 속에 마음만 남겨놓고 저세상으로 사라졌다. 아마도 그 사람이 장난이었겠지만 나는 비빔국수만 보면 공연히 그리움과 함께 그 사람이 생각난다. 아슴아슴한 그 사람의 고운 마음이 살펴지면서 마음이 아려온다. 우리들 우정을 누군가에게 도둑맞은 느낌도 든다. 허락도 없이 떠난 그 사람이 지금은 어느 하늘에 살고 있는지 아니면 죽었는지 몰라도 이 세상 떠날 때까지 비빔국수만 보면 늘 생각나는 그 사람, 서로가 좋아하고 친했던 우리들 비빔국수 때문에 정겨운 말을 놓고 간 사람이다.

가끔 혼자 조용한 시간이면 내 기억을 흔들어 비빔국수와 함께 그리움으로 기억나게 하는 사람, 물론 약속을 안 지킨 사람이지만 그래도 내가 좋아하는 국수를 해준다는 그 정겨운 말은 아직도 내 가슴 한 귀퉁이에 남몰래 숨겨져 따뜻하고 한가한 시간이면 가끔씩 생각나는 그 사람, 수많은 세월이 흘렀는데도 어쩌다 비빔국수를 먹을 때면 남모르게 기억되는 그 사람.

오늘도 그 사람이 놓고 간 약속이 생뚱맞게 생각이 나면서 추억의 속도를 달릴 때면 비빔국수가 나를 유혹해서 침이 꼴깍 넘어간다. 밖에 나가 한 그릇 사 먹고 싶은 충동이 느껴지는 날이면 언제나 들꽃처럼 그리운 그 옛날 고향에서 내 어머니가 홍두깨로 밀어서 해주시던 구수한 칼국수와 약속을 안 지키고 떠난 그 사람의 생각으로 늘 교체되어 생각나는 국수. 비 오는 날이면 뜨끈한 칼국수와 햇빛 좋은 날 새콤달콤 비빔국수는 내게 많은 추억을 담은 내가 제일 좋아하는 음식이다. 특히 초겨울에 먹는 칼국수 맛도 일품이다. 따뜻한 내 고향이 생각나고, 한여름에 먹는 비빔국수는 떠난 그 친구가 생각나는 음식이다. 우리는 수많은 세월을 살아가면서 모든 것이 추억 속에 다 버무려져 산다는 걸 느낀다.

특히 사랑하는 사람들과 함께 먹던 음식은 늘 아름다운과 감미로움의 향기가 있고 또 다른 아픔이 있는 음식도 있다. 저마다의 추억의 음식들이 있듯이 오늘은 어쩐지 그 친구 생각이 나면서 내 입에선 비빔국수가 당기며 그리움이 자극하는 날이다.

고궁

서울에 있는 고궁을 자주 찾는다.

정말 고궁만큼 계절을 잘 알려 주는 곳도 없다고 생각한다. 봄이고 가을이면 꼭 먼 곳으로 가서 산이나 들로 가야만 가을이든 봄이든 계절을 만끽하는 건 결코 아니다. 고궁엔 그 옛날 조상들이 숨 쉬는 듯하고 우리의 역사를 공부하는 곳이기도 하다. 사대문 안에 있는 귀하고 아름다운 고궁들이 얼마나 많은가. 그중에 나는 가장 잘 찾는 곳이 경복궁과 창덕궁이다. 가끔 창덕궁은 인사동을 거쳐 들어가면 고즈넉하니 한가롭게 즐길 수 있다. 어느 카페 보다 훨씬 멋있고 좋은 곳이다. 캔 커피 하나 사 들고 맘에 맞는 친구랑 도란도란 정도 나눌 수 있고 한가로운 정취도 즐길 수 있는 정말 최고의 장소가 아닌가 싶다. 경복궁에는 한여름에도 시원하게 에어컨이 팡팡 들어오는 박물관 구경도 찬찬히 하면서 역사 공부도 즐기는 곳으로는 그만이다.

나는 이런 고궁을 드나들면서 느끼는 점이 한 가지 있다. 요즘 부모들은 어떤지 몰라도 우리 때만 해도 국,영,수를 잘해야 공부 잘하는 학생 취급을 받던 시대였다. 지금이야 많이 달라져서 외국어나 또 특기의 공부를 살리는 시대가 되긴 했지만, 그래도 한국 사람이라면 국,영,수는 필수 과목이라는 걸 부인 못한다. 그래도 요즘 우리나라도 자기 개성대로 공부해 전공과목을 살려 예술을 하는 사람들이 참 많다.

모든 인생은 예술이라 말할 수 있듯이 예술이란 무시 못 할 공부인데도 불과하고 아직까진 우리나라에선 그리 크나큰 대접을 못받는다. 외국엔 예술을 잘하는 사람들을 많이 우대해주고 대접 하는 게 우리나라보다 훨씬 다르다. 우리나라도 요즘은 창의성을 살려서 자녀 공부도 좀 달라지긴 했지만 아직도 외국만큼 예술가를 우대하는 것은 우리가 못 따라가는 듯하다.

조금 다른 이야기지만 학부모들의 교육열도 내가 보기엔 조금 다르다. 세계 어느 나라 못지않게 교육열이 대단한 대한민국 엄마들이지만, 세계사를 알리기 전에 우리나라 역사부터 각인 시키는 게 도리 아닌가 싶다. 우리나라 역사도 제대로 다 모르면서 세계로만 여행하는 시대가 되어 버린 듯한 느낌이 드는 시대다. 지금의 젊은 부모들의 아쉽고 잘못된 점이 많다.

우린 자유가 없으면 인간성도 모자라고 창의력도 없다. 가끔씩 자녀들을 이런 고궁이라도 열심히 데리고 다니며 전시관 또는 박물관도 구경도 시키고 조금 여유 있게 아이들도 키웠으면 한다. 우리가 사는 세상은 무진무궁한 세계며 끝이 없이 아득한 세상에 살면서 그런 곳은 다 못 가봐도 이런 곳은 가끔씩 아이들을 데리고 와서 부모들과의 고운 시간을 갖는 것도 참 좋겠다.

젊은 엄마들이 들으면 글쎄 더 잘하고 사는데 하면서, 구세대적 발언이라 할는지 몰라도, 나는 늘 그런 아쉬움 속에 가끔씩 나 혼자 사계절마다 고궁 속 남모르는 향기를 줍는 마음으로 호젓한 고궁에서 가끔씩 이렇게 역사의 향기를 느끼며 혼자 행복에 젖는 시간이 정말 좋다. 우리나라 어느 곳엘 가도 다 아름답고 볼거리가 많지만 서울처럼 볼거리가 많은 곳도 없다.

용산 중앙 박물관이 생기기 전에는 경복궁 박물관엘 가면 볼거리가 많았는데, 요즘 중앙 박물관이 생겨서 그곳으로 일부만 있고 전부 옮겨가니 조금 허전하고 전에 같지가 못하다. 나 혼자만의 생각인진 몰라도 요즘 외국 사람들이 이런 고궁을 찾아오는 일이 많다. 가까운 곳에 한데 묶어 놓으면 훨씬 쉽고 편하게 우리나라를 알리는데 쉬울 텐데 굳이 또 다른 용산으로 옮겨 번거롭고 힘들게 투어를 하게 해야하나하는 생각도 해본다. 물론 훌륭하신 분들이 어련히 많은 고심과 생각을 모아서 실천하셨겠지만 내 개인 생각으론 역사가 있는 가까운 고궁 속에 모든 박물관도 가까이 있다면 더 나을 듯하다는 생각이다.

예전에는 편히 이곳에서 구경하던 것이 반쪽은 또 그곳을 가야만 구경을 한다 생각하니 과연 그것이 외국인들에게 관광에 큰 효율이 있을까 하는 생각도 해본다. 그분들도 고궁에서의 느낌 속에 더 잘 알 수 있는 수업이 될 텐데 하는 생각을 해본다.

예전엔 아늑하니 고궁을 둘러보고 박물관 구경도 재밌게 한꺼번에 했던 일들이 조금 아쉽다. 물론 그곳에 커다랗게 생긴 게 훌륭하니 좋아 보이긴 해도 경복궁을 찾을 땐 공연히 허전한 마음에 난 고궁을 갈 때마다 혼자 느끼는 마음이다. 우리나라는 땅도 적은데 살릴 건 한군데 살리고 무조건 파헤치고 넓게 펼치는 것만이 능사가 아니라는 생각도 든다. 아늑한 고궁에서 외국인들도 모든 걸 차분히 보는 게 편할 텐데 하는 괜한 소망과 공상 속에 한번 빠져보는 날이다.

우리도 외국을 다녀본 사람들은 다 잘 알 것이지만 옛것이 몰려 있는 것도 그리 나쁘진 않은데, 물론 그곳에 대한 전문가들이 오죽 알아서 잘 해 놓으신 것이겠지만 소시민으로써 조금 다른 차원에서 생각해 봤다.

더 크고 넓게 개방시키는 것도 좋지만 그래도 경복궁 박물관만큼은 내 개인적 생각엔 옮겨 간 것이 늘 아쉽다. 오늘은 이상하게 많은 추억이 있는 고궁 속에서 또 다른 아쉬움을 느끼는 하루다

아름다운 고궁이 있어 좋고 가끔씩 올 수 있다는 것이 내겐 남모르는 큰 즐거움이고 행복이다.

고궁 속에서 역사를 배우고 고궁 속에서 선열과 조상들의 숨결을 느끼고 향수를 느끼는 아름다운 고궁이 오늘따라 너무 감사하고 즐거운 곳으로 생각하면서 고마움을 느낀다. 아쉬움도 조금 느끼는 건 어쩔 수 없는 내 마음이다. 그 옛날 나는 내 자녀들을 무리해가면서 시간을 내어 이곳을 함께 와서 사진도 찍어 주고 해맑게 웃던 내 아가들의 모습이 담긴 고궁, 우리나라의 위대한 재산이자 자랑인 고궁, 오늘은 경복궁 경회루 연못가에서 잠시 휴식을 취해 보면서 이런저런 생각에 젖어본다.

빠르게 변하는 세상 속에 사람들도 변하고 천지가 변하는데 크게 변하지 않는 고궁이 있다는 게 내겐 고궁을 찾는 또 하나의 행복한 이유인지도 모르겠다.

미련

미련이란 단어만 들어도 어딘가 안타깝고 가슴이 답답하고 눈물겨운 사연이 있는 듯하고 힘겨워 보이는 게 바로 이 단어가 아닌가 싶다.

미련은 모든 걸 잘라 내야 할 것을 못 잘라내고 움켜쥐고, 버려야 할 것을 못 버리고, 지워야 할 것을 못 지우고, 잊어야 될 것을 못 잊고, 살면서 아쉬워하고 놓지 못하는 것이 미련이 아닌가 싶다. 미련이 남았다는 건 아직도 그 상대에 집착이 있고 놓을 수가 없다는 뜻이다. 미련이란 단어 속엔 많은 슬픔과 고뇌와 아쉬움이 서린 그야말로 최고의 힘들고 슬픈 단어 같다. '비트족' 들은 하나님께 이렇게 물었단다. 하나님 왜 이 세상을 이렇게 쓸쓸하게 만드셨을까요 하고 물어보면서 정작 그들은 허무주의에 빠져 병자가 되진 않았나. 그들이 물어보는 가운데서도 또 다른 그들의 가슴엔 인생을 사랑하면서 살 가치를 느끼고, 겉으로 허무주의적 발언을 한 게 아닌가 싶다.

내가 기억하기론 세상을 살면서 한 번도 남의 것을 억지로 빼앗아 보지도 않았고, 남을 모함하며 해하지도 않으면서 살아온 듯하다. 이유 없이 남을 욕하지도 않았으며 남을 손해 보이지도 않은 듯하다. 내 생각엔 그런데 혹여 나도 모르는 사이에 알게 모르게 지은 죄가 있을지도 모르지만, 특별히 크게 사건적인 미련은 없어도 소소한 것에 미련이 많은 것 같다.

남의 것을 탐하는 것도 아니고, 굳이 갖고 싶은 걸 놓친 것도 아닌데 이상하리만치 잊어버리고 놔 버리는 데 익숙하질 못하다. 사람과의 관계 속에서도 작은 정에도 그 사람을 빨리 놓지 못하고, 잊어버려야 할 사람이라도 빨리 잊지 못하고, 나를 이유 없이 힘들게 하는 사람까지도 정에 약해서 늘 빨리 놔버리지 못하는 습성이 있다.

무슨 미련을 그리 못 버리는지, 내가 싫다고 가버리면 잊어버리고 새로운 친구를 사귀어도 되고 놔버리고 살면 되는 일도 나는 바보 주머니를 가슴에 달고 사는지 많은 것에 잊지 못하고 놓지 못한다. 한번 정을 준 사람한테는 그 사람이 나를 배신하고 돌아서도 나는 굳이 매몰차게 버리질 못하고 미련이 많다. 그렇게 늘 정에 약한 것이 나란 사람 같다. 숱한 일들 중에 내 머리 속엔 언제나 떠나지 않는 한 가지 특별한 미련이 있다. 그 옛날 내가 좋아하고 그도 좋아했던 친구와 결별을 한 것이 마냥 후회스럽고 그립고 가끔 미련이 남는다.

어쩔 수 없는 선택이라 하지만 내 가슴에는 늘 아쉬움으로 그때 좀 참고 기다려 줄 걸, 그렇게 보내지 말 걸, 이런저런 후회 속에 늘 미련이 남는다. 사람은 잘해도 결과에 따라 미련은 남는 법이지만, 좀 더 맘 아프지 않고 떠나 보낼 걸 하는 마음이 늘 많이 후회된다. 지금도 좋은 기억만 가질 텐데. 그땐 왜 그렇게 쓸데없이 토악과 감정 조절을 못한 채 헤어진 게 늘 후회된다. 아쉬운 생각 속에 그때 그 일이 생각날 적마다 미련이 남는다.

그 친구와 나는 퍽이나 친했다. 서로가 아깝지 않을 정도로 나눠주고 친했던 친구였는데, 하루는 그 친구의 물건 중 내 눈을 끄는 예쁜 작품이 하나 있었다. 나는 그 친구가 여러 개를 갖고 있기에 생각 없이 "이것 예쁘다. 이것 나 하나 줘라" 했더니 그래 가져가 하면서 덥석 줘서 나는 속으로 너무 감사했다. 고마운 마음속에 나는 이 물건 대신 무엇으로 저 친구에게 감사 표시하나 고민 속으로 빠지는 중에 그 친구 대뜸 하는 말이 이게 얼마짜리인 줄 알아? 그러는 게 아닌가. 나는 황당한 마음으로 얼마냐고 물어보니 ㅁㅁㅁ 짜리라고 한다. 그러면 별 것도 아닌데 뭘 그래 하면서 그렇게 아까우면 주지 말지 하면서 속으로 마음이 좀 섭섭했지만 그래도 그 물건을 챙겼다.

어쩐지 욕심이 나는 물건이었기도 했지만 말을 해놓고 나도 속 좁게 놔두고 온다는 것도 좀 그랬다. 그 친구는 자기가 그런 작품을 만드는 사람이라고 또 만들면 되겠지 했을 테고, 나는 속으로 내일 집에 가면 그만큼의 대가를 준비하여 성의 표시를 해야겠다는 마음을 먹고, 그 물건을 소중히 갖고 집으로 돌아왔다. 그런데 이상하게도 내 마음이 섭섭하고 편하질 않았다.

그 친구의 그 말이 자꾸만 되새김질이 된다. 어쩜 내가 자기한테 한 번도 아쉬운 소리로 예쁘다고 함부로 달라고 해 본 적도 없었고, 처음으로 그것도 자기가 만들 수 있는 것이기에 또 비슷한 것이 옆에 하나 있기에 편하게 팔아도 줄 겸 깊은 마음에 한 말인데, 꼭 얼마짜리라는 가격을 그렇게 뇌까려 말해야 하나 하는 아쉬움에 찜찜하고 섭섭한 마음이 일렁였다. 속으로는 내가 미쳤지 왜 그런 말은 해서 당당히 돈을 지불하고 사던지 하지, 무슨 맘으로 그런 말을 해서 이렇게 마음이 서운하고 길게 찝찝하단 말인가.

그 일이 있고 난 후 어쩐지 그 친구의 인색함과 속을 알아차린 후 전에 같이 편하질 않았다. 나 혼자만 그 친구를 절친으로 생각하고 살았었나 하는 의문 속에 내가 베푼 것은 다 잊은 듯 그 발언에 내 상한 마음이 가슴에 새겨져 전에 같이 정겨움이 사라지는 듯했다.

나도 성깔이 좀 있는 편이고, 결벽증 비슷한 성품이라 곧바로 그 친구에게 그 값어치를 돌려주겠다는 마음에 그 친구에게 문자를 했다. 그런데 그 친구는 답이 없었다. 그런 내 모습이 그 친구는 오히려 의아하니 섭섭한 느낌인지. 그럼 내가 잘못인가. 이건 또 뭔가 하는 이런저런 묘한 갈등에 휩싸였다. 속없는 어린애처럼 다시 갖다 줄 수도 없고, 나는 어떻게 그 물건 값어치만큼 돌려주나 하는 어정정한 고민에 쌓였다. 자꾸만 그 친구가 하던 이게 얼마짜리인데? 하던 그 말이 왜 그리 가슴에서 섭섭하고 잊히질 않는지.

그렇구나! 그 정도의 선물도 받을 수 없는 친구였구나. 그 친구에게 나는 이 정도였구나. 나라면 그보다 더 큰 선물도 아깝지 않고 선뜻 기분 좋게 줄 수 있는 친구라 생각했는데 말이다. 그 후 결국엔 그 값의 돈을 계좌번호를 알려주지 않기에 우체국 택배로 나는 억지로라도 기어이 부쳐 줬다.

한사코 싫다고 했지만 나도 마음이 무거워 도저히 그냥 있을 수는 없었다. 그런 일이 있고 그 친구는 말없이 나와 헤어졌다. 그것이 큰 이유는 아니었지만 나도 어쩐지 마음이 그때부터 조금씩 멀어져 있었는지 모른다. 그리고 그때 그 친구가 말이 없던 그 무엇이 지금껏 내겐 수수께끼로 풀리지 않는 일이 되어 있다.

차라리 어떤 변명이라도 좋은 말로 오해라고 말해 줬으면 지금처럼 우린 헤어지는 것 까진 안 갈수도 있었을지도 모른다. 묵묵부답이 무엇을 의미하는 건지, 까칠한 내 성품이 지금이라도 물어볼 수만 있으면 물어보고 싶다. 물어본들 지금도 여전히 입을 열지 않을 것 같다. 그건 그 친구가 갑자기 나온 발언에 쑥스럽고 후회도 있는 듯하다. 거기다 내 급한 성격에 계산을 다그치니 마음이 아팠는지도 모르지만 말이다.

사람이 이렇게 변덕이 있는 줄이야 형제와 남은 아무리 친했다가도 이래서 다른가 보다. 평소에 늘 모든 예의와 생각을 깊이 하면서 살아가야지 오래도록 친구가 될 수 있다는 걸 깨달았다. 지금 생각하니 아무리 부족한 그 친구의 인색함이 보여도 지긋이 내가 모른 척하고 좋은 걸로 대신 선물해 주면서 서로 주고받는 정을 유지 할걸. 하는 아쉬움과 미련이 남았다.

그 후론 나도 정나미가 떨어져서 그야말로 미련 없이 그 친구를 가까이하고 싶은 맘이 없어져 등한시 했는지도 모르겠다. 살다 보니 전에처럼 자주 안부도 없이 저절로 우린 멀어졌다. 그 일이 있고 나 역시 그 친구에 대한 마음이 전에 같질 않았다. 사람이 작은 마음을 들키고 나면 이렇듯 인간관계가 서먹해 지는 게 있나보다. 무시하면 되겠지만 그건 진실한 친구는 아니다.

그런데 세월이 흐르고 나니깐 요즘은 내가 좀 옹졸했나 싶은 마음에서 좋은 맘으로 대했으면 좋았을 걸 그리 무안을 주고 못되게 훈구까지 보탰던 것이 이내 후회가 된다. 그래서 사람은 가끔 미련한 존재 같다. 그렇게 놓친 친구까지도 미련은 남으니, 아무튼 과거는 흘러갔고, 미래는 다가오지 않기에 모르고 살아가고 있는 우리들이지만, 우린 항상 현재가 소중하고 중요하다. 추억의 미련이란 단어는 늘 우리들 삶 속에 함께 살아가고 있다.

인간의 실패는 새 출발의 기회고, 성공의 연습이라 하듯이 우리는 미련도 어찌 보면 삶의 공부 같은 것이다. 실패 속에 미련이 남고 미련 속에 다시 성공을 꿈꾸게 하는 게 아닌가. 우린 늘 미련 속에 울고 웃고 또 속고 인내하며 사는 인간들이다.

모두 다 해보고 싶은 것 다해보지 못한 것이 미련에 남고, 또 좀 더 지혜롭지 못한 것들이 후회 되면서 잘못 했던 것이 미련에 남고, 참지 못한 것이 미련에 남고, 공부도 좀 더 했더라면 하는 미련도 있고, 늘 우린 미련 속에 인생이 저물어 가는 것 같다.

우린 가끔은 도피적이고 소극적 생각 속에 미련이란 단어를 더 많이 만드는 듯하다. 100퍼센트의 노력을 하면서 살아도 미련은 언제나 따르는 인생인 것이다. 우리네 삶 속엔 언제나 작고 크고 아프고 아쉽고 아까운 미련들이 다들 있을 것이다. 나도 예전에 못다 한 공부가 미련이 남아 늦깎이 학생으로 무엇이라도 열심히 배워보고 싶어 두툼한 가방을 이 나이에도 챙긴다.

우린 삶 자체가 또 다른 미련을 만들며 미련 속에 늘 허덕이며 살아가는 존재는 아닐는지. 어찌 보면 미련은 미련한 인생들 같다.

오늘은 또 다른 내일의 어떤 미련을 남길까. 미련 없이 살고 싶지만 사람의 마음은 욕심과 후회가 늘 본드처럼 따라다니고 미련 없이 후회 없이 살고 싶은 마음이야 누구나 한결같을 것이다. 가슴에 욕심과 바람과 갈등이 없다면 그게 어디 사람이겠는가.

다만 다듬으면서 미련도 함께 즐길 줄 아는 지혜를 터득하는 게 더 마음 편하고 좋겠다.

씨앗도 썩어야 싹이 난다

일 열백 이란 말이 있다. 하나의 스승과 열 명의 친구와 백 권의 책을 읽고, 열 명의 친구를 둬야 하고, 한 분의 스승이 있어야 된다는 말이다.

하지만 우린 세상 살면서 진정한 스승을 만나는 것도 힘들고, 열 명의 친구를 둔다는 것도 그리 쉬운 일은 아니다. 물론 친구도 친구 나름이겠지만, 그리고 백 권의 책을 못 읽은 사람도 허다할 것이다. 물론 그보다 훨씬 더 많이 읽은 사람도 있고, 열 명 이상의 친구를 둔 사람도 있을 것이고, 많은 스승을 둔 사람도 있을 것이다. 그런 모든 것을 다 갖추지 못한 사람들도 많을 수 있다. 친구도 친하다가도 배신을 밥 먹듯이 하는 사람도 있을 것이고, 책도 읽는다 하면서도 진정한 책을 접하는 것도 문제일 것이고, 진정한 스승을 만난다는 것도 복권 당첨처럼 행운일 것이다.

사람이 살아가면서 이런 일 저런 일 만족하게 사는 사람이 몇이나 되겠나. 나름대로 아쉽고 서운함 속에 늘 실망과 후회 속에 사는 게 인생인 걸 진정으로 사람을 사랑을 한다고 하면서도 우린 사랑할 때 가끔 조건도 보고 미모도 보고 능력도 따지면서 속물적으로 살진 않았나.

이렇듯 부족하고 늘 헐떡거리는 인생 속에 아쉬움과 후회는 언제나 양념처럼 있다. 궁중 속에도 허기지게 외로움이 있듯이 늘 우리는 채우며 살고 싶어도 외로운 게 인생이다. 언제나 잘 가던 길도 가끔 잃고 허덕이는 인생이 아닌지, 좋은 친구가 있다가도 가끔씩 사람에게 실망을 하고, 스승인 것 같은데 그 스승의 모습에서 우린 또 가끔 실망의 고개를 저을 적이 얼마나 많은가. 책을 본다. 하지만 눈으로만 읽지는 않았나. 가슴으로 읽고 머리로 깨달아야 책을 읽는 것이다.

진정한 깨달음은 가끔 휴가를 보내고, 이렇듯 인간들은 늘 허기진 영혼 속에 비틀대지 않으며 살 순 없는 게 세상이다. 가끔 어떻게 사는 게 잘 사는 것인지 모르겠다. 물음표가 있다면 인생의 길은 자신이 내어 걸어가며 산다고 한다. 가장 성숙된 인격과 생각은 무엇일까.

우리는 영적으로 배부르지 못한 인생들이다. 나는 오늘도 생각을 한다. 사람이 그래도 가장 행복할 때는 사랑할 때며 내가 남에게 베풀 때가 가장 행복하지 않나 생각이 든다. 에로스 사랑 아가페 사랑 다 있지만, 따지지 말고 무조건 조건 없는 사랑이 나는 가장 아름답다고 생각한다. 하지만 남녀 사이에도 또 부모 자식 사이에도 요즘은 돈이 앞에 있으면 타산적이고 계산하는 버릇 속에 정말 욕심이 배제된 사랑은 드문 세상에 살아가고 있지 않나 싶다. 이것이 슬픈 세상이다. 자기를 내어주는 헌신적 사랑이 얼마나 될까. 요즘은 점점 더 세상이 삭막한 느낌이 든다. 돈이 개입되면 부부도 형제도 부모 자식 간에도 틈이 생기는 게 세상살이 아닌가. 물론 개중에 그렇다는 거다. 얼마 전 내가 아는 먼 지인을 통해 들은 얘기다. 요즘은 부모도 자기 관리를 위해 자식이 못 살아도 재산을 움켜쥐고 안 내놓는다는 말을 접하면서 부모들도 자기를 위한 욕심 속의 말처럼 요즘은 옛날처럼 다 헌신하는 부모들의 시대가 아니구나 하는 생각을 해봤다. 자식들이 부모에게 대한 태도들도 문제가 있었겠지만, 부모 자식 관계까지도 이 정도라면 얼마나 세상이 타락했나를 보여주는 시대가 아닌가.

물론 어찌 보면 내가 먼저라는 인간 본능의 맘도 못 다스리는데 있겠지만, 요즘 시대가 변해 '졸혼' 이란 말도 나오고, '혼밥' 이란 새로운 단어 속에 우리들의 세상이 빠르게 바뀌어가고 있다. 그래도 세상엔 나의 희생이 없다면 이 모순되고, 잘못된 그늘 아래서 과연 요즘 아이들이 뭘 보고 배우며 크겠는가.

이기적인 모습과 독선 속에 잘못을 해도 인정할 줄 모르고 또 약속을 해도 약속의 중요성도 없이 사는가 하면 남을 위해 희생하는 정신들이 얼마나 될까 싶다. 물론 소수의 사람들이겠지만, 우린 먼저 부모들이 희생하는 모습을 보여줘야 되는데, 꽃도 씨앗이 썩어야 꽃을 피울 수 있는 법이거늘 과연 우리 기성 시대들이 어떻게 얼마나 잘 살아가는가를 한번쯤 뒤돌아 볼 때다.

달라지는 시대에 따라 사는 게 능사는 아니다. 성숙한 인격을 만드는 것도 풍요로운 영혼을 만드는 것도 우리 부모들의 몫이 아닌가. 우린 과연 누굴 스승으로 두고 살며 우린 어떤 책을 읽으며 살까. 그리고 어떤 친구들이 내 곁엔 과연 있을까 하는 것도 뒤돌아 볼 문제다.

하물며 짐승도 먹을 때 가려서 뜯어 먹는다. 장미꽃 옆에 있으면 장미꽃 향기가 나는 법이고, 소똥 밭 옆에 있으면 소똥 냄새가 배는 법이다. 만물의 영장이라고 하는 우리 인간들이 세상을 살아가는데 가려서 머물 줄도 알고 가려서 놀 줄도 알아야 된다. 세상에 좋은 일을 한다는 것은 지혜가 아닌가 싶다.

입으론 사랑 사랑하면서 자기한테 불리하고 열 번 잘하다 자기 뜻대로 안되면 서운하다면서 곧바로 헤어지는 사람들이 있다. 그립다고 징징대고 죽을 만큼 사랑한다던 사람들도 자기 맘 조금만 다치면 얼음보다 차디찬 가슴들이 되어 돌아서는 사람들이 얼마나 많나. 뻥 뚫린 가슴에 인정머리 없는 사람들을 볼 때마다 나는 오늘 일 십 백 이란 새로운 문구 앞에 많은 생각으로 휩싸이는 날이다. "꽃도 씨앗이 썩어야 핀다."는 진리 앞에 썩지 않고 피려고 드는 우리 인간들이 얼마나 많은가. 내가 희생하지 않고 어찌 사랑으로 산다고 하나. 희생이 없는 사랑은 결코 사랑이 아니다.

요즘은 조금만 자기 맘에 안 들면 급하게 외면하면서 아예 상대하려 들지 않고 무정하게 배신부터 하는 사람들이 있다. 서로 마음을 열고 타협하면서 서로 사과할 건 하고 받아들일 건 받아들이며 맞잡은 손과 손을 어루만져주는 그런 태도들이 많았으면 좋겠다. 그래도 안 되면 내가 조금 손해 본다 생각하고 보듬어 주는 마음이 있다면 우리네 사회는 마음 다치고 아파하는 사람들이 적을 텐데 말이다.

씨앗이 썩어야 싹이 나고 꽃이 피듯이, 내 마음도 썩어 문드러져 아플 때가 많겠지만, 희생하는 마음으로 사랑할 때 결실이 있지 않겠나. 햇빛이 유난히 밝게 비친다. 태양 아래 산다는 게 이 얼마나 행복한데 밝은 마음속에 늘 머물고 싶으면 긍정적 생각을 해야겠다는 것을 알지만, 언제나 구름 속에 가린 빛을 잃은 태양도 있듯이 우리네 인생 가끔 허덕이며 숙제 못하는 학생들 같긴 해도 약속을 지킬 줄 아는 사람들로 희생도 즐길 줄 아는 그런 사람이 많아 밝은 사회가 되었으면 좋겠다.

죽는 날까지 배우고 또 배우는 인생 내 마음을 점검하는 날이다. 나는 누구를 위해 과연 얼마나 희생을 하고 살아왔나 생각하면서 일 열 백이란 말이 귓전에 맴돈다.

이렇듯 좋은 언어

언젠가 들었던 이런 말이 갑자기 생각난다. 사는 날 동안 즐겁게 살기 위해 살면서 기쁨과 웃음은 더하기를 하고, 물질과 건강은 곱셈을 하고, 걱정과 근심은 나눗셈을 하고, 세상과 나이는 뺄셈을 하며 그렇게 살아가란 말이 생각이 났다. 그렇게만 살면 얼마나 인생이 즐겁고 행복 하겠나. 그런데 어디 그런 맘으로 살아가기가 그리 쉽나. 정말 도인들이나 할까 말까 하는 마음이지, 가끔 우린 세상 살다가 작은 감정에도 빈정상해 감정이 폭발하고, 그것마저 못 다스리며 분노로 이어져 폭발하는 일들이 얼마나 많은가.

작은 감정의 씨앗을 풀지 않으면 크게 분노로 번지는 우리의 정제되지 못한 마음들이 아닌지. 사람이 가장 힘든 건 자기 마음을 다스릴 줄 모르는데서 문제가 되는 듯하다. 그래서 마음을 다스리는 자를 군자라 하지 않던가. 그리고 참을 인자 셋이면 살인도 면한다는 말이 있지 않나.

오늘 나는 절친과 함께 모처럼 식사를 나누며 그분의 속내를 들었다.

요즘 이런저런 일로 스트레스가 쌓여 죽겠다면서 속을 털어놨다. 그분은 평생 시부모님을 모시고 살고 이제 애들도 다 성장해 그럭저럭 할 일을 다 마쳤나 생각해도 인생사는 근심이 끝일 날 없듯이 또 다른 걱정에 인생사는 게 참 산 넘어 산이라고 한다. 그러면서 그분의 속상한 마음 속에 튀어나오는 말이 자기는 자살하는 사람들의 마음을 조금은 알듯하다는 말도 한다.

나는 얘기를 듣는 동안 저분이 얼마나 화가 나고 분을 못 참고 속이 상했으면 저런 말을 할까 하는 생각이 든다. 그런 속내를 보이는 그분의 눈가가 촉촉하기까지 살짝 이슬이 맺히는 걸 보면서 나도 마음이 안쓰럽고 그분의 마음을 조금은 헤아려 진다. 그분의 말을 들으면서 나는 이런저런 말로 열심히 그분을 위로했지만 크게 도움이 되질 않는 듯하다.

사람이 어려울 때 가장 문제가 되는 것은 분노를 참지 못하고 폭로를 하기 때문인데 그것을 다스리지 못하는 게 우리네 인생 같다. 폭로는 어리석은 자의 준비되지 않는 모습이지만, 우린 늘 너 나 없이 마음을 다스릴 줄 아는 지혜와 절제가 부족하다. 그러기에 삶의 크고 작은 일에도 늘 속상하고 가슴 아프며 살아가고 있다. 그분의 속상함 속에 이글이글 타면서 분을 못 참는 속내를 보면서 나는 어떻게 그분에게 조금이라도 보탬이 될까 싶어서 오늘 먹은 밥값과 차 값을 톡톡히 위로 삼아 치르고 나왔다.

집에 와 조금 있으니 그분한테 문자가 왔다. 오늘 그나마 속을 좀 털어놓으니 마음이 한결 가볍다고 고맙다는 문자였다. 나를 알아서 하나님께 감사하고 행복하다는 말도 잊지 않고 해주었다. 나도 그분께 곧바로 답신의 문자를 보냈다. 나를 믿고 많은 말들을 해 주셨는데, 보탬이 못된 듯해 마음이 아팠다고 했다. 그분이 또다시 문자가 오길 나와 이런저런 대화 속에 당신 곁엔 사랑하는 우리들의 응원자들이 있다는 말이 힘이 되고 위로가 되었다고 한다. 사랑하고 존경한다는 말을 여러 번 나열되어 전해왔다. 그래 사람 사는 게 다 이렇게 가끔씩 전쟁같이 시끄럽고 북적대면서 사는 게 아닌가 싶다.

세상 살면서 누구에게나 다툼 없이 좋은 사람으로만 기억되면 얼마나 좋을까. 알게 모르게 남에게 저렇듯 분노의 대상이 되진 말아야 하는데 하는 생각 속에 나도 가장 예쁜 말을 배워서 남에게 행복을 주는 자가 되겠다는 생각을 해봤다. 사랑한다는 말도 좋지만 가끔씩 다른 행복한 언어를 배우고 싶다.

상대에게 행복을 주는 말 중 어떤 말들이 있을까. 나는 그런 고민을 생각하다 보니 갑자기 언젠가 들었던 이런 말이 생각이 났다. 자세히 당신을 보니 복 받게 생겼네요. 또 천천히 당신을 보니 사랑받게 생겼네요. 뚫어지게 당신을 보니 보기에도 아까운 당신이군요. 하는 이런 좋은 언어들을 설교 시간에 들은 기억이 난다. 이런 좋은 말들을 쓰고 싶어도 쑥스럽기도 하고, 익숙하지 않은 언어들 아닌가 싶다.

이건 우스갯소리고 진심이 담긴 그런 말이 없나 생각을 해 봤다. 맞아, 그래 그거야 갑자기 생각나는 언어 중에 하나가 생각났다.

"그렇군요, 괜찮아질 거예요."라는 말 자연스럽고 위로가 되는 말 아닌가. 아 그 지인에게 왜 그 말을 못해 주고 자꾸만 다른 말로 위로를 했을까 하는 아쉬움이 있었다. 이보다 더 좋은 언어가 어디 있을까 생각이 든다. 다음엔 만나면 더 좋은 언어를 생각해 뒀다가 좋은 말을 해줘야지. 오늘은 갑자기 생각이 나지 않아 다 못해 준 말들이 아쉬움으로 남는다. 나는 항상 당신 편이야. 그리고 또 늘 당신 곁에 좋은 친구로 있어 줄게 또 뭐가 있을까 하고 머리에 쥐가 나도록 좋은 언어를 생각해 본다.

나는 오늘 그 지인에게 '고마워요 그리고 감사했습니다.' 라는 메시지를 받고 나 때문에 마음이 다시 평정을 찾았다는 그 지인의 말속에 오늘은 내가 남에게 이토록 꼭 필요한 사람이 된 듯한 마음에 뿌듯하기도 하다.

서로 더불어 사는데 우린 화가 난다고 마음이 좀 상했다고 남을 비난하며 굳이 나쁜 언어들만 사용하며 나쁜 버릇으로 상대를 비아냥거리며 소인배의 사람으로 남의 심장을 뒤집어 놓는, 나도 모르게 그런 못된 사람으로 혹시 살아오진 않았는지 뒤돌아 보는 하루다. 서로 사랑하며 살아도 짧은 인생인데 남의 가슴에 대못을 박고 사는 사람들이 얼마나 많은가. 알게 모르게 남에게 상처주고 상처 받고 사는 세상이 아니던가. 이럴 때 나부터 감정을 못 다스리고 화가 날 때가 얼마나 많은가. 그럴 때는 사람은 누군가에게 토해내고 위로받고 싶은 게 사람이다. 그럴 때 우린 상대방에게 이런 좋은 언어들을 듣는다면 행복할 것 같다. 우린 이런 좋은 언어들만 찾아서 외우며 살았으면 좋겠다.

세상이 물론 그렇게 좋은 언어만 사용하며 살게끔 호락호락하고 만만하진 않지만, 그래도 억지로라도 좋은 말을 외워 뒀다 가슴 답답한 사람들에게 생수 같은 존재가 되어주고, 화목한 사랑이 넘치는 삶 속에 편안한 안식이 숨 쉬는 그런 세상에 살아가면 좋겠다. 빨리 그 지인도 서로 얽힌 마음을 풀고 마음의 분을 삭이고, 고운 화해 속에 편한 마음으로 좋은 소식이 또다시 들려왔으면 좋겠다. 이래서 인간은 감정의 동물이라 하나 보다.

폭염

요즘 연일 정말 참기 어려운 폭염이 이어진다. 텔레비전에서 우리나라에 20년 만에 제일 더운 여름이란다. 닭이며 짐승들이 더위를 못 참아 쓰러지는 안타까운 뉴스며 또 사람들도 일하다 말고 열사병으로 사망했다는 뉴스를 접하면서, 역시 덥긴 엄청 더운 날이구나. 요즘 밤에도 연실 에어컨을 켜지 않고는 잠을 이룰 수 없을 만큼 더위가 기승을 부린다.

밤이면 선잠을 자고 나니 머리가 영 개운치 않아 멍하니 앉아 있는데 갑자기 문자가 울렸다. 문자를 열고 보니 세상에 이럴 수가 깜짝 놀랐다. 우리 교회 한 성도의 메시지인데 친하게 지나던 같은 지인의 남편이 사망을 해서 병원이라며 나도 알고 있느냐고 물어왔다. 금시초문이고 들은 봐 없었다고 말하니 방금 전 자기도 어느 지인한테 들었다면서 너무 놀라서 내게 물어보는 거란다.

그 소식을 듣고 한동안 멍했다. 남의 일이라도 너무 안타까운 일을 듣고 나니 걱정이 됐다. 왜 갑자기 젊은 분인데 돌아가셨나 하는 이런저런 생각에 궁금했다. 아프다는 소리는 못 들었기에 처음엔 교통사고인 줄 알고, 다시 문자로 돌려 궁금증을 물었다. 그랬더니 아까는 몰랐는데 방금 소식을 접했다면서 세상에 자살을 한 것이라고 알려왔다. 난 너무 놀라서 다시 물었다. 그랬더니 확실하다는 것이다. 너무 어이가 없었다. 옆 동네에서 같이 사는 지인인데, 무슨 변고일까. 늘 아내 되는 사람은 밝은 모습이었고, 언제나 신실한 믿음 안에 살려고 애쓰는 모습이었는데 어쩌다 남편이 그런 실수를 했단 말인가.

죽을힘으로 살면 무엇인들 못할까 하는 안타까운 맘이 들었다. 그리 야속하게 처자식을 남겨두고 혼자 그런 길을 선택했단 말인가 생각하니 은근히 돌아가신 그분께 화도 났다. 누군들 죽고 싶어 죽겠냐 만은 물론 죽는 사람도 오죽해서 죽었을까 하는 생각도 해 보지만, 그래도 생명의 소중함을 모르는 그분이 조금 야속하다.

우리나라 자살 인구가 세계에서 손꼽히는 나라란 소리는 접하지만 내가 아는 지인이 이런 일을 당하는 걸 보니 정말 답답한 마음마저 든다. 그래도 우리 시대는 배고파 죽는 사람은 있어도 자살하는 사람은 드물었다. 지금은 먹을 것이 흔해도 자살을 많이 하니 참 아이러니한 일이다. 허긴 나라 대통령 까지 자살을 하는 나라니 부끄러운 일이기도 하다. 자존심이 뭔지 그 잘난 자존심 때문에 요즘은 자살을 많이 한다니 자존심이 아무 때나 난발된 듯하다. 처자식을 남겨두고 책임감 없이 자기 혼자 자살하면 그만이란 태도는 조금 잘못된 생각이 든다. 망자를 놓고 이런 생각을 한다는 것도 민망한 노릇이지만, 그래도 살아있는 사람 아픈 맘이 보여서 그런지 그분이 대단히 모질어 보인다.

하나님이 주신 생명을 맘대로 끊는다는 건 옳은 태도가 아닌데 인생은 어차피 가진 자도 안 가진 자도 남모르는 고행의 길인 걸 왜 모른단 말인가. 답답한 마음에 나는 문상도 하기 싫은 마음이 갑자기 든다. 가서 남아 있는 그 아내의 표정을 어찌 볼까 하는 두려움도 생긴다. 그래도 어쩌랴 살아 있는 분을 위해 인사는 가야 하는데 하면서 주섬주섬 채비를 한다. 무거운 맘으로. 날은 덥고, 우울한 소식을 접하고 보니 정말 사람 마음을 더 우울증으로 몰고 간다. 이런 소식은 분명 무섭고 서늘한 일인데 얼굴에선 땀방울이 멈추질 않는 걸 보니 폭염이 죽음보다 독한가. 그래도 이렇게 더위 속에 우리가 세상에 살아간다는 것을 감사해야지 하는 생각으로 흐르는 땀을 추체 할 수 없이 닦는다.

여름날, 안타까운 소식을 접하며 뼈 속까지 더운 날이다. 허긴 이런 더운 날이 있으니 곧 선선한 가을도 겨울도 봄도 오고 가는 것인데 덥다고 안 참으면 어쩌랴. 인생도 그리 생각하면 좋으련만. 덥기도 하고 춥기도 하고 그러다 보면 꽃도 피도 열매도 달릴 수 있는데, 살다 보면 말 탄 놈도 보고, 당나귀 탄 놈도 보고, 돌부리에 넘어도 지고, 소똥도 밟을 수 있고, 개똥도 밟을 수 있고, 물에도 빠질 수 있는 게 인생인데 조금 참고 기다려보면 자존심도 상처도 치료가 될 텐데 말이다.

일어나 털면서 살아가는 게 인생이련만, 어쩌자고 조금 힘들다고 참지 못하고 저렇듯 어린 자녀와 어여쁜 처를 두고 그분은 홀로 가셨단 말인가. 홀로 가는 길이 얼마나 외롭고 힘드셨을까 만은 그래도 조금 참고 살아 주시지. 살아 있는 가족들을 생각해서 하는 안타까운 마음이 든다. 뜨거운 폭염 속에 질질 흐르는 땀방울이 눈물에 섞여 안타까운 기도를 한다. 가신 분의 명복을 빌기보다는 슬픔을 당한 가족들이 더 생각나면서 인생에 대해 덧없음을 생각하는 가슴 아픈 시간이다.

친구의 병문안

오늘은 친구 남편이 입원해 있는 병원 문병을 갔다. 아침부터 부지런히 채비를 하고 길을 나셨다. 병원에 도착해서 친구 남편이 입원해 있는 병실을 찾아 방문했다. 조금 수척해진 친구 얼굴을 보니 마음이 안쓰럽고 딱한 마음이 느껴졌다. 그 나이에 간병인 값도 만만찮아 손수 환자를 수발하려니 많이 힘이 들텐데 하는 생각을 한다. 그래도 부부가 뭔지 자기 몸 아끼지 않고 정성껏 수발하고 있는 모습이 대견하다. 힘들게 간호한 탓인지 친구 남편도 많이 호전된 듯한 느낌이라 보는 내 마음이 흐뭇했다. 친구 남편이 이젠 제법 농담 섞인 인사도 하고 얼마 전 보다 훨씬 나아 보인다. 그 친구 남편은 몇 달 전 친구들 모임으로 먼 곳에 놀러 가서 놀던 중 뇌졸중으로 전신이 마비되어 돌아왔다. 혼비백산한 가족들의 놀란 가슴을 안겨주면서 처음 병원에 입원할 적엔 정말 기가 막혔는데 현대 의학이 정말 대단히 놀랍다는 생각이 든다. 처음엔 꼭 죽을 것 같은 친구 남편은 차츰차츰 회복의 기미를 보이더니 이젠 제법 말도 트이고, 걸음도 걷고, 손발 마비도 풀렸다. 얼마나 다행스러운 일인지 보기만 해도 너무 감사한 일이다. 그런 일로 입원한 첫날에 왔다 가고 나도 바쁘다는 핑계로 한참 만에 와 보니 많이 회복되어 안심이 되고, 남의 일이라도 불행 중 다행이란 생각으로 정말 가슴으로 하나님께 감사한 마음이다. 내 친구가 앉으라 하면서 이런저런 서로의 말을 나누다가 이상한 꿈을 꾸었었다면서 얘기를 좀 들어보란다. 무슨 꿈인데 하면서 흥미로운 눈길로 그 친구의 이야기를 들을 준비를 했다.

이야기인 즉, 그의 간증이다. 그 친구 말이 하루는 꿈을 꾸는데 남편을 등에 업고 계단을 올라가서 내려놓고 보니 남편의 병이 다 나았더란다. 꿈에 너무 고맙고, 기쁘고, 감사한 마음으로 행복하다가 깨어보니 꿈이었단다. 허무하긴 했어도 그래도 좋은 꿈이라 생각이 들며 가만히 다시 꿈을 상기시켜 보니 꿈에 본 그 계단이 병원이 있는 계단이더란다. 꿈에 본대로 한번 그 계단을 따라 올라갔더니 세상에 그 곳은 그 친구 남편이 입원한 이튿날 부랴부랴 그 친구를 찾아가서 기막힌 현실 앞에 나와 함께 손을 맞잡고 울면서 하나님께 간절히 기도했던 병원 위층에 있는 교회 성전이더란다. 너무 희한해서 내가 올 때를 기다렸다고 조금 흥분된 어조로 말한다. 나도 그 친구의 꿈 얘기를 듣고 나니 정말 하나님은 살아 계신 분이라고 생각하면서 희한하게 느꼈다. 나 역시 하나님을 믿지만 그 소리에 놀라울 만큼 기적의 역사를 보여주신 하나님이 주신 꿈속 간증에 감탄을 했다. 그 친구의 꿈 얘기를 들으면서 우린 서로 손을 잡고 격려를 한 다음 가슴으로 하나님께 같은 기도를 하고 집으로 돌아왔다. 집에 와서도 그 친구의 꿈 얘기가 내 귓전에서 뱅뱅 돈다. 그러면서 그 친구의 과거가 출렁인다.

그 친구 내외는 총각 처녀 때 부모의 기막힌 반대에도 굴하지 않고 열렬한 사랑을 하고 결혼까지 한 그 시대에 로미오와 줄리엣 같은 주인공들이다. 그들 부부가 청년 시절에 연애를 할 때 내 친구의 친정에서 부모님의 지독한 반대에도 무릅쓰고 끝까지 사랑을 이뤄낸 그 시대 순애보적인 사랑의 주인공 들이다. 친구의 친정아버지에게 머리를 빡빡 깎이고, 문을 잠그면서까지 반대를 심하게 하셨는데도 불구하고 둘은 도망치듯 사랑에 눈이 먼 그 시대 대단한 사랑의 주인공 들이다. 부모님들이 교육자 집안이고, 그 친구 부친은 지독한 봉건적 사고를 갖은 분이시라 친구의 연애를 많이 반대하셨다. 그런 부모님인데도 자식들의 사랑 앞엔 못 이길 수밖에 없었나 보다.

그런 그들이 평생 부부로 살갑게 살다가 저런 일을 당했으니 그 마음이 다른 부부보다 더 애절하지 않았을까 하는 생각도 해봤다. 허긴 그런 열렬한 연애로 만난 부부만 그렇게 애틋하고 아프다고 할 순 없지만 그런 부부도 사랑은 변질되고 움직이는 것이니 끝까지 지키지 못하는 사람들도 개중엔 있지만 그래도 이들 부부는 늘 본이 되게 한결같은 잉꼬부부다. 그래서 그런지 그 친구는 손수 남편의 수발을 들면서 주야로 애쓰며 자기가 혼자 간호를 한다. 내가 생각하기엔 경제적 여유도 있는 사람이고 하니 지치면 간병인도 쓸 수 있으련만 남에게 맡기면 안 된다고 아무에게도 안 맡기고 한시도 곁을 떠나지 않고 지키며 충실히 간호하는 모습을 보며 참으로 그들 부부에게 박수를 보내고 싶다. 긴 시간임에도 늘 애쓰는 부인 덕에 거의 다 나은 친구 남편을 보면서 의학도 좋지만 사랑의 힘도 대단하다는 걸 부인할 수 없었다. 적지 않은 나이에 열심히 간호한 덕에 거의 나은 그 남편과 친구를 보면서 정말 부부가 뭔지 사랑이 뭔지 하는 생각을 해봤다. 이 세상 부부가 저들 부부처럼만 살아간다면 누군들 부부란 이름이 위대하지 않으리. 가장 아름답고 고귀하다고 감히 말하지 않을까 싶은 생각이 든다.

나도 남편을 사랑한다고 하지만 가끔 부족함이 많다. 남들은 나에게 잘한다고들 듣기 좋은 말을 하지만, 나는 남편한테 부족함으로 미안하고 부끄럽다. 부부만큼 소중한 게 또 어디 있으랴. 병들어 있을 때만큼 부부가 소중한 게 더 없는데 하는 생각을 하면서 그들 부부를 보면서 내 마음도 좀 더 내 남편한테 잘해줘야 하겠다는 마음이 든다. 환한 마음으로 하늘을 쳐다보니 지긋이 미소어린 하나님이 왠지 날 보고 웃고 계시는 것 같다. 그들 부부를 보고 오면서 나는 괜히 덩달아 행복한 마음에 감사를 드린다. 나도 저들 부부만큼은 못하더라도 남은 삶을 좀 더 편안하게 남편의 마음을 알아주고 감싸 주는 아내가 되어야겠다는 마음을 먹으면서 세상에 모든 부부들이 사랑도 중요하지만, 인격적으로 다듬어진 진솔하고 헌신적인 고운 사랑을 하면서 측은지심으로 산다면 세상이 더욱 아름다운 세상일 텐데 하는 생각 속에 부부간에도 살면서 최소한의 교양이 필요하고, 무례함 만큼을 서로가 조심하면서 살아야 하지 않을까 하는 생각을 해 본다. 그런 부부라면 서로가 어긋날 일이 없지 않겠나. 하지만 세상에 그렇게 지키며 사는 부부가 얼마나 되겠나. 자식 낳고, 살면서 고운 정 미운 정 속에 인간의 도리를 아는 그리고 하나님 앞에 결혼식 첫날에 한 약속을 평생 지킬 줄 아는 부부라면 최고가 아닐까 싶다.

그래서 서로가 살다가 저토록 정말 서로가 필요할 때 헌신을 보여주게 되지 않을까 하는 생각을 되새겨 보면서 친구 부부의 귀한 모습을 떠 올리면서 빨리 그 친구의 남편이 예전처럼 회복되어 우리와 같이 함박웃음 지으며 함께 나들이 하는 날을 기대해 본다. 간호하는 친구에게도 사랑의 화이팅을 보낸다.

산행

나는 얼마 전 비평가 협회에서 주는 수필가 상을 탄 적이 있다. 얼핏 상패를 쳐다보다가 생각이 허구 속 욕심으로 달려본 적이 생각난다. 내 생애 멋진 소설을 한번 쓰는 게 소원이고, 또 소원이라면 베스트셀러 작품 하나 쓰고 싶다는 게 소망인데 그게 잘 안 된다.

물론 글을 쓰는 작가라면 누구나 같은 소망일게다. 그런 생각을 하면서 노벨 작가가 생각난다. 노벨은 고무 장수를 하던 아버지 밑에서 자랐고, 나중엔 노벨의 아버지가 사업이 다 망하고 가난한 그 아버지 밑에 4형제가 그래도 어머니의 훌륭한 가르침과 희망의 말씀 속에 키워져 지금의 훌륭한 노벨이란 역사적 인물이 탄생했다는 말이 생각난다. 오늘은 ㅁㅁ대 문학 모임으로 북한산에서 모임을 가졌다. 시원한 산바람이 코끝을 때리고 연녹색의 나뭇잎은 나를 유혹한다. 요즘 통 운동 부족인지 전에는 가볍게 오르던 산인데 헉헉대며 힘이 든다. 나이는 역시 못 속이나 보다. 마음은 그득한데 내 몸이 영 따라주질 못한다. 같이 가는 동료 문인들께 폐가 될까봐 안간힘을 쓰고 따라 올라갔다. 그래도 혼자 쳐지게 놔두지 않고, 함께 해 주는 속 깊은 문인 동료들과 나란히 걸었다. 이런저런 얘기꽃을 피우며 산길을 오른다는 기쁨도 괜찮다. 한 동료 문인이 희곡과 시나리오를 쓰는 작가인데 그분 말이 사람의 행복의 기준이 어디며, 출세의 기준이 어딘지, 모르겠다면서 "선생님 생각은 어떠세요?"하며 물어 온다. 나는 궁색한 대답으로 지금 이렇게 건강해서 좋은 분들과 산행을 함께 할 수 있다는 게 행복 아니냐고 가볍게 대답했다. 맞는 말이라며 당신의 집안 얘기를 했다. 그 분은 아버님이 두 분이 계시는데, 큰 아버님과 당신의 아버님 해서 세상에 두 분 아버님이 계신다고 했다. 큰 아버님은 그 시대 공부를 잘하시고, 많이 배우셔서 최고의 학벌을 나오시고, 최고 명문대 학장까지 하신 엘리트시고, 당신 아버님은 그냥 보통 학벌 속에 장가를 들어 자녀들을 낳아 기르시는 동안 당신 하시고 싶은 일들 속에 부담 없이 보통 사람들처럼 평탄하게 사신 분이란다. 그런데 자녀들 역시 큰 아버님 네 자녀들은 4형제가 있는데, 하나같이 공부를 잘해 소위 말하는 최고의 박사 학위들을 다 갖고 사시는 분들이고, 현재 교수님들도 있고 나름대로 세상 사람들이 선망하는 직업의 대상들이란다. 그런데 그 지인의 형제들은 그냥저냥 남에게 꿀질 하지 않을 정도로 각자 식당도 하고, 가게도 하고 산다고들 한다. 그분은 현재 직장의 대필 작가로 다양하게 살아가고 있단다.

그런데 그분 하는 말 인생의 행복은 보이는 무엇으론 판단할 수 없다며 두 분의 아버님의 현재 모습을 말해 준다. 현재 큰 아버님은 중풍으로 많은 세월을 자녀와 가족들의 근심 속에 애를 먹이고 힘들게 병마와 싸우면서 살고 계시고 당신 아버님은 지금껏 건강하셔서 해외여행이며 등산이며 즐길 것 다 즐기면서 사신 단다. 그분이 어릴 적엔 두 분 아버님을 놓고 볼 때 자기 아버님은 큰 아버님과 비교를 하니 정말 무능하게 보이고 보잘 것 없이 보였단다. 그런데 큰 아버님은 퍽이나 훌륭하게 보이면서 많은 사람들의 존경을 받으시는 모습이 부러웠는데, 세월 속에 병든 그분의 모습과 당신의 아버지를 놓고 볼 때, 자식들한테 걱정근심 주지 않고 가족들 애 먹이지 않는 당신 아버님이 더 훌륭하다고 느껴진다는 게 세상은 공평하다며 웃는다. 물론 자식 입장에서 볼 때 그만큼 고맙다는 말이지만, 나는 그 소리를 듣는 순간 나이 들수록 스스로 건강을 지켜 자녀들에게 근심을 안기지 않고 사는 게 얼마나 큰 행복을 안겨주는 건지 알 것 같았다. 속담에도 건강을 잃으면 모든 걸 다 잃는다는 말이 있듯이 그분 말뜻을 알 만하다. 많이 배워 최고의 직위 속에 자녀들을 잘 키워 가는 것도 좋은 듯 보이지만 가난과 풍류를 모르고, 키워진 사람들은 기계 같은 사람인 것 같다면서 자기들은 최고는 아니더라도 아버지 덕에 건강도 지킬 줄 아는 생활과 가난도 배우며 이길 줄 아는 법을 습득한 것 같다면서 공부만 하시던 큰 아버님과 그런 자기 아버님이 이제 또 다른 시각으로 보인단다.

그리고 이제 와 생각하니 더욱 감사하단다. 그 말을 하면서 세상 살이가 어느 것이 행복의 정답인지는 본인 자신만이 알 것 같다며 본인도 잘 모르는 게 정답이란다. 그리고 그 기준이 애매하기도 하다고 말한다. 그런저런 인생 얘기 속에 산길을 오르면서 우리도 힘을 내 실력이 부족하다고 미리 기죽지 말고 좋은 작품을 써서 노벨문학상 한번 꿈꾸자는 덕담을 서로 주고받았다.

저 훌륭한 노벨도 가난을 알고, 어머니의 헌신적인 고운 사랑이 있었기에 역사에 남는 인물이 되지 않았을까 하는 생각을 잠시 하면서 한편, 위인은 하늘이 내리는듯하다. 헉헉대며 오르던 길 서로 인생 얘기를 하는 동안 목적지에 거의 닿았다. 같은 글을 쓰는 사람의 입장에서 우리 모두의 로망인 행복과 노벨의 문학을 생각해 보는 지인들과의 산행 길, 저 희곡 작가며 소설가인 저분에게도 큰 작품이 탄생하길 기대해 본다. 자기 입으로 말은 하지 않아도 인생의 철학이 깃든 대화 속에 저분의 문학적 도전이 살짝 엿보인다. 오늘 함께 얘기를 나누던 우리는 서로 힘을 내어 멋진 작품을 써서 노벨 문학상이라도 받으면 좋겠다고 말하면서, 그땐 우리 서로 해외여행이라도 시켜준다는 농담 속에 꿈이라도 꾸어보자며 서로 응원을 하면서 활짝 웃었다, 오늘은 이상하리만큼 문인들과 많은 대화를 하고 나서 기분도 좋고 감히 노벨문학상을 탐구해 보는 재미있는 날이다. 시원한 산바람이 나를 기분 좋게 한다. 꿈은 희망이고, 꾸는 자의 것이니까 나도 노벨상을 꿈꾸고 싶다.

노벨이 주는 상도 좋지만 비슷한 비평가 상도 내겐 노벨상만큼 좋다. 그리고 나는 무엇보다 내 가족들이 주는 상이 최고일 듯하다. 좋은 엄마의 상, 아내의 상, 동네 모범상, 남들의 귀감상, 나는 이런 상들이 내가 꿈꿀 수 있는 상이라 더 좋다.

오늘은 좋은 사람들과 좋은 대화로 많은 것을 배우고, 경치 좋은 산행 속에 기분이 괜찮은 날이다.

상을 안 타면 어떠냐. 이렇듯 자식 걱정 안 시키고, 건강하게 잘 살다가 독자들이 가끔씩 내 글이 인터넷에 떠돌기만 해도 그게 어디냐. 이렇게 좋은 공기 마실 수 있고, 내 발로 걸어 다니며 놀고, 즐기며 글을 쓸 수 있다는 게 행복한 것 아닌가. 잠시 산을 오르면서 지인들과 많은 대화 찾고, 시원히 불어오는 산바람이 나를 행복한 마음으로 몰고 간다. 산행은 바로 이런 맛에 하나 보다.

관계성

우리는 수많은 사람들과 얽히고설키며 살아가고 있다. 때론 좋은 사람 싫은 사람 수많은 관계 속에 좋든 싫든 얽히며 더불어 살아가야 하는 사회적 인간이다. 보기 싫다고 안 볼 수 없는 관계도 있고, 보고 싶다고 날마다 보면서 살 수 없는 관계도 있고, 우린 가끔 내 맘대로 관계를 유지할 수도 없는 그런 상황 속에서 살아가고 있다.

관계란 좋은 관계만 있으면 얼마나 좋을까. 인격적인 아름다운 관계, 함께 행복을 나누는 멋진 관계, 서로 사랑하는 관계, 우정의 관계, 이런 저런 좋은 관계만 있다면 더할 나위 없겠지만 때론 껄끄러운 관계, 어색한 관계, 미운 관계, 쑥스러운 관계, 이런 싫은 관계들도 많이 있다. 우린 이렇게 세상 사는데 이 모두를 다 피해 갈 수 없는 관계성의 사회가 아닌가 싶다. 그리고 괜찮다는 관계 속에도 좋은 벗이면서도 속으론 경쟁자일수도 있고, 아무리 편하고 소중한 죽마고우 친구라고 해도 좋은 관계를 유지하려면 많은 노력이 필요하다. 예의와 최소한의 인격을 존중하면서 사는 것은 물론 빼놓을 수 없다. 하지만 인간들의 삶의 구조 속에 누구에게라도 좀 더 유익을 주고, 기쁨을 주고, 편안함을 주는 아름다운 관계 중심의 사람이 되어야 하지만 말대로 그렇게 쉽지가 않으니, 늘 허덕이며 사는 게 인생사다.

오늘은 갑자기 교회와 절이라는 관계가 생각이 난다. 빠르게 변해가는 세상 속에 이젠 종교 속의 관계도 한 번쯤 생각해 봐야겠다. 우린 우리가 믿는 종교만 최고라고 치부하며 진리라는 이기적 생각에 혹여 지각없는 행동으로 자기들의 종교를 더 욕되게 하진 않았나. 가끔씩 맹신자들의 무례한 행동으로 인해 사회에 물의를 일으키고 또 그들과의 관계성도 유지되는 일이다. 세상은 바뀌고 있다. 우리들의 마음도 바꿔야 된다. 진정으로 마음을 열고 살아가야 되지 않나. 신앙을 빙자해 종교를 빙자해 조금이라도 남에게 피해를 준다면 그건 잘못된 마음이라고 생각을 한다. 신앙은 마음을 다스리고 종교는 남에게 유익의 단체인 것인데 종교를 빙자해 조금이라도 남에게 피해를 준다면 이건 한 번쯤 다시 반성해야 할 듯하다. 예를 들면 기독교에서나 불교계도 마찬가지 신자랍시고 남의 종교를 비난하며 횡포를 부린다던지 그리고 가끔 열성 신자들의 망발로 종종 뉴스를 접하는 사건들이 생각난다.

우린 이런저런 관계 속에서 서로가 유익을 줘야 하는데 서로의 피해를 주는 관계는 옳지 않다고 본다. 더불어 사는 세상에서 나와 다르다고 생각하면서 무례한 행동은 스스로 한 번쯤 생각해봐야 한다. 공의가 전부가 아니라 이해와 사랑이 얼마나 있는가도 생각해 봐야 한다.

얼마 전 친하게 지내던 절친이 있었다. 그 친구와 좋은 관계로 끝까지 유지하지 못함에 많이 힘들고 고심을 한 적이 있었다.

그렇게도 친하다가 단 한 마디의 무심히 던진 말의 상처로 마음이 상해 토라져 버린 뒤 우린 누가 먼저라 할 것도 없이 좋은 관계에서 미운 관계로 아주 어색한 관계로 되어 버리고, 말 한 마디가 천 냥 빚을 갚고, 말 한 마디가 칼이 되어 우정을 갈라놓는다는 게 우습다.

사람 마음이 조석변이라더니 내가 나를 돌아봐도 내 마음을 이해가 안 되는 변덕쟁이 같다. 세상이 험악해도 믿을 사람은 믿어줘야 되고, 인간이 모질어도 섬길 사람은 섬겨야 하듯이 만남의 소중함을 잃은 듯 무뢰한으로 우린 소인배들이 되어버렸다.

늘 전에 같이 편한 관계가 아니고 묵직하며 불편한 관계로 마주치기가 껄끄러운 관계가 되어 버렸다. 관계란 관리에 따라 이렇듯 변하며 어색하게 살아가는 처지다. 쓸쓸한 관계가 되지 않기를 늘 소망해 봤지만, 인생살이가 그리 마음먹은 대로 만만치만은 않으니 내 마음이 나도 모르게 숨겨져 있다고 생각이 된다. 그래서 성경에 마음을 다스리는 자는 성을 다스리는 자 보다 낫다는 말씀이 있구나 생각이 된다.

오늘은 관계라는 단어가 크게 눈에 들어온다. 세계나 국가나 단체나 가정까지 관계 유지란 참 힘들고, 늘 골똘히 숙지해야 될 일인 것 같다. 세상 사는데 관계 하나만 좋으면 모든 것은 다 행복하고 편한 것 같다. 관계가 좋으려면 언제나 그곳엔 사람의 공의보단 사랑이 있어야 할 듯하다.

세상사는 동안 누구와도 좀 더 좋은 관계만 맺고 살아가고 싶은 게 내 소망이고, 또 많은 사람들의 같은 바람이 아닐는지. 하지만 많은 사람을 진솔한 사랑으로 포용해야만 되는데, 부족하고 편협한 인간의 마음에 쓴 뿌리가 늘 함께 자라고 있다는 것이 아쉽고 슬픈 일이다. 인생살이에는 늘 훌륭한 가르침이 있어야 되고, 훌륭한 깨우침이 있어야만 된다. 상대를 헤아리는 아량과 지혜쯤은 필수적 갖춤이고 나를 다스리는 필수의 겸양인데 우린 이런 것들을 알면서도 실천하지 못함에 늘 관계성의 불협화음으로 인해 가슴 한쪽이 시리고 아프면서 사는 인생 같다.

질투

오늘 평소에 친하게 지내던 아우뻘 되는 지인한테서 전화가 왔다. 시간이 되면 영화나 한편 보고 식사나 함께 하자는 제의가 왔다. 마침 보고 싶었던 영화가 있었기에 얼굴도 볼 겸 기쁜 마음으로 만나자는 약속을 하고 조금 후에 그 절친을 만나 우린 영화관으로 갔다.

평소에 보고자 했던 영화는 매진이 되어서 볼 수가 없고 할 수 없이 다른 영화를 감상했다. 영화를 한편 보고 나와서 우린 같이 식사를 하면서 이런저런 얘기꽃을 피웠다. 그런데 요즘 그 지인 부부가 냉전 중이라면서 속이 좀 상한 듯 말꼬리를 흐렸다. 그러니깐 또 내 가슴이 괜히 인간의 궁금증이 발동되어 뭔 일로 다퉜느냐고 지그시 물었다. 그러니 그 절친이 하는 말, 별것도 아닌 걸로 좀 다퉜다고 한다. 세상에 부부싸움이 다 별것 아닌 걸로 싸우는 일이 많지. 진짜 별것으로 싸우면 이혼을 하던 뭔 일이 나겠지 뭐 하면서 그래도 다시 한 번 나는 짓궂게 물었다. 뭔 일로 싸웠는데 말해봐 하면서 물어보니 조금 머뭇대다가 자연스레 얘기를 술술 시작한다.

평소에 잉꼬부부 같은 아름다운 부부다. 그러니 싸웠다는 말이 내가 흥미롭지 않겠나. 은근히 내 속에도 남이 모르는 쓸데없는 궁금증이 많이도 살고 있었나 보다. 슬슬 묻는 내 꼬락서니가 우습기도 하지만, 한편 이런 잉꼬부부도 싸워서 속이 상했다는 말이 과히 나쁘진 않게 흥미로웠다. 그리고 살짝 재미가 있고 즐거웠다. 이런 젠장 내 속에도 이런 몹쓸 심보가 산다는 게 못내 자신한테 놀라면서 재차 묻는 내 유도 질문에 털어놓는 그 절친. 싸움의

이유인즉, 그분 남편이 누구와 좀 친한 듯하면 남편은 그 꼴을 못 보는 스타일이란다. 그게 여자던 남자던 마음이 좀 빼앗긴 듯 보이면 가차 없이 질투의 화신을 내뿜는 아주 고약한 버릇이 있단다.

사람이 살다 보면 어찌 부부만 마음을 주고받으면서 살랴. 친구나 형제도 마음을 나눌 수 있는 게 아닌가. 뭐 대부분의 부부들이 그렇게들 살고 있지만 이분은 좀더 독특한 사랑을 받고 사시는구나 하는 마음으로 내 마음은 더욱 흥미로워졌다. "그래서?" 나는 더욱 이야기를 펼치도록 유도했다. 그분의 속내의 말이 얼마 전 친분이 있는 분과 이메일을 주고받은 걸 그분 남편이 보고 나무라더란다. 대화내용이 너무 정겹게 느껴졌다면서 시비를 하더란다. 그분 내외는 이메일까지도 서로 비밀번호 없이 터놓고 사는 아주 드문 잉꼬부부다. 그런데 그분의 남편이 그 문제로 자기보다 다른 사람과 더 친한 느낌을 받았나 보다. 그래서 참지 못하고 질투를 내곤 했나 보다. 물론 그것이 지긋한 아내 사랑이라 하지만 당하는 쪽에서는 아마도 참기 힘든 일인가 보다. 그분 말이 자기 남편은 다 좋은데 사랑하는 방법을 잘 모르는 사람 같다며 은근히 불만을 토로했다. 어떨 때 미운 생각에 남편이 원수 같단 말을 하면서 예쁜 눈

이 촉촉해지는 걸 보았다. 그렇다고 의처증 환자는 절대 아니다. 조금 남다르게 사랑하는 부부 모습이지.

나는 속으로 나 모양 이메일도 꽉 잠그고, 남편도 누구도 못 보게 하면 되지 무슨 믿음이 그리 좋아 서로 열어 놓고 잘난 척하다 저리 싸운단 말인가. 아님 싸우질 말던가. 잘했구나. 에궁, 하면서 은근히 나는 즐기고 있었다.

사랑이란 존재 앞에도 지나친 간섭과 관심은 집착처럼 느껴지니 진정 사랑한다면 자유롭게 편안하게 해주는 게 사랑 아닌가도 싶다. 그분도 퍽 교양 있고 참을성을 겸비된 아주 지적인 사람인데 이런 일엔 참기가 퍽 힘들었나 보다. 속내를 드러내지 않는 사람인데 오늘은 남편에 대한 지나친 관심과 간섭에 마음이 많이 울적한 듯하다.

나는 그래도 그들 부부를 보면서 참 아름답게 생각했다. 조금 불편한 듯해도 저렇듯 사랑하니 질투도 지나친 관심도 하는 게 아닌가. 방법이야 좀 틀렸지만 어디 사람이라고 다 맞는 방법만 써먹는 사람이 얼마나 되랴. 그러면 사람이 아니라 신이지 하면서 속으로 투덜대는 절친의 소리가 이해가 가면서도 저런 게 부부고, 사람 사는 모습이겠지 생각하면서 그런 질투라도 부럽기 까지 했다.

난 투덜대는 그 지인을 토닥토닥 등을 두드리며 예쁜 말들을 속으로 궁리하면서 토닥여 줬다. 사람이 모두가 그렇게 살아가노라고 하면서.

그분 내외를 보면 나는 또 다른 사람들을 생각했다. 세상엔 조금 어설픈 방법으로 사랑하다 보면 질투를 동원한 사랑도 있고, 저렇듯 아름다운 부부도 사랑 때문에 다투며 살지만 겉으론 아무 문제없이 잘 사는 듯 부부도 속으로 깊이 들어가 보면 교활할 정도로 겉은 번드르르하게 사랑한다면서 마음을 몽땅 뺏어놓고 자기는 하고 싶은 행동과 온갖 생활을 즐기는 정말 웃기는 사람도 얼마나 많이 있나. 그것도 모르면서 편하게 사랑해 주는 줄 알고 늘 이리 속고 저리 속고 사는 사람들도 있더라. 그런 사람들에게 비하면 가끔씩 사랑한다는 올가미로 질투 속에 서투른 저분 내외들이야말로 아름다운 부부가 아닌가 싶다.

이 모양 저 모양 세상사는 모습들이 다르게 살아가는 부부들의 모습 속에 오늘은 내가 좋아하는 그분들 내외의 사랑과 질투로 인한 작은 다툼을 보면서 어쩐지 걱정보다는 작은 글을 하나 읽은 듯 평화로운 마음이 든다. 그 모습 속에 극히 평범한 사랑의 그림이 엿보인다.

내가 당해보지 않아서 잘은 모르지만 저렇듯 사랑해서 작은 간섭과 질투도 때론 약이 되지 않나 싶기도 하지만, 당하는 사람 입장에선 그것도 힘들다고 하니, 사랑과 질투도 어떻게 잘 써먹어야 하는지 고민이 되는 날이다. 나 역시 누군가 사랑하면 그 마음을 다른 곳에 빼앗기는 것을 보면 질투가 나는 건 당연할 듯하다. 당하는 상대 입장은 조금은 힘들 수도 있다고 생각은 된다만 그래도 정말 질투가 없는 마음은 무덤덤하니 별 매력이 없을 듯 하는 생각도 들고, 사랑이 없는 무관심이 아닌가 하는 또 다른 오해도 할 수 있다.

누군가 질투 없는 사랑은 뒷굽 빠진 구두 같다 하였다. 아마도 감성의 동물이라면 당연히 질투란 사람 사이에 빼놓을 수 없는 존재지만 그래도 별로 좋은 방법은 아니니깐 가능한 다 고쳐지진 않아도 가슴에서 늘 밀어내며 살아가야 하는데 마음처럼 잘 안 되니 질투도 사랑도 절제할 줄 아는 게 바로 교양을 갖춘 사람이 아닌가 싶다. 하지만 사람인지라 지각이 앞설 땐 알면서도 금방 이성을 잃고, 흥분과 분쟁을 토하게 하는 나쁜 놈의 질투라는 정체는 도대체 어떤 물체인가.

그놈의 질투란 놈 때문에 저리 예쁘게 사는 부부들도 서로 아파하는구

나. 질투야, 나는 너 안 좋아하니 내게는 제발 오지 마라 하면서, 속으로 그들의 아름다운 사랑의 싸움에 은근히 질투가 나니, 질투란 놈은 색깔도 가지가지, 그리고 언제나 본드처럼 우리 가슴 속에 또 머리에 붙어 다니나 보다. 크고 작은 모습으로 늘 우리 곁에서 떠나지 않고, 함께 하는 질투란 이름 어떡하면 그런 질투란 놈을 갖고 우지좌지 하면서 놀까나.

아무 때나 튀어나오지 못하게 바른 눈과 귀로 절제된 인내로 질투를 이길까. 내 마음 같아선 내 교양 속에 아주 가둬 버렸으면 좋은데 하는 우스운 고민도 해 본다. 어쩐지 사랑하고 사는 세상엔 절대 불가능 할 것 같다. 사실 질투 없는 사랑은 별로 맛이 없을 듯도 하고, 너무 많이 쓰면 탈이지만 적당하면 분명히 삶의 좋은 양념과 활력소가 되는 건데 질투와 사랑은 찐빵 속에 든 앙꼬 같을 수도 있지 않을까.

오늘 지인 남편의 질투 얘기를 들으면서 그분이 아마 아내에게 질투의 양념을 조금 많이 넣어 좋은 맛을 잃었나 보다. 다음엔 적당량을 잘 사용하도록 조용히 일러주고 싶다. 사랑도 질투도 뭐든 적당량을 쓸 줄 알아야 맛을 잃지 않듯이, 그래서 맛있는 남편으로 내 앞에 앉아 저렇게 투덜대는 그분 부인이자 예쁜 내 지인의 눈에 눈물을 흘리지 않게 했으면 좋겠다는 생각을 해 본다.

추억의 여행

얼마 전 나는 우리가 신혼 때 살았던 강원도 철원에 우리가 세 들어 살던 집을 찾았다. 육군 소위로 임관을 해 결혼을 해서 처음 신혼의 보금자리로 세 들어 살던 그 집이 나는 늘 잊히지 않고, 그립고, 한번 가 보고 싶었다. 오두막 같은 집에 세를 얻어 살았던 그 시절이 지금 생각하니 소꿉장난같이 재밌게 느껴진다.

최전방에 겨울이 긴 강원도에서 아궁이에 나무를 때면서 호롱불을 켜고 살았던 그곳, 그때만 해도 전기도 없이 말이 신혼이지 최전방 군인가족 생활이란 얼마나 낙후되게 살아왔는지 말이 좋아 장교 가족이지, 그 흔한 군인관사도 없이 남의 집 세를 얻어 신혼 생활을 보냈다. 지금 생각하면 다른 나라에서 살다가 온 느낌이지만, 그만큼 우리나라 직업군인들이 고생하던 시절이었다.

지금이야 얼마나 좋은 대접에다 아파트 관사가 준비돼 있는 시대지만, 그때만 해도 위관장교들은 관사는 턱도 없었다. 김장을 해도 지금처럼 가볍게 하는 게 아니라 긴 겨울 동안 먹으려면 땅에다 묻어놓고 먹기 때문에 많은 포기를 해야 한다. 그리고 김장할 때면 땅을 파고, 항아리를 묻고, 지붕처럼 짚으로 된 작은 움막을 만들어 김치 깡을 짓는다. 그리고 그곳에다 김치를 담가놓고 일일이 겨울이면 꺼내다 먹곤 하는 아주 힘든 세월이었다. 김장하는 일이 큰 공사였다. 김치 광 지으랴, 땅을 파고 김칫독 묻으랴, 김장하는 것 보다 준비 과정이 더욱 힘든 준비였다. 우리도 역시 그곳 풍습에 따라 식구는 단 두 식구지만 많은 포기의 김치를 담그며 살았다 .

지금 생각하면 엄청나게 많다고 생각이 들지만, 그땐 그것도 그리 많지 않은 양이다, 그럴 수밖에 없는 게 부식을 사러 나가려면 차를 타고 멀리 읍내로 가서 장날만 서는 5일장을 봐야 되고, 아니면 동네 구멍가게가 하나쯤 있는데 물건 값이 여간 비싼 게 아니었다. 요즘은 식구가 많아도 김장도 별로 많이 하질 않지만, 전엔 겨울이면 김장이 큰 양식이었으니 당연한 걸로 생각했다. 저녁때면 호롱불을 켰으니, 호야를 닦다가 추운 날씨니 얼어서 수도 없이 깨어버린 적이 한두 번이 아니다. 먹는 물은 우물 샘에서 길어다 모든 걸 해결했고, 그런저런 추억이 서린 그 옛날 단칸방에 살던 강원도 골짜기에 있는 내가 살던 집을 오늘은 큰 맘 먹고 여행길에 물어물어 찾아 갔다.

희미한 기억이지만, 내 첫 살림을 꾸미며 그래도 나름대로 행복했던 그곳이 내겐 늘 잊을 수 없는 곳이었다. 그곳에서 일이 년 정도 사는 동안 그곳 분들에게 사랑도 많이 받고 도움도 많이 받으며 살았었다.

그 옛날 정말 직업 군인 아니 군인가족들처럼 고생을 한 적은 없을 듯 왠지 그곳의 추억이 늘 잊혀지지 않고 한번 가 보고 싶다.

요즘은 그곳도 저곳도 모두 발전되어 먼 나라 얘기 같지만, 전엔 동네에 집도 몇 채 없고 오로지 있는 건 그곳 토박이 분들과 군인들을 위해 세워진 작은 부식 콩나물, 두부공장 등 몇몇 창고들이 있는데, 그곳엔 자가발전으로 움직이는 전기로 군납을 하는 공장이 있었다.

많은 군인들에게 납품을 하는 곳. 우린 그 콩나물 공장 사장님댁에 세를 얻어 살았었다. 그 공장 사장님이 주인댁 남편인데 그분은 한 달에 보름 정도는 이곳에 내려와 계시고, 보름 정도는 서울 큰댁에 가시는 듯 그 옛날 두 집 살림을 하는 사람이었다. 그 사장님 작은 마님 댁에 우리가 방을 얻어 살았다. 그분들의 인생의 만남은 아가씨 때 그곳에 콩나물 공장에 취직을 한 사람이었는데, 그 사장님이 마음에 들었는지 작은댁으로 들어앉히셨단다. 그래서 보름은 서울 큰댁에 보름은 이곳 작은댁이 와 있고, 공장이 있는 강원도 골짜기 사업장엘 오고 가면서 생활하는 그분들의 삶을 보면서 우리 부부는 정말 안 됐다는 마음도 들고, 신혼부부에겐 이건 아니라는 마음도 가지면서 살았다.

그러는 동안 그분 안주인께서는 늘 우리 부부를 아껴주시고, 부러운 대상으로 어린 새댁인 나를 공주 대접하듯 정말 잘해 주셨다. 먹을 것이며 힘든 일이며 많은 인정 속에 정이 들 때로 들면서 살았다. 그리고 신혼으로써 처음 정든 곳이라 그런지 낙후된 그곳의 고생한 생각보다는 경치 좋고 인심 좋았던 생각만 가끔씩 잊히질 않는다.

그렇게 연약하고 낙후된 오지에서도 우린 큰아이를 출산하고 얼마 살다가 이사를 했다. 그때가 바로 1968년 추운 겨울 정월 이었다. 출산을 앞두고 최전방에선 초비상이 걸렸다. 그 당시 그 유명한 이북 간첩(김신조)라는 무장간첩이 청와대로 내려와 온 나라가 벌컥 뒤집히던 사건이 나던 때다. 전국은 초비상 상태고, 최전방은 밤과 낮이 없이 철통같은 무장으로 초비상이 걸려 있었다. 나는 배가 남산만 하니 그 몸으로 후방으로 이동할 수도 없는 상황이었다.

전쟁이 별거 아니듯 그것이 바로 전쟁 같았다. 그 와중에 나는 조금 떨어진 읍내 작은 병원에서 남편도 없이 해산을 위해 올라오신 어머니와 함께 큰아이 출산을 했다. 지금 생각하면 아찔한 시간들이었다.

그리고는 그 집에서 조금 살다가 그 와중에 다른 곳으로 남편의 발령 소식을 받아 이사를 했다. 그런 힘든 추억이 있고, 내 사랑하는 큰아이가 태어난 곳이기도 해서 나는 늘 그곳이 내 고향 같은 추억의 신혼집이었다. 그리고 많은 세월이 흘렀다. 그 숱한 세월 속에 가끔 그곳 생각이 늘 내 머리 한 곳엔 자리 잡고 있었지만, 아이들 키우랴 사는 게 바빠서 한 번도 그곳을 방문할 기회가 없었다.

그런 어미의 추억 얘기를 들은 큰아이가 "엄마 거기 한번 들러 볼까요?" 하는 제의가 와서 속으로 감사한 마음으로 오늘은 물어물어 그곳을 방문하게 되었다. 오랜 세월이 흘러 동네도 달라져 찾기가 힘들었지만, 그래도 도시 같지 않고 촌이라 이내 살던 집 자리를 알아냈다. 거기도 지금은 현대식으로 새로이 커다란 집들이 많이 들어섰다.

옛날에 우리가 살던 초가집의 오두막 같은 집은 흔적도 없었다. 우린 오랜만에 그 댁을 찾아 방문하니 그 젊던 주인댁 아주머니는 이제 할머니가 되어 그 자리에 새롭게 지은 집에서 살고 계셨다. 마침 손주랑 함께 있다가 내가 다가가서 "안녕하세요, 저 혹시 알아보시겠어요?" 하니 나를 보고는 전혀 알아보질 못하시고 "뉘시더라?"하는 게 아닌가. 저 오래전에 살던 아무개 새댁이에요 해도 그리 늙지 않으셨지만 전혀 기억이 안 나신다고 한다. 나는 세월이 많이 흘렀어도 금방 알아보겠던데 그 분은 통 기억을 못하시는 눈치다.

가슴 설레면서 찾아간 나는 조금 무안해서 내 아이들 보기도 민망했다. 그러던 차 남편이 차에서 인사를 하고 나오니 그제야 그 아주머니는 "어머나, 아무개 중위님? 아니세요?"하지 않는가. 이런 세상에 뭐야, 나는 몰라보고 남편은 한눈에 알아보시다니….

남편은 별로 큰 관심과 추억도 없고, 나만 그득한데 나는 몰라보고 내 남편은 알아보시다니, 참 희한한 생각에 웃음이 났다.

남편을 알고 난 다음에 나를 알아보시는 듯 "아~그때 새댁이구나?" 하시는 게 아닌가. 나는 조금 무안했다. 그토록 오랜 세월 속에 저 아주머니와의 추억을 잊지 못해 찾아 왔는데, 무색하리만치 나는 못 알아보시고 남편만 알아보다니 말이다.

남편이 출근 후엔 나와는 늘 함께 놀았고, 남편이야 아침저녁으로 출퇴근할 때만 가끔 접했거늘 어찌 나보다 남편을 한 번에 알아보신단 말인가. 조금 맘은 섭섭해도 어쩌리. 서로 기억도 생각도 정도 다른가 보다 하는 생각이 드니 조금은 허탈했다.

그리고 시간이 별로 없어서 그간에 살던 얘기는 나중에 기회 되면 또 오리라는 헛된 약속을 하면서 추억 속에 늘 그리던 곳과 그분과 헤어지고 서울로 차를 돌렸다.

나는 차 안에서 가만히 생각을 해도 조금은 서운하고 이해가 안 된다. 남편은 출근하고 밤이면 들어오고, 우리 아낙네들은 늘 함께 놀았었는데 어째서 남편은 단번에 알아볼 수 있는 사람이 되고, 나는 날마다 함께 사랑해 주셨는데도 기억을 빨리 못하셨을까.

내가 그렇게 많이 변했나 하는 많은 의문의 생각에 꼬리를 문다. 사실 남편은 동네 분들과는 별 추억이 없는 사람이고, 나는 그 아주머니랑 친구도 없는 첩첩 산골에서 남편이 출근을 하면 뾰족하게 할 일도 없었기에 그분을 친정 언니 모양 따라다니면서 놀았는데, 희한하게 오랜만에 만난 그분 기억 속에 남편은 있고 나는 기억이 없다는 것이 마냥 서운했다. 사람 속은 알다가도 모를 일이구나 하는 또 다른 의문의 인생을 배운다.

약간 나 혼자 착각하고 짝사랑을 한 기분을 느끼면서 나보다 남편을 더 먼저 알아보는 그 아주머니가 조금은 섭섭해도 그냥 그동안 내가 많이 늙고 달라져서 그러시겠지 하는 마음속에 혼자 피식 웃음이 났다.

그래도 그 옛날 내가 살았던 움막 같은 초가집이 이젠 어엿한 현대식으로 바뀌어 있고, 내 추억 속에 집은 간데 온데 없고, 정겨웠던 아주머니의 추억도 또 다른 생각으로 바뀌어버렸다. 오랜 세월 동안 내 기억 속 추억만 쓸쓸하게 안고 헛헛한 가슴으로 돌아오는 길은 지금껏 나 혼자 추억의 꿈을 꾼 듯한 이상한 기분이다. 그리고 몇 십 년 동안 생각 속에 있던 추억의 장소가 스스로 무너지고 말았다.

오늘은 또 다른 가슴을 잠시 리모델링해 돌아오는 추억 속 여행길이 되었다. 그분과 헤어지는 인사에서 나는 다시 놀러 오겠다고 인사말은 나누웠지만 어쩐지 못 볼 걸 본 기분에 전에처럼 항상 그립고 가고 싶은 생각은 없을 것 같다,

그 사람

인생살이엔 훌륭한 동반자가 있어야 하고, 훌륭한 협력자가 있어야 한다. 사랑하는 대상은 직접 영향력이 있고, 존경하는 대상은 간접적 영향력이 있다고 했다.

성직자라도 사랑하는 대상은 있고, 철학자라도 존경하는 대상은 있는 법이다. 그러나 우리 인생에 있어 추억이란 무엇일까. 갑자기 오늘은 그 사람이란 단어가 어쩐지 생각이 난다. 어떨 땐 정겹게 들리는 언어. 그 사람 누구에게나 그 사람은 있다. 가슴에 그리운 그 사람이 있던, 미워하던 그 사람이던, 무심코 부르는 잊지 못할 그 사람이던, 그 사람이란 세 글자는 참 많은 색깔을 지닌 언어다.

그리고 누구에게나 가슴에 머무는 사람, 그 사람은 다 있다. 생각만 해도 짜릿한 그 사람도 있고, 생각만 해도 아련한 추억을 주는 그 사람도 있다. 내겐 누구도 모르는 그 사람이 있다. 늘 가슴에서 잊히지 않고 가끔씩 내 머리에서 마실 오 듯 하는 그 사람이 있다. 그 사람은 가끔 내게 피식 웃음을 줄 때도 있고, 아지랑이 피는 봄이면 먼 곳을 응시하게 도 하는 추억의 그 사람. 가끔 그 사람을 생각하면 보고 싶고 ,그립고, 또 한편 그 사람을 생각하면 섭섭하고, 아쉽고, 서운한 그 사람이 있다.

세월이 흘러 내 모습도 그 사람 모습도 바뀌겠지만 그 사람과의 추억만큼은 여전히 그 때로 머물러 있다. 잠시 동안이라도 나를 행복하게 했던 그 사람, 삶의 갈 길이 틀린 그 사람, 지금은 만나지 못하는 그 사람, 내가 가끔씩 생각나는 그 사람, 정겨웠던 그 사람, 내겐 그 단어만 나오면 나쁜 그 사람이란 단어보다는 어쩐지 아련한 그리움을 자아내는 그 사람이란 단어로 늘 아름답게 다가온다. 그때 그 사람, 아련히 생각나는 그 사람, 답답한 세상 속에 한 번씩 생각이 나면 웰빙 식품 같은 생각으로 나를 지긋이 미소 짓게 하는 그 사람, 가끔 그런 추억은 삶의 활력소가 되고, 조용히 가슴이 따뜻해진다.

물론 아롱아롱 고운 내 새끼들도 나를 행복하게 하지만 무료하고 세상이 별로 재미가 없을 땐 가끔씩 추억의 환상에서 나를 미소 짓게 하는 그 사람, 가끔씩 생각나고 보고 싶은 그 사람. 어느 하늘 아래 살고 있는지, 아님 천국에 살고 있는지 모르지만 가끔 그 옛날 그 사람은 내 머릿속에 아름다운 무늬를 만들어 놓고, 이런 무료한 날이면 휴식을 안겨 줄 적도 있고, 작은 미소를 줄 적도 있다.

사람이 누군가에게 정을 주고 호감을 갖고 사랑하기 까진 그리 오랜 세월이 안 걸리지만 누군가를 못 잊는다는 건 평생을 걸린다. 나는 그 사람과의 청년 시절에 짧은 만남이지만 고운 추억을 내게 안겨준 고마운 사람이라고 생각한다. 평생 같은 꿈을 꾸진 못했어도 내 가슴엔 그 사람이란 고운 만남 속에 아름다운 추억을 준 풀 향기 같은 싱그러운 사람이고, 내 가슴에 가을의 고운 낙엽 같은 사람이다. 또 그 사람은 가끔씩 나를 젊은 청년으로 이끌어 갈 때도 있고, 내 기억 속 그 사람은 나를 소녀로 만들어 주는 잊지 못할 타임머신 같은 사람이다.

어느 곳에 살든지 그 사람도 나와 같은 추억속에 머물러 있는지는 몰라도, 그 사람 기억에는 전혀 내가 없는 사람일수도 있겠지만 가끔 내 가슴은 그 사람도 나를 아름답고 그리운 사람으로 기억해 줬으면 하는 소원을 은근히 품어 본다.

나는 지금 청년들에게 당부하고 싶다. 청년들이여, 마음껏 사랑하라. 그리고 많은 추억 속에 그 사람을 가슴에 만들어놓아라. 그래서 세상 살아가는데 가끔씩 찌들고, 힘들고, 또 외로울 때 그 추억을 영양제처럼 씹으며 활력소로 살아가라고 말해주고 싶다. 그대들의 가장 아름다운 시기에 가장 아름다운 추억을 만들어 향기로 비벼서 청춘을 아름답게 수놓아 두면 먼 훗날 향기를 축척시켜 곰삭고 익혀서 세상 살아가는데 가끔 한 사발의 탁주 역할을 할 것이다.

젊음은 인생의 황금의 시절이니. 아끼지 말고 아름다운 추억으로 그 사람을 만들어 살라고 알려주고 싶다.

그것이 인생의 그림 중 가장 호화롭고 아름다운 그림이더라. 잠시 동안이라도 진솔한 우정을 나눈 사람이라면 그건 영원히 아름다운 인생의 수채화가 될 것이다. 좋은 인연은 이루지 못한 사이라도 충분히 아름다운 명작으로 가슴에 남모르게 그려줄 것이다.

고운 물감으로 지워지지 않는 기억으로 가슴에 예쁜 그림이 될 것이다. 나는 오늘 쪽빛 가을 하늘을 보며 뭉게구름 속으로 살포시 드리운 고운 얼굴이 떠오른다. 눈웃음이 고왔던 그때 그 사람, 잠시 휴식처럼 편안하고 행복하게 나를 미소 짓게 한다.

삶의 힘든 시간이 올 때, 향기 나는 커피와 함께 곁들여 시간을 씹으면 쉼터가 따로 없을 것이다.

가끔 추억으로 몰고 가는 소중한 시간을 만끽하라. 사는 게 별거던가. 이렇듯 가슴에서 좋은 사람을 기억하며 산다는 건 행운이 아니던가.

나는 오늘 '그 사람' 이란 단어 속에 아무도 방해받지 않는 나만의 시간에 곱게 간직된 추억 속에 나 혼자만의 그 사람 얼굴을 떠올리면서 지그시 눈을 감고, 그 옛날 추억의 고향으로 생각의 열차를 타 본다. 탁자 위에 놓인 커피 맛 속에 그 사람을 비벼 넣고 바람이 흘린 향기를 코끝으로 맡는다. 그리고 추억의 구름을 타고, 가슴의 사랑을 더듬어 본다.

이렇게 삶은 내가 만든 행복도 있는 법이다. 내가 만든 그 사람과 함께.

5

짝퉁과 명품

짝퉁과 명품

세상엔 모르는 것 때문에 알면서 못하는 게 더 힘들다는 말이 있듯이 세상에 모든 삶이 알면서도 갖지 못하고, 알면서도 행동으로 옮기지 못하고, 알면서도 행하지 못하는 것들이 얼마나 많은가.

알면서도 사랑하지 못한 것, 알면서도 기도하지 못한 것, 알면서도 베풀지 못한 것, 등 돌아보면 알면서 못하는 것들이 많다. 그런 생각들을 돌아볼 때 우리는 마음이 무겁게 괴롭다. 조금 다른 말이지만 옛말에도 식자우환이란 말이 생각난다. 차라리 몰랐더라면 하는 고민도 얼마나 많은가. 아는 게 병일 때도 있다.

우리들 생활 속에서도 요즘엔 우리가 아는 멋진 물건 또는 명품이란 옷, 가방, 액세서리 등 얼마나 많은 세상인가. 가끔 인간의 마음을 허영심으로 유발하게 하는 명품들이 있다. 혹여 갖고 싶은 물건이 있을 때 잘 알면서도 능력이 안돼서 못 가지면 속이 좀 상한다. 하지만 능력이 되어서 자신이 스스로 자제하고 안 갖는다면 그건 괜찮겠지만, 대다수의 젊은 사람들이라면 누구도 좋은 명품을 보면 지니고 싶은 게 보통의 사람들 마음, 아니 여자들 마음이 아닌가 싶다.

물론 개 중엔 그렇지 않은 사람들이 더 많이 있겠지만, 요즘 젊으나 늙으나 밥술이나 먹고 산다면 명품 하나 쯤 다 소장하고 있을 것이다.

요즘 시부모나 친정 부모들은 생일이나 결혼 행사 때, 나이 든 부모에게 자식이 있으면 선물로 명품 하나씩 얻는 게 유행 같다.

나 역시 오늘 며느리한테 큰 선물을 하나 받았다.

내 생일 선물로 내가 평소에 은근히 속으로 갖고 싶어 하던 명품 백을 사 왔다. 며느리가 보기에도 명품 백 하나 없는 게 안스러웠는지, 거금을 들여 사온 듯하다.

딸도 없는 나에게 살뜰히 챙겨주는 며느리가 딸 같고, 기특하고, 고맙기도 하다. 늘 가슴으론 저것 괜찮은데 하면서도 덥석 살수 없는 게 우리네 주부들 맘이다. 평생 남편 공무원 월급으로 애들 키우고, 가끔 부모형제 뒷바라지 하면서 늘 빠듯한 살림에 명품이란 나에겐 큰 사치로 보이고, 먼 나라 사람 얘기 같았다.

그래도 난 비슷한 짝퉁 백을 갖고 다니면서도 큰 불만과 부러움은 없었지만, 가끔 진품을 들고 다니는 친구를 보면 왠지 약간은 움츠러 드는 마음은 어쩔 수 없는 여자의 마음이다 그것이 여자들의 심리인가 보다.

물론 다 그렇지 않겠지만, 모든 여자라면 예쁘고 좋은 걸 보면 갖고 싶은 건 누구나 마찬가지일 것이다. 다만 내 형편과 처지를 고려해 절제하고 포기하며 생활 속에 미덕을 키우려 하는 것이다.

말로는 나도 뭐하게 그 비싼 명품 백을 들고 다니나, 허세들이고 사치지 하면서 스스로 당당한 위로 속에 살아왔다.

맘만 먹으면 못 살 것도 없겠지만, 난 그렇게까지 사치성이 있는 사람은 못된다고 자부 하면서도 보는 눈은 있어서 다른 친구들이 들고 나오면 예쁘다는 소리는 늘 해줬다. 명품을 보면 나도 이 나이에 하나 정도는 진품으로 장만하고 싶은 충동은 있었다. 그러다가도 내 주제에 무슨 명품 백이야 하면서 돈이 아깝게 미쳤어 하면서 포기해 버리며 지금껏 살아온 나였는데, 오늘 큰며느리 덕에 커다란 명품 백을 생전 처음 선물받고 보니 속으론 은근히 횡재 만난 기분이면서 몇 번이고 만지작거리며 좋았다.

그래도 겉으론 며느리한테 "얘야, 이 나이에 뭔 놈의 저리 비싼 백을 사 왔냐?" 그냥 가볍고 싼 백들도 얼마나 좋은데 하면서 고마운 마음을 그런 대답으로 표현 했지만, 평생 처음 가져보는 값비싼 선물 앞에 흐뭇함은 감출 수 없었다. 내 속물적 표현에 나 자신도 찔끔 놀랬다.

명품이 뭔지를 모르면 차라리 이렇게 속물스럽게 행복하진 않을 텐데 하는 부끄러움도 없지 않아 있지만, 보는 눈과 귀는 있어서 알건 다 아니깐.

사실 명품 옷과 모든 물건은 아는 사람들을 위해서 입고 쓰면서 자기도취의 물건이 아닌가 싶다. 늙어도 어쩔 수 없는 허영심이 섞인 나도 별 수 없는 여자였구나 하는 생각 속에 다음날, 나는 선물 받은 백을 자랑스럽게 들고 외출을 했다. 보는 사람마다 은근히 알아주길 바라면서.

좀 볼 줄 아는 사람들은 한마디씩 "백이 참 예쁘네요?"하는 부러움의 인사들을 들을 적마다 나는 속으로 "아, 이런 맛에 역시 명품을 지니고 다니나보다."하면서 공연히 익숙하지 못한 마음에 민망한 마음도 사실은 비켜갈 순 없었다.

은근히 어설픈 사치를 즐기며 즐거운 외출에서 돌아왔는데, 아~이게 웬일인가 이상하게 그날 저녁에 팔이 너무 아팠다.

가만히 생각하니 늘 가벼운 백을 들고 다니다 진짜라는 명품 백을 들고 외출을 한 덕에 팔에 힘이 들어갔나 보다. 나는 속으로 명품 체질이 아닌가 하면서 무슨 백이 이리 무겁고, 힘이 들었나 하는 생각 속에 웃음이 났다.

내가 역시 나이는 못 속이는구나 하면서 나는 짝퉁만 들었을 때와 명품을 들었을 때를 생각했다. 전에 짝퉁을 들었을 때는 가볍고 부담 없이 편안했는데 진짜라는 명품은 가슴은 으스대고 다녔는지 몰라도 팔은 개고생을 한 듯 아프고, 온몸이 다 묵직하니 어깨까지 뻐근하니 아프다.

누가 흠집이라도 낼까 봐 연연하는 마음속에 어찌 보면 가방이 상전이 되어 버렸으니, 상전을 들고 다니려니 팔이 안 아플 리 없지.

그리고 명품 백이 무거운 것도 사실이다. 좋은 가죽이라 그런다 하지만 내겐 그리 맞지 않는 것 같은 느낌이 든다.

역시 명품도 기운 있고 젊었을 때 들고 다녀야 하는 건가 하는 생각도 해보면서 역시 난 짝퉁이 편한가 보다.

명품 중독이 든 사람들도 있다는 소리가 내겐 전혀 이해되지 않는 날이다. 그 사람들은 뭣 때문에 그런 병에 걸렸나하는 안타까움 마저 든다. 오늘 내가 가져 보니 별것도 아닌데 속으론 자랑스럽기커녕 못 가진 사람들이 부러워하는 인사도 내겐 부담스러웠고, 이렇듯 편치 않는 걸 무엇 때문에 부러워했나. 물론 가져보니 이런 마음이 드는 건가 하는 생각 속에 명품도 짝퉁도 내가 들어 편한 게 내겐 명품이 아닐는지 하는 생각 속에 나는 잠시 명품 가방에 밀려 장롱 속에 던져놨던 편하고, 가볍고, 정감 가는 짝퉁 가방을 다시 꺼냈다.

다시 무시해 버리고 처박아 뒀던 짝퉁 가방에게 미안했다. 네가 그렇게 편한데 내가 잠시 허영심에 눈이 어두워 너를 구박하고 던져 놨던 것이 정말 미안하구나 하면서 잠시 무시했던 가방을 손으로 만져 주었다.

그러면서 주마등처럼 사람들의 모습을 떠올랐다. 사람도 분명히 명품이 있는 듯하다. 언제나 멋이 있고, 좋은 학벌과 남들이 선호하는 직업 속에 겉옷도 외모도 깔끔하니 번드레한 사람들이 명품 같은 느낌을 받는다. 하지만 그분들이 얼마나 많은 사람들을 편하게 해 주면서 살까.

많이 배우고 많이 갖고 잘났다고 하는 걸로 혹여 남을 위축 들게 하진 않았는가. 못 배우고 가난한 자들이 볼 때는 로망이면서도 정감과 편안함은 느끼지 못하고, 알게 모르게 기가 죽게 한다면 그건 무겁고 힘들게 하는 명품 백 같다.

그냥 상대를 편하게 해 줄 수 있는 보통 사람들이 더 좋은 것 아닌가.

사람이나 명품 가방이나 별다를 게 뭐 있나 하는 생각을 해본다. 그렇다고 그분들이 다 그렇다는 건 아니지만 대다수의 부자나 남보다 높은 지위와 지식층들이 평범한 서민들에게 선망의 대상은 되지만, 부담스럽게 느껴진다면 그건 짝퉁 만도 못하다.

우린 사람도 너무 명품처럼 하지 말고 편안한 사람으로 살았으면 좋겠다고 생각해 본다. 물건도 너무 명품 좋아하지 말고, 내가 가져서 편하고 실용적이면 되는 게 아닌가 싶다. 물론 명품을 지니는 것도 자기만족이고, 명품 같은 사람과 사귀는 것도 다 자기 나름대로 만족이라 하지만, 나는 그래도 사람도 물건도 내게 편하고 부담 없는 게 좋다고 생각한다.

오늘은 짝퉁 백과 명품 백을 놓고 가만히 비교해 보면서 생각이 바뀌는 날이다.

세상 속, 사람 사는 모습과 그들의 가슴과 내 가슴을 생각을 해본다. 진정한 명품 인생이란 좋은 걸 걸치고 좋은 학벌과 번지르르한 외모가 아니며, 멋진 환경이 아니다. 진정한 명품 인생이란 가끔이라도 하늘을 보면서 자연의 아름다움을 볼 줄 알고 가슴이 따뜻한 마음, 무엇보다 자기를 속이지 않으며 사람과 사람 사이가 진실하면서 사랑할 줄 아는 사람이 진짜 명품 인생 아닌가 싶다.

위선과 거짓 속에 산다면 그건 가짜 인생이다. 그리고 그 사람은 짝퉁만도 못한 인생이다.

이런 말이 있다. 무엇이든 처음이 진짜인 듯 짝퉁은 언제나 나중에 나오는 것, 아닌가. 그리고 언제나 입만 열면 거짓말을 밥 먹 듯 하는 사람들이 있다. 그 사람도 분석을 하면 그 속에 욕심이 가득하기 때문일 것이다. 아니면 정신적 환자든지.

그래서 사람도 이상하면 이상한 것이라고 한다. 진실하고 진짜는 느낌부터 편안하고 이상할 것이 없다. 그러나 아무리 포장을 해도 진실이 없는 사람은 느낌이 온다.

우리는 하나님이 모든 후각 생각 느낌을 주셔서 곱게 만든 인간이기에 진실만큼은 교류가 되는 법이고, 느낌이 오는 법이다.

가끔 맘먹고 남을 속이고자 하는 최고의 사기꾼들과 연극배우들을 빼고는 평범한 사람들의 사회 속엔 다 느낌으로 알 수 있는 게 거의 비슷한 인간이다.

이 세상 살면서 남에게 편안한 사람이 되고 살았는지. 그런 생각을 하면서 살아야 되겠다.

갑자기 명품을 보면서 많은 생각의 나래가 펼쳐진다. 세상에 많은 사람 가운데 진정으로 가슴이 따뜻한 멋과 기품이 있는 명품다운 사람들이 이 세상에 과연 얼마나 될까.

진정 명품 백은 명품이 아니라 사람들의 욕심과 사치 속에 사는 백이다. 그래서 내겐 오늘 그렇게 무거웠나보다.

내겐 짝퉁이라 일컫는 가볍고, 편안한 백이 부담 없고, 정겹고, 고향 친구 같은 명품 백이다. 이래서 세상에 귀족은 힘들고 귀찮은 존재 같다.

냄새와 향기

사람도 꽃도 우주 만물에 있는 모든 것에는 냄새가 있고 향기가 있다. 생선은 생선의 비린 냄새가 있고, 사람은 사람의 살 냄새가 있고, 꽃과 나무도 풀까지도 모든 만물은 각자 각색의 냄새와 향기를 지니고 있다. 사람도 서로가 나는 냄새가 있다. 세상에서 냄새가 나지 않는 건 오로지 맑은 물이다. 구정물 썩은 물 다 냄새가 나지만, 맑은 물만큼은 냄새가 없다. 각자가 다 틀린 냄새를 지니고 있다.

아무리 새 옷을 입고 빨아 입어도, 늙으면 늙은이 냄새가 있다고 하고, 젊으면 젊은이의 냄새가 있고, 여자 냄새, 남자 냄새 ,그것도 사람마다 독특한 냄새들이 다 있다. 과연 나는 어떤 냄새가 날까. 또 어떤 사람의 향기가 날까.

남들이 나를 맡는 냄새가 틀리고, 내가 나를 맡는 냄새가 틀릴 것 같다. 냄새도 향기도 맡는 사람의 생각과 느낌과 코에 따라 다를 수 있으니.

나는 오늘 마음이 묵직한 얘기를 접하며 냄새와 향기를 생각해 봤다.

내가 아는 어떤 분이 정말 평소에는 어질고 착한 분이다. 그런데 너무 속이 상하고 억울한 일을 당하고 보니 그 상대방을 죽이고 싶도록 밉더란다. 살인하는 사람의 마음을 조금은 알 듯 하다면서 분함을 못내 참지 못하고 내뿜는 모습에서, 나는 저런 분도 저런 생각을 할 수 있구나 하고 조금은 놀라웠고, 의아했지만 저분도 사람인데 하는 생각에 그래 사람은 다 거기서 거기구나.

하는 생각을 하면서, 그래서 사람은 언제나 선과 악을 함께 겸한 인간임을 생각하게 한다.

어쩔 수 없는 사람의 모습에서 그분한데 또 다른 냄새를 맡게 되었다. 지금껏 내가 보아온 그분한테서는 늘 그윽하고 고상한 향기만 맡았는데, 그분이 분에 못이겨 악을 품은 얘기를 토악 할 때는 평소에 느껴보지 못했던 서늘한 느낌의 곱지 않는 냄새가 나는 듯했다.

그러면서도 그분의 분함을 이해 못하는 건 아니지만, 조금 색다른 모습 속에 놀랍고, 사람이 같은 사람인데 그분의 행위에 따라 느낌에 따라 냄새와 향기가 달라진다는 게 오늘은 신비롭기까지 했다. 그래서 사람은 감정 컨트롤이 중요 하구나 하는 생각을 깊이 해본다. 꽃도 필 때 향기가 틀리고, 나무도 잎이 돋을 때 향기가 틀리듯 하물며 낙엽의 냄새까지도 틀리다. 사람도 마찬가지 일 듯하다. 사람도 아기들 냄새는 맡아도 향기로운데 늙은 사람들 냄새는 좋다고 하는 사람이 과연 얼마나 있을까. 심지어 똥 냄새도 아기똥 냄새는 그런대로 맡을만 하지만 노인들의 똥 냄새는 얼마나 구역질이 나도록 고약한 냄새가 나는지, 그걸 구분 못할 사람은 없다.

하지만 우린 낙엽 속에도 향기가 있듯이 사람이 늙어도 좋은 향기를 품어 낼 수는 있다. 아무리 늙어도 내면의 냄새를 아름답게 만들어 풍긴다면 우린 나이가 들어도 그 사람 한테서는 아름다운 향기를 맡을 수 있다. 그런 향기란 그 어떤 풀 향기 보다 싱그럽고 짙은 향기 속에 도취될 수 있다. 비싼 향수에서 나는 향기보다 더 향기로운 냄새는 과연 무엇일까. 그건 엄마의 향기 아빠의 향기처럼 그윽하고 구수한 향기가 이 세상에 또 어디 있으랴. 그리고 또 자식의 향기는 부모들을 자지러지게 만들고, 그 향기 때문에 부모는 늘 바보가 되어 짝사랑 속에 허덕이지 않는가. 그래서 부모들만큼은 나무나 풀 향기 같은 냄새다. 나무나 풀은 자기 몸을 태워도 좋은 향기를 뿜는다.

그렇게 부모들의 향기는 늘 아름답다. 그러나 세상 사람들은 과연 어떨까. 나무도 숲에서만 있다가 타는 냄새가 틀리고, 사람 손을 거쳐 페인트칠이나 그 외에 세상의 때를 덧입혀진 나무는 나무 냄새를 잃고 나무 타는 냄새도 사뭇 다르고 고약하다. 그래서 그것을 일컬어 공해라 하지 않는가. 이렇듯 사람도 더럽혀진 마음을 볼 때와 고운 마음을 접할 때는 냄새와 향기가 틀린가보다.

사람이 살아가는데 과연 어떻게 살아가야 향기나는 삶을 살까. 그리고 이웃이나 모든 이들의 공해가 되는 사람이 아니라 모든 이들에게 행복을 주는 사람이 될 수 있을까 하는 생각을 안 할 수 없다. 어느 시인이 흙 속에서도 향기가 있는데, 그 향기가 왜 장미 향기가 날까, 그래서 흙에게 물으니 흙이 대답하기를 내 옆에 장미 나무가 있어서 장미향이 나는 거예요 하더란다. 그 말속엔 우리는 누구와 함께 살아가는 것 누구를 닮아가는 것에 따라 다르다는 뜻이다. 또 어떻게 사는 것도 생각해 봐야 할 것이다.

역겨운 냄새를 풍기는 사람보다는 언제나 향기 있는 사람이 좋지 않겠나. 하지만 알면서도 깨우치지 못하는 게 인간들의 문제고 숙제다. 그래서 우리 인간은 깨달음의 축복이란 말을 하며 살지 않는가. 그것을 지켜 나가는 게 인격자다운 행함이라고 한다. 그럴 때에 바로 인간에게서 나는 냄새는 그 어느 꽃보다 향기롭고 아름답지 않을까 생각해 본다.

내면이 아름답고 고운 사람이야 말로 진짜 좋은 향기를 풍기는 냄새가 아닐는지, 인간의 향기야말로 많은 사람들이 흠향하는 생명력 있는 향기가 아닌가 싶다. 이렇듯 세상에 많은 냄새와 향기 속에 오늘 나에게는 과연 어떤 향기와 냄새로써 그들에게 어떤 냄새로 제공할까. 늘 내면의 고운 냄새를 품어내면서 살고 싶은데, 모든 것이 부족한 나는 혹여 악취나 풍기지 않으면 다행이라는 남이 모르는 고민 속에 찔끔한다. 나의 냄새를 한번 점검해 본다.

늘 하느님께 기도하면서 나를 다듬으면서 산다고 하지만 내가 보는 것과 남이 보는 것이 틀리듯 내 내면의 향기를 풍기려면 아직도 많은 부끄럼 속에 산다. 최소한 남한테 피해 주지 말고, 조금은 좋은 느낌의 냄새를 풍기면서 살고 싶은데 그게 그리 쉽지 않으니 좋은 향기를 뿜어내지 못한 부족한 가슴을 감추고, 나는 화장대로 가서 내가 좋아하는 향수를 칙칙 뿌려본다. 코끝에 그윽한 향기가 좋다. 너무 많이 뿌리면 향수도 역겹듯이 살짝만 뿌리고 대충 화장을 하고 거울을 본다. 그런대로 겉치레는 된 듯한데, 머리를 쓸어 올리면서 거울에 비치는 내 눈동자를 뚫어지라 응시해 본다. 그리고 고급 향수를 뿌리지 않아도 내면의 그윽한 고운 냄새로 당당하게 살고 싶다. 향수 냄새로 가려진 살 냄새 속에 가슴에서 나는 아름다운 냄새로 치장하지 않아도 향기 있는 사람이 되고 싶고, 그런 사람이 그리운 날이다.

꽃과 나비

오늘 외곽으로 절친 지인과 함께 오랜만에 만나 식사를 하러 갔다. 식도락가는 못되지만 조금 외각으로 나가면 가격도 저렴하면서 맛도 좋고 풍경도 아름다운 분위기 있는 식당이 많은 곳이 우리 동네에서 그리 멀지 않은 곳에 많다. 서울시내서 아무리 따져 봐도 우리 동네 만큼 편하고 살기 좋은 곳이 없다고 생각한다. 20~30분쯤 나가면 종로 명동이고 10여 분 나가면 북한산 둘레 길이 여기저기 아름답게 만들어져 있는 곳 바로 서울 은평구 불광동에 살고 있다. 제2의 고향으로 40년 넘게 살면서 늘 느끼는 건 정말 우리 동네처럼 살기 좋은 곳은 서울에서 또 있을까 하는 좋은 동네다. 뚝딱 점심을 먹고도 그 명산인 북한산을 내 집 드나들 듯 등산 할 수 있고, 조금 더 나가면 송추로 문산으로 사면이 다 경치도 공기도 좋은 곳이다. 또 서울에 중심지 한복판 종로나 명동도 불과 20~30분이면 얼마든지 나가 즐길 수 있는 아주 살기 좋은 우리 동네다. 그런데 이상하리만치 서울시내에서 이곳 땅값은 다른 곳에 비해서 싸다고 하는 말들이 있다. 사실인지는 잘 몰라도 가끔 그런 말들이 부동산에서 사람들의 넋두리를 통해 듣곤 한다. 땅값이 이곳보다 더 비싸다는 강남도 좋고, 그 어느 곳도 좋지만 나는 내가 오래도록 살아온 우리 동네가 제일 좋다고 느끼고 산다. 이런 좋은 동네에 살다 보니 툭하면 바람도 쏘일 겸 공기가 좋은 곳으로 나가서 적은 돈에 맛있는 식사도 하며 즐기는 일이 종종 있다. 오늘도 일금 5000원 하는 동태찌개를 잘하는 경치도 공기도 분위기도 꽤 괜찮은 좋은 집으로 우린 식사를 하고, 300원 하는 자판기 커피를 뽑아 들고 가을 길을 만끽하며 들녘이 있는 오솔길을 절친과 함께 이런저런 사는 얘기를 나누며 걸었다. 꼭 비싼데 가서 분위기를 잡아야 호강이 아니다. 이렇게 저렴한 돈에도 우린 얼마든지 좋은 상대만 있다면 한 순간 행복을 만끽할 수 있는 행운을 누린다. 가을의 중턱이 오는 계절이라 그런지 나비도 고추잠자리도 그리 바스락 날질 않는 듯 조금 기가 죽은듯한 모습들을 본다. 연신 사진에 담으려 하니 가을 날씨 탓인지 고분고분하니 나비들이 많이 폼을 잡고 있는 듯 모델을 해 주었다. 옥잠화 꽃, 개미취 꽃, 코스모스 꽃, 구절초 꽃, 온갖 가을꽃들이 아직은 그 화려한 자태를 들여놓진 않았다. 땅바닥엔 은행이 하나 둘 떨어져 있고 꽈리는 빨간 옷이 터질 듯 말 듯 속내를 보일 듯 말 듯 하고 있다.

천천히 자판기 커피 맛과 맑은 공기를 코끝으로 느끼며, 들판의 꽃들과 눈요기를 즐기는데 호랑나비를 닮은 작은 나비 떼들이 무더기로 날라 와 어떤 꽃등 위에 다 함께 무리를 지어 무슨 반상회라도 하듯 무리를 지어 앉지를 않는가. 우린 너무 신기해 그 나비 떼 들을 유심히 관찰하듯 구경을 했다. 하나가 앉으니 또 한 마리가 오고, 모두 세어보니 대여섯 마리가 훨씬 넘는듯했다. 도대체 뭘 하러 나비 떼들이 저리 떼를 지어 모였나 싶어 나는 유심히 그놈들을 지켜봤다. 이리저리 움직이며 꽃송이에 매달려 서로가 다투듯 엉겨 붙어 놀아난다.

나는 그 모습을 사진에 담으면서 참 신기한 느낌 속에 사람의 모습이 떠오른다. 내가 보기엔 나비들이 들끓는 꽃이 다른 꽃에 비해 그다지 예쁘지도 않은 꽃인데, 왜 하필이면 저 꽃에만 저렇게 나비들이 모여들까 하는 생각을 하면서 꿀이 많이 붙어 있든지, 아님 나비가 좋아하는 향기가 있든지, 암튼 분명한 건 나비가 좋아하는 그 무엇이 있다는 건 확실하다. 한 마리도 아니고 여러 마리가 다 저 꽃에만 모여든다는 게 참 이색적으로 신기하고 놀랍다. 사람도 인물이 예쁘다고 모두 다 좋아하는 건 아니다. 인기가 있는 사람들을 보면 어딘가 남다른 매력이 있든지, 아님 덕이 있든지, 착하든지, 암튼 인기순위 만큼은 인물로 되는 게 아닌 게 인간사다.

그러고 보면 저 나비들도 그 옆에 더 화려하고 앙증스럽고 고운 꽃들이 수두룩하지만 별로 예쁘지도 않은 이름도 잘 모르는 꽃이지만 탐스럽기만한 그런 꽃에 저리도 여러 마리가 다 달라붙어 있다는 것이 신기하다. 예쁜 꽃들만 나비를 불러 인기 있는 게 아니구나. 사람도 인기 있는 사람들이 있듯이 저렇듯 미물도 마찬가지인걸 보면서 창조주 하나님의 신비한 작품에 다시 한 번 놀라움을 금치 못하며, 어쩌면 곤충도 꽃도 사람 사는 모습과 비슷하다고 느껴졌다. 바보 같은 나비들. 옆에 다른 꽃들도 많은데 한꽃에만 모여 있지 말고, 나눠서 놀면 얼마나 꽃들이 골고루 행복해 할 텐데 하는 재미난 상상도 해본다. 이렇듯 사언을 보며 사람을 생각해 본다.

기분 좋은 가을날의 곤충들의 풍경이다. 이렇듯 아름다운 쪽빛 색의 가을 하늘 아래 꽃과 나비를 보면서 못난 내 모습도 이상하리만큼 자신감이 솟구치는 마음이다. 그러고 보니 잘나지도 못했지만, 나도 괜찮은 인기 속에 살아가고 있는 것 같기도 하는 자신감이 생긴다.

그러니깐 지금도 절친의 배려 속에 멋진 자가용으로 이런 멋진 곳을 외롭지 않게 함께 즐기면서 있지 않는가. 이런 자연 속에 좋은 절친과 감사하면서 이런 좋은 구경을 하면서 보낸다는 건 나도 인기 있는 사람 아닌가. 그런 생각을 하니 하나님께 감사한 마음이다.

인생은 자연 속에서 또 다른 교과서를 읽는 소중한 시간이다. 꽃과 나비라는 언어 속에 어쩐지 자연이 주는 행복한 시간을 누리면서 모든 게 신비스럽고 세상이 참 아름답게 느껴지는 하루다.

내 속에 또 다른 나

아름다운 장미도 뿌리가 있어야 하듯, 기쁨이 없인 삶도 죽은 것처럼 시들시들 힘들다. 누구나 기쁘고 행복하게 살아가고 싶지만 어디 세상일이 다 행복하고 기쁜 일들이 그리 많겠나.

그래도 사람들은 사는 맛이 없을수록 일부러라도 부교감 신경을 작동시켜 수시로 스트레스를 풀며 살려고 많이들 노력하기도 한다. 어떤 사람은 그냥 웃음 치료 속에서, 어떤 사람은 운동을 하며, 또 어떤 사람은 먹는 것에 스트레스를 해독하는 것과 때론 스트레스에 좋다는 색깔의 푸드를 찾아 먹는 사람까지.

심지어 어떤 사람들은 괜히 히죽히죽 일부러라도 웃음을 배운답시고 시도하며 실성한 사람들처럼 흉내 내면서 사는 사람들도 있단다. 스트레스는 면역체계를 무너트리고 온갖 병의 원인으로 제공이 되는 주범이다.

그러면 우린 어떻게 이 스트레스를 다스려야 하나 하는 고민과 숙제 속에 많은 사람들은 이렇듯 삶에서 스트레스를 풀며 살려고 무진 애를 쓴다.

마음에 단순한 삶을 제대로 사는 사람들은 없을 듯하다. 그 스트레스 다스리는 것은 오직 마음뿐이라고 나는 생각한다.

진정한 행복은 욕심을 버리고 비우는데서 평화롭게 오는 게 아닐는지. 우리는 진정으로 행복을 원하면서도 본질을 잘 모른다. 욕심과 시기를 버리고 순수하고 아름다운 마음을 가질 때 행복지수가 있는 게 아닐는지. 사람들은 다 행복해 지려고 단지 노력할 따름이지 어찌 생각하면 지구가 돌아가는데 문제가 없다면 편하게 살면 되겠지만 인간의 구조가 그렇게 지어지질 않았나 보다. 늘 비우지 못하고 채우려 드니깐 우린 남들과도 비교 의식에 헤어나질 못하고, 허덕이는 인생들 같다. 그러니 스트레스에 노예로 살 수 밖에 없다. 하나님은 우리에게 지혜도 주셨지만, 어떻게 그걸 다 활용하지 못하는 게 우리들의 어리석음이 아닐는지. 웬만한 건 간단한 생각과 그냥 넘어가는 기술을 사람들은 다 못써 먹고 살아가니 스트레스가 쌓여 또 해독하려는 많은 비법 속에 허덕이면서 산다. 나는 어떨 땐 스트레스가 쌓이면 가끔 집시같이 아름답게 춤도 추고 싶다. 아님 가끔 밤거리를 헤매듯 홀로 운동을 한다. 가끔씩 나는 홀로 방황을 한다.

무엇인가 꽉 막히고, 답답한 마음이 들 때면 이름도 모르는 욕도 하고, 흥얼거리며 되도록 소리 내어 노래도 불러본다. 남이 보면 살짝 맛이 간 사람모양으로….

어떨 때는 공연히 서글픔이 명치끝까지 치밀어 올 때가 있다. 그럴 땐 하나님께 기도를 해도 풀리질 않고, 인생이 너무 허무하고, 누군가에게 정겨운 말을 듣고 싶기도 한데 특별히 위로받을 때도 없고, 답답한 가슴이 들 때면 누군가 따뜻한 사랑이 놀러 왔으면 좋겠다는 생각을 하면서 세상에 사람이 만든 규칙의 철조망에 매이지 않고 공기처럼 맘대로 행동하고 놀고 싶다.

누군가 내 가슴에 버튼 없이 누르고 들어와 나와 함께 신나게 놀다 갔으면 좋겠다. 생각 속에 가끔 이렇게 진정한 본질의 치료제를 잃고 살아갈 때가 있다. 하지만 평상시엔 내 가슴은 늘 커다란 자물쇠가 채워져 있는 듯한 느낌이다, 항상 열어 놓고 싶은데 세상의 모든 법과 질서가 그리고 내 작은 체면과 자존심이 언제나 내 가슴을 자물쇠로 꽉 채워 놓는다.

어떨 땐 내가 망부석이 된 기분이고, 바위가 된 기분이고, 나무토막이 된 기분이고, 낙엽이 된 듯 바람에 휘날리는 기분이 들 때가 있다. 가끔씩 잡을 수도 없는 누군가를 끝없이 사랑하고 사랑받고 싶다. 가슴 깊은 곳에선 사랑의 굶주린 껄떡 되는 사냥개처럼 추한 소인배가 된다. 내 가슴에 이렇듯 또 다른 내가 산다는 게 가끔씩 나를 놀라게 한다. 과연 다른 사람들 마음은 어떨까. 나만 이런가 하는 부끄럼 속에 지친 내 영혼을 돌아보는 시간이다.

그럴 때마다 부끄러움의 가슴은 움츠러 들지만, 우리들의 알지 못하는 퇴비 같은 마음들이 스트레스가 되지 않나 하는 생각도 하면서...

세상의 많은 경쟁세대에서 또 인기유지에 금이 가면 우린 자존심에 멍이 들고 명예유지에 금이 가면 자부심이 멍이 든다고 하는 말속에 늘 허덕이며 살아오진 않았는지. 진정 세상에 행복이란 누구와도 겨누지 않으며 남이 잘 되면 진실로 같이 행복해 할 수 있는 그런 아름다운 마음이 되어야 하는데 가끔 아름답게 자리한 내 마음이 외출을 했는지, 남아있는 착한 마음이 부재중일 때가 있다.

혹여 좋은 마음일랑 누구도 훔쳐 가지 못하게 자물쇠를 채워 놓고 싶다. 늘 아름답게 살기를 소망하며 삶의 유혹에서 벗어나길 소망해 보면서도 자유로운 사색 속에 후회 없는 사랑으로 에덴의 마음으로 우주적인 하나님의 사랑을 배우며 살아가고 싶은데, 정말 그러고 싶은데 이놈의 숨겨져 있는 인간의 원죄의 욕구와 쓴 뿌리가 가끔씩 나도 모르게 고개를 든다.

외롭다는 핑계로 속상하다는 핑계로 우린 가끔 질서를 파괴하려는 유혹에 물들지는 않는지 늘 조심하는 세상에 살다보니 사람이 사는데 사랑이 없다는 건 죽은 목숨이나 같다는 슬픈 생각도 해본다. 오늘도 나는 머리에 쥐가 나도록 귀신 씨 나락 까먹는 생각을 하면서, 나는 내가 잘못된 생각을 초전박살로 조각 내 버리고 늘 곱고 아름다운 멋으로 장식된 가슴을 갖고 살고 싶은데 생각대로 잘 안되는 게 또 다른 내 속에 욕심과 아집과 쓴 뿌리인가 보다. 우리들 인생의 진정 어둠 속에 솟아오르는 맑고 아름다운 태양처럼 획을 긋는 인생은 못되어도 그 유명한 철학자 파우스트처럼(뛰어나오라 그래서 자유로워라) 하는 모든 것에서 자유롭고 싶은 내속의 또 다른 마음은 외치고 싶다. 내가 나도 모르는 또 다른 자유를 갈망하는 가슴이 있다는 걸 살짝 느끼면서 넉넉지 못한 내 가슴이 용솟음치는 날이다.

진정 인간이 세상 사는데 승리는 무엇일까. 어떤 것이 진정으로 잘 사는 삶일까. 알 듯 모를 듯 하면서도 물어보는 내 속엔 분명 또 다른 내가 있다는 게 생각된다.

하나님을 믿는 난 누구일까. 진정한 나는 누구란 말인가. 하나님은 내 가슴 어디에 숨어 계시나. 오늘따라 내 마음을 놓고 아무리 질문을 해도 속은 답답하다. 안다고 해도, 나는 또 다른 질문을 하는 나다. 내 속에 또 다른 나의 모습이 웅크리고 있기 때문인가. 오늘은 어쩐지 인생의 한 슬픔이 다른 슬픔을 만나 세상에 걸쭉한 얘기로 가슴을 채우고 싶은 날이다.

잘난 척하지 마라

사람들은 저마다 다 자기 잘난 맛에 산다고들 하지만 가끔 자기 잘난 척하는 사람을 보면 왠지 역겹고 잘 흡수가 되질 않는 사람들이 있다. 남의 마음도 헤아리지 못하면서 자기만 잘난 척하는 사람과 대화를 한다는 건 차라리 물구나무를 서 있는 것보다 참기 힘들다.

알고 보면 누구나 나름대로 다 한 두 가지씩은 잘나고 남들이 갖지 않는 재주들이 있는 법이거늘, 하나님은 공평하셔서 남이 모르는 각자의 재능을 주셨다. 그러기에 서로 공유하며 사는 세상 아니던가. 그런데 어떤 사람은 자기가 가장 많이 알고, 가장 많이 배우고, 가장 잘난 줄 착각하고 사는 사람들이 있다. 심지어는 젊음도 잘난 척 성형한 얼굴 꼬락서니로도 가장 예쁜 척하고, 잘난 척하는 사람들이 있다. 못 말리는 병 같다.

벼는 익을수록 고개를 숙인다는 자연의 이치도 모르는 사람들처럼 어떨 땐 잘난 척하는 사람들 때문에 멀미가 날 지경이다. 어디를 가나 그런 사람 한 둘씩은 꼭 양념으로 끼어 사는 세상이다. 요즘 소위 글을 쓴다는 사람들조차 자기는 대표작 하나도 없으면서 남의 글을 평하는 데는 아주 선수 특권을 갖은 소인배들 같다. 붓끝 하나 제대로 못 놀리는 사람도 남의 그림을 평하는 데는 얼마나 잘난 척을 하면서 비판을 잘하는지…. 교인들도 마찬가지, 자기 믿음은 개떡 같으면서 내숭스럽고 가증스럽게 믿음이 어쩌고 봉사가 어쩌고 혼자만 거룩한 척 하고 모두가 위선 속에 잘난 척하는 것을 보면 눈앞이 혼탁하다.

알면 얼마나 알고, 또 믿음이 좋으면 얼마나 좋겠나. 사람의 마음은 자기 자신과 하나님만이 아는 것 사람이 사는데 무엇이 그렇게 잘난 게 많은지. 다 하나님 앞에 서면 죄인들 주제에… 이 세상 진정으로 잘난 사람은 말이 없고 고개를 숙인다. 알게 모르게 선한 행위 속에 늘 입가에 인자한 미소로 또 다른 가슴을 은은히 덥혀 주는 그런 사람이 아닐는지.

많은 사람들에게 행복을 전달하는 그런 사람이 진짜 잘난 사람이 아닌가싶다. 언제고 만나고 싶은 향기 있는 정겨운 그런 사람이 내가 생각하기엔 정말 잘난 사람 같은데 말이다.

그리고 잘난 척하는 사람의 특징은 자기 맘에 조금 안 들어도 이해를 해 주면 좋으련만, 별것도 아닌 일에 자기 잘난 것이 손상 될까봐 그러는지 몰라도 일단 목청을 높이면서 남을 깎아내리는 유치하도록 횡포가 있는 그런 사람을 보면 언제나 눈살이 찌푸려진다.

사람을 죽이고 살리는 일도 아니고, 지구를 멸망시키는 일도 아니건만 혼자만이 잘난 척 자기 주장만 최고인 양 고집하면서 뭐든 자기 뜻이 최고라고 생각하는 도도한 인간들이다. 어찌 보면 잘난 척하는 사람은 남의 마음을 힘들게 하는 이 땅에 공해 같은 존재들이다.

제 아무리 잘난 사람도 마음이 병들어 버리면 이렇듯 남을 힘들게 한다. 우린 잘나봐야 하늘 밑에 사는 개미 같은 인생인데. 창조의 아름다운 느낌으로 고운 마음 되어 주변머리 없는 생각이라도 순수하고 아름다운 마음을 갖고, 나보다 남을 세워줄 줄 알고 사랑의 느낌표를 주는 사람이 되었으면 얼마나 좋을까. 그래서 더불어 사는 세상 혹여 가슴 한 편이 무너지고 아픈 사람들에게 치료의 새살을 돋게 하는 마음의 의사나 간호사가 되어 살아갔으면 얼마나 좋을까.

이 험한 세상에 그 보다 더 멋지고 잘난 사람이 어디 있겠나 하는 생각을 해 본다.

그래서 많은 사람들 가슴에 상처보다는 고운 언어로 따스한 가슴으로 수를 놓아 주고 행복한 추억으로 마음을 키워주는 사람들이 많이 그립다.

한 뼘 가슴들이 모두가 사랑의 봄볕 같은 마음이 되어 쓸데없이 잘난 척하지 말고, 주고받는 정 속에 후회가 없이 살았으면 좋겠다.

잘나도 못나도 북망산 가는 길은 순서도 없고 차이도 없는데 잘나면 얼마나 잘났다고들 그리 목청 높여 떠들고 내세우는지.

그 유명한 억만장자인 애플 컴퓨터 설립자인 〈스티브 잡스〉도 하나님이 부르시면 정말 잘난 머리와 재물도 다 놓고 가지 않았던가.

많지 않은 나이에 하나님이 부르시면 가야만 하는 게 우리네 인생들인데, 그 잘나고 멋진 세계적 미인도 자살을 하는 세상 도대체 무엇이 잘못된 세상이던가.

우린 주어진 인생 무대에서 최선을 다 한다는 건 바로 겸손한 마음으로 하나님의 목적을 이루는데 도구로써 예쁘고 고운 마음으로 사는 것이다.

우린 미련해서 늘 내가 잘나서 사는 줄로 착각을 한다. 그래서 툭하면 교만하고 잘난 척 하는 실수를 저지른다.

이 땅에 사는 동안 인생 어정쩡하다 보면 쏜살같은 세월 속에 저기 북망산이 코앞에 닥치는데 그럭저럭 맘 상하지 않고, 남이 눈살 찌푸리지 않게 살면 되는 거지, 뭐 그리 잘난 척하는 사람들이 많은지. 강물이 깊으면 소리가 없다.

사람도 속이 깊고 겸손한 사람은 소리가 적다. 빈 깡통이 소리가 크듯이 가끔씩 눈에 티처럼 잘난 척 하는 사람들이 나를 쓸데없는 고민으로 몰고 간다. 이렇게 말하는 내가 또 잘난 사람들 앞에 어떻게 보일런지는 모르지만 잘난 벗님들이여, 잘난 것도 남이 먼저 아는 법이니 울렁증 나게 좀 살지 마소. 스스로 잘났어도 겸손으로 우리 자제하며 같이 삽시다.

그런 게 진짜 잘난 사람 되는 게 아니겠소. 오늘은 어쩐지 잘난 사람보다 황토 흙을 닮은 듯 순박하고 순수한 가슴에 남모르는 상처가 있는 사람과 서로 서로 좋은 덕담을 나누면서 진한 커피라도 같이 마시면서 잘난 척 하는 사람들 흉이나 실컷 보고 싶다.

이름

하찮은 미물도 또 들꽃 하나도 이름이 있듯이 사람에게도 각자의 이름이 있다. 이름이 좋으면 잘 산다는 말들도 있고 이름이 나쁘면 팔자가 드세다는 말도 있다. 그러나 그게 어디 신빙성이 있나 그냥 떠도는 말이겠지 어떤 지인이 한 말이 생각난다. 내 이름을 남산에 올라가서 부르면 천명도 넘게 대답을 할 거라는 반농담을 한 적이 생각난다. 그때 나는 토라진 대답으로 내 이름이 그리 흔하단 말이야? 하고 쏴붙이면서도 속으론 인정이 된다. 그 옛날 사람들의 이름은 거의 비슷하게 자, 희, 순 등이 많이 불리고 쓰였지만 요즘은 부모님들이 세련돼서 자녀들 이름들도 예쁘고 세련된 이름으로 지어준다. 별꽃 달 같은 우리나라 말 중 아름다운 언어들로 예쁘게 불리는 이름도 요즘은 참 많다. 그래도 나는 내 부모가 지어주신 내 이름에 한 번도 불만을 가져본 적이 없다. 어느 분들은 이름 때문에 속이 상해 바꾼 사람도 있고 어떤 분들은 이름 때문에 출세한 사람도 있다지만, 나는 내 이름이 그렇게 흔하다고 해도 별생각을 해보질 않았는데 그 지인의 말을 들으니 정말 그렇구나 하는 생각 속에 갑자기 이름이란? 하는 생각 속에 빠져 본다.

세상엔 이름 없는 게 하나도 없다 작은 풀잎 하나도 다 나름대로 이름이 있고 심지어 작은 먼지까지도 먼지란 이름이 있지 않는가? 그러나 세상에 수많은 이름 중에서 이상하게 어느 이름은 듣는 순간 가슴 찌릿하게 그리운 이름이 있고 어느 이름은 듣기만 해도 덜컥 가슴이 떨리는 사람이 있고 어느 이름은 듣기만 해도 짜증나고 싫은 사람이 있다. 그리고 어느 이름은 듣기만 해도 무서운 사람이 있다. 이렇게 수많은 이름 속에 우린 더불어 살아가는 세상이다.

이름이 좋고 나쁘고를 떠나 사람에 따라 부를 때 정감을 느끼면서 가슴이 따듯하게 느껴지는 사람이라면 그 사람은 아름다운 사람이다. 그 수많은 이름 속에 생각나는 사람들의 느낌을 말한다면 남편의 이름은 왠지 든든한 느낌이고 자녀들의 이름은 생각해도 마음 졸이고 공연히 아깝고 사랑스럽고 행복하고 그러면서 늘 염려되고 그리고 형제들의 이름을 들으면 울타리 같으면서 정겹고 또 친구들의 이름을 들으면 늘 불러내어 같이 놀고 싶고 만나고 싶다. 또 이웃 사람들 이름을 들으면 가까이하고 사귀며 살고 싶은 분들이다.

어느 친구의 이름을 들으면 커피 생각이 나고 어느 지인의 이름을 들으면 소주 한 잔이 생각나게 하고, 특히 부모님의 이름을 들으면 괜히 살아계시던 돌아가셨던 간에 늘 존경스럽고 마음이 짠하니 눈물이 나는 이름이다. 이렇듯 수많은 이름 속에 갖가지 마음과 생각이 숨겨져 있는 이름들 속에 가끔 남모르게 잊지 못할 이름들도 있다. 내 기억 속에도 이름 석 자만 남기고 나이테만큼 추억으로 가슴의 나비가 되어 여행을 하게 하는 고운 이름도 있다. 가끔 서글픈 흔적만 남기고 간 야속한 이름도 있고…

그래도 내겐 정말 감사의 이름이라면 나를 구원하신 전능하신 그분의 이름 예수님, 가장 귀한 그분의 이름은 시시때때로 내가 날마다 부르는 나의 하나님이 아닌가 싶다. 내게 늘 평온한 마음을 선물로 주시고, 감사의 눈물과 함께 힘들고 아플 때마다 기대고 위로를 주시는 전지전능하신 분의 보배롭고 귀한 이름이다. 수많은 이름 속에 사는 우리네 인생 세상이 때론 그 많은 이름들과 더불어 살아갈 때, 때론 힘든 이름 때문에 나를 힘들게 할 때가 많은 우리네 인생이 아니던가, 그럴 때 우린 가끔 독한 술에 취하고도 싶고 진한 커피 향에 달래보고도 싶은 인생들이 아닌가? 그 이름들과 함께 살아가고 있지만 내겐 그 많은 이름 때문에 또 행복하기도 하고 아프기도 하다.

그러나 그들의 수많은 이름들과 함께 어차피 열심히 살아야 하는 존재라면 나 역시 그들의 이름 속에 또 하나의 사랑하는 이름으로 기억되었으면 하는 바람이다. 주님이란 이름 속에 많은 이름들을 풍덩 담아서 기도를 올릴 때는 그 모든 이름들이 하나같이 다 소중하다.

나를 아프게 하던 이름도 얄밉던 이름도 불쌍해지는 마음이 들고 그립던 이름도 녹아내리는 평전 속에 감사하고 사랑스러운 이름은 더더욱 감사로 올리는 그런 시간이 바로 내가 축복받은 시간들이다.

오늘도 나는 내 머릿속에 필름을 돌린다. 그리고 수많은 이름 속에 내 이름을 불러본다. 그리고 나에게 조용히 사랑한다고 말하면서 힘내라고 다독여 준다.

내 이름이 비록 흔하디흔한 이름이지만 소중하고 아름답다. 내 이름을 지어 주신 부모님께도 감사하다. 아무리 흔해서 남산에 올라가서 내 이름을 부르면 천명이 넘게 대답한다 해도 그 흔하디흔한 내 이름이지

만 나는 내 이름이 좋다,

최소한 개똥이라던가, 말똥이라던가, 같은 이름만 안 지어 주신 것만도 우리 부모님께 얼마나 감사 한가? 아무리 흔한 이름도 자기 것은 다른 법 이름을 빛나게 하는 것도 자기 삶의 몫이 아닌가 싶다. 세상에 나와서 이름 하나 얻어 살다가 내 이름을 과연 어떻게 해놓고 갈는지 이건 오직 자기가 살아가면서 해놓을 몫이다.

상전은 머슴이 평가하고 머슴은 인심이 평가한다는 말이 있지만 그 많은 영웅들과 훌륭한 사람들의 이름을 생각하면서 그들의 삶 속에 얼마나 자기들의 이름 앞에 정말 멋진 삶을 살다 갔나 하는 조용한 부러움이 앞선다. 우린 내 이름이 후대에 어떻게 불려 질까를 생각할 줄 아는 삶을 사는 것도 한 번쯤 생각해 봐야 한다.

아무리 바람처럼 살다 가는 인생이라도 이름은 있는 법 내 이름에 대한 책임 있는 삶을 우린 살아야 되지 않을까?

내가 이 땅에 없어도 내 이름을 기억하는 사람들에게 사랑으로 오래 남길 수 있다면 그 또한 잘 살다가 가는 삶이 아닐는지, 좋아하는 사람은 이름만 보여도 기쁨이 확산 되듯이 나도 최소한 타인들이 내 이름을 보고 들을 때 기쁨이 확산되는 사람이었으면 더할 나위 없는 소망이다. 하지만 누군가 나를 기억하기도 싫은 사람이 된다면 얼마나 그 얼마나 슬플까? 하는 고민 속에 갑자기 내 삶을 뒤돌아보게 된다. 내 머리 필름 속에 담겨진 많은 사람들의 모습이 떠오르면서, 조금은 가슴이 읊조려지는 시간이다. 짧은 세상을 살면서 사람과 사람사이 쉽게 달다 쓰다 하지 말고 그저 평범하게 사는 것도 행운 아닌가, 이름이란 단어 속에 삶을 관조하는 마음이 오늘따라 깊은 생각으로 몰려온다.

추석 명절날

추석날 온 가족들의 즐거운 한때를 보내고 모두가 각자 자기 자리로 떠나고 나니 밀물 썰물이 한꺼번에 거쳐 간 자리처럼 허전한 마음이 든다. 쓰나미가 지나고 떠난 자리 모양 예쁜 자식들이 어질어놓고 간 어수선 자리를 대충 정리하고 머리도 식힐 겸 버릇처럼 인터넷을 열었다. 그리고는 내가 아는 가까운 지인이고 문인 분의 글을 접하면서 얼마나 마음이 찡한지 그러면서 하나님께 감사하는 마음이었다. 그분은 오래전에 캐나다에서 거주를 하시다가 노년에 그리운 한국으로 돌아오셔서 작품활동에 열정을 쏟으면서 사시는 아주 훌륭한 박사님이시다. 그분이 오래전에 캐나다에 거주하실 때 고향을 그리면서 쓰신 작품인 듯한 추석명절이란 작품에서 이북에 부모형제를 두고 살아가는 그분의 글 속에 남모르는 가슴의 슬픔과 한을 느낄 것 같았다. 남이 볼 땐 복이 꽤 많아 보이시는 분 같은데 자녀들도 다 박사나 의사 같은 능력자로 인정받는 훌륭한 자녀로 키우셨고 본인 역시 교수님으로 평생을 남의 나라에서 계시다가 이제 나이가 드셔서 고국 땅에서 묻히고 싶다는 일념으로 한국에서 노년을 살고 계신 분이다.

그분은 가끔씩 허전하신 듯 가끔 내게 안부 전화를 하신다. 모자라고 보잘것없는 나를 동생처럼 어여뻐하시는 분이시다. 나는 그분의 글을 읽으면서 그분의 마음을 대략 짐작이 간다. 늘 큰집 오라버니 같고 친정 아버지처럼 정겨운 분이시다. 나이가 드셨는데도 매너도 남다르게 좋으시고 말씀이 아주 정겹고 마음결이 고우신 분이시다. 그분한테서 가끔씩 저런 뼈아픈 한이 있다는 게 참 안됐으면서도 또 다른 생각으로는 하나의 공평성을 깨닫게도 하는 시간이다. 추석 한가위엔 이런저런 많은 사람들의 아픔도 있는 날 같다. 가족과 부모형제가 다 있어서 만나는 사람들은 즐거운 명절이지만 가족이 없고 또 있어도 저렇듯 이북에 가족들이 있어 못 만나는 분들의 한과 아픔을 더욱 상기 시키는 날도 추석 명절이 아닌가 싶다. 추석 한가위란 뜻은 한 이란 말은 '크다' 라는 뜻이고 '가위' 란 말은 신라 시대 때 길쌈놀이인 '가배' 에서 유래한 것으로 길쌈이란 실을 짜는 일을 말하는 것이라는데 그 뜻의 후에 가배가 '가위' 라는 말로 변하여 한가위가 되었다는 말이 있는데 어쨌든 추석 한가위만 하면 좋겠다는 우리말도 있듯이 우린 추석 명절이 행복하고 좋은 절기를 말하는 것은 분명하다. 하지만 많은 외로운 사람들이 더 힘들고 고독을 느끼는 명절이기도 한 듯하다. 요즘이야 추석 명절이라도 큰집이 아니고서야 젊은이들은 주로 휴가처럼 외국으로 놀러가든 어디로든 여행으로 즐기는 분들도 많아진 시대지만….

추석 명절의 개념도 조금씩 달라져 가는듯한 세상이긴 하다. 그래도 가정이란 울타리 속에 가족의 행복은 그 무엇에 비할 수 없을 만큼 크고 소중한 존재들이고, 그 관계를 모두 유지하고 사는 사람이 얼마나 되겠나 그래서 그 유명한 세계적 부자인 헨리 포드의 일화에 보면 자동차 산업으로 거부가 되었지만 무엇보다도 무척 가정적이고 소박한 사람이었다고 한다. 백만장자의 집 치곤 너무 초라할 만큼 소박하게 사는 헨리 포드에게 어느 날 그의 친구가 여보게 친구 자네는 백만장자의 집 치곤 너무 초라하지 않나? 하고 물으니 헨리 포드가 대답하길, "건물이 문제가 아닐세! 그 속에 사랑이 있으면 위대한 가정이고 사랑이 없으면 대저택도 무너질 것일세." 라고 대답을 하더란다.

그 일화를 떠 올리면서 나는 가족과 형제의 사랑과 의미를 다시 한 번 떠올리게 한다. 가족의 관계로 인해 무엇보다 가장 큰 행복이 있지만 또 한편으론 가족이면서도 원수 같은 마음으로 없느니만 못한 관계로 아파하고 가족 관계로 인해 더 고독해하고 가족 관계로 인해 시달리며 힘들게 사는 사람들도 가끔씩 본다. 물론 그 속엔 남이 모르는 사연들이 많이 있겠지만, 오늘은 추석 명절이라 우리 집도 한바탕 형제 자녀들의 만남 속에 북적된다. 다들 제각각 가고 나니 텅 빈 듯한 집안에 쓸쓸함이 감돌고 살짝 고독이 밀려드는데 오늘 같은 날 가족도 없이 혼자 지내는 사람들의 마음은 오죽하랴! 이런 분들을 보며 생각의 상념 속에 빠져드는 시간이다.

그래도 지금껏 내 고독은 고독한 게 아니구나 하는 생각 속에 나는 사치성 고독이었구나. 하는 생각이 든다. 세상엔 명절이 오면 저렇듯 이런저런 기막힌 사연으로 아픈 사람들이 많은데 하는 안타까운 마음이 든다. 올해 추석 명절도 이렇듯 흘러가는 시간 속에 식구들이 있다는 게 가슴으로 얼마나 감사한 축복인지 조용히 하나님께 감사함을 드린다. 나는 정말 행복한 사람인데 하면서, 또 한편 명절이란 정말 웃는 사람이 있는가 하면 가슴 시리도록 울며 지내는 사람도 있다. 이런 게 명절이라면 굳이 명절의 의미를 크게 두고 싶지 않다는 생각마저 든다. 다 같이 잘 지낼 수 있는 명절이 되었으면 얼마나 좋을까? 하는 마음속에 이젠 명절도 조금 바뀌었으면 하는 바람도 가져본다. 요즘이야 먹거리도 늘 잘 먹고 사는 시대에 음식 장만도 낭비 같고 가족도 교통편도 좋으니 평상시 자주 왕래하는 제도 속에 살면 좋겠다는 생각이 든다. 시집 간 딸들도 옛날같이 멀리 살지 않고 요즘은 많이들 이웃에 살고 있는 추세인데 굳이 명절을 내세워 새롭게 한다는 것이 좋은 의미만 있는 것은 아닌 듯하다. 행사 자체도 자유롭게 지내는 제도적인 캠페인도 한 번쯤 생각해 보고 싶다.

부모 자식 형제 생각하는 것이 늘 같고 풍성하고 행복한 마음으로 날마다 명절 같은 마음으로 살아갔으면 하는 바램도 가져본다.

굳이 명절날만 부모님 생각하는 건 아닌데, 괜히 며느리란 존재만 힘들게 하는 건 아닌지 모르겠다. 그렇다면 오늘 같은 날 슬픈 사람들도 적을 듯한 마음도 든다. 물론 이런 생각은 나만의 생각이라 다른 분들은 뭐라 할까? 은근히 겁도 나지만, 외로움에 흠뻑 젖은 그 지인님의 글을 보면서, 어쩐지 만감이 교차되는 시간이다. 마음 한구석에서 짠한 생각에 내가 실권이 있다면 법을 바꿔서 명절 개혁을 한번 생각해 보고 싶은 날이다.

건망증

요즘 들어 자주 기억력이 감퇴된 듯 깜빡깜빡 잊어버리는 일이 많다. 어제 일도 가물가물할 때가 있으니 아뿔싸, 내가 이렇게 늙었나? 하는 두려움에 겁이 날 정도다. 안개 같은 기억 속에 영 생각이 안 날 적엔 몹시도 답답하고 또 이러다 내가 만약 치매란 병마도 오면 어쩌지? 하는 두려움마저 든다. 며칠 전에 애들이 오면 해 먹을 거라고 더덕이랑 도라지 깐 것을 거금을 주고 사다가 김치냉장고에 넣어 놨는데 까맣게 잊고 나중에 보니 도라지는 물이 될 정도로 물러 터지고 더덕 역시 다 뭉크러져 있지 않나. 세상에 더덕은 비싸게 준 거라 아깝다. 새끼들 오면 먹인다는 게 이게 웬일인가? 아까운 마음에 속이 상했다. 이런 작은 것 하나 하나가 전엔 없던 실수를 수시로 하니 요즘 이놈의 건망증 때문에 가끔씩 허망한 생각까지 든다. 세월 앞엔 어쩔 수 없다는 생각 속에 나이 먹는 게 두려움마저 드는 요즘이다.

옛말에 장부라도 늙고 병들면 어쩔 수 없다는 말과 아무리 학식이 드높은 사람도 늙고 병들면 억울하고 나이 먹고 약해지면 학식마저 묻혀진다는 말이 갑자기 접목된다. 이렇듯 건망증이 나이 드는 나를 서글프게 지배하는 날이다. 누군들 세월을 비켜 갈 수 있겠나? 그런 생각 속에 좀 더 젊었을 때 허송세월 보내지 말고 좀 더 많은 걸 배웠을 걸 하는 생각도 해본다.

자식 키우며 지금까지 허송세월은 아니지만 어찌 하다 보니 늙기 위해 사는 셈이 된 듯하고 요즘 세월 가는 게 아까워 죽겠다는 생각이 자꾸만 든다.

꿈 없는 삶은 삭막한 실낙원이나 다름없건만 이제 이렇듯 깜빡깜빡하니 인생의 조바심 속에 무엇을 할 용기도 안 나는듯 하고 허망한 생각이 든다. 대장부라도 늙으면 병을 달고 살아야 한다는데 그래서 인간은 처음엔 네발로 가다가 커서 두발로 걸으며 늙어서 세 발로 걷는다는 말이 생각난다. 건망증으로 이런 생각까지 하다 보니 참 인생이 너무 덧없다는 느낌마저 드는 시간이다.

육신은 운동과 단련으로 연마하기도 하지만 정신이 건강하려면 정신휴양으로 함양되어야 한다는 어려운 생각 속에, 그러면 지금부터라도 정신 건강을 위해 고민한다는 건 필수 일 것 같다. 사람들은 육체 건강관리는 많이 하는데, 정신 건강관리는 조금 소홀한 듯하다.

무엇이건 연마하지 않으면 약골이 되고 수양하지 않으면 소인의 처지가 되지 않겠나 부단히 노력해야 건강한 인생도 살 수 있고 부단히 노력해야 보람찬 인생도 살 수 있는 것 같다. 두뇌가 좋다고 해도 노력하지 않으면 지각이 떨어지고 이렇듯 건망증도 쉽게 올 듯한 느낌이 드는 날이다. 머리를 잘 쓰면 두뇌 개발이 되고 머리를 잘못 쓰면 신경 쇠약에 걸린다고 하는 말이 생각나 고민 속에 빠져든다.

요즘 내가 쓸데없는 생각에 신경을 많이 쓴 듯한 생각도 해본다. 하긴 누구나 신경 안 쓰고 사는 사람이 있게나만 우린 정말 쓸데없는데 많이 낭비되는 일들이 얼마나 많은가? 사람들이 모두 긍정적인 생각만 하고 살면 좋은데 왜 그리 남의 일까지 도맡아 쓸데없이 고민을 하면서 적은 일에도 화까지 내면서 살아왔다는 생각 속에 이제부터라도 나도 정신 건강을 위해 조금씩 생각도 아껴 가면서 살아야겠다는 생각을 해본다. 무엇이건 긍정적 상상력은 발전을 가능하게 하나 부정적인 상상력은 퇴보를 가능하게 하니 이제부터는 기억력을 좋게 하기 위해서라도 좀 더 긍정적인 마인드로 살아야 되겠다.

그렇다고 지금껏 부정적으로 살아온 것도 결코 아니지만 좀 더 기쁘게 행복하게 사는 법을 터득해야 되겠다는 생각을 해본다.

하긴 세상 사람들이 머리가 좋다고 마음이 좋은 건 아니더라, 그리고 마음이 좋다고 정신이 좋은 것만도 아니더라, 모든 게 같이 골고루 가꿔 가는 마음으로 살아야 아름답고 건강할 듯하다. 모든 게 다 가꾸지 않으면 보기 싫지만 특히 인간처럼 가꾸지 않으면 추한 존재도 드물고 다듬지 않으면 인간처럼 험한 존재도 드물다고 생각이 든다. 이런 것들을 실천하고 살려면 그 또한 쉬운 일은 아니겠구나 하는 생각 속에 고민해 본다. 오늘은 썩어 문드러지도록 모르고 아끼던 물건을 깜빡한 내 건망증 덕에 아까운 마음도 들지만 어쩔 수 없지 하면서 포기하는 마음을 얼른 가져야 될 듯하다. 그래야 아깝다는 스트레스를 덜 받을 듯하다.

나는 얼른 음악을 틀고 아무도 없는 틈에 온몸을 흔들면서 남이 보면 흉을 볼 만큼 어색한 몸을 흔들어 봤다. 음악소리에 맞춰 혼자 리듬을 타 본다. 누구 앞에서도 한 번도 보여주지 않았던 내 몸치의 춤을 혼자만 살짝궁 콧노래 속에 놀아본다.

고민에서 즐거움으로 사는 방법 중 하나를 사용하는 중이다. 그러다 얼른 거울에 비친 내 모습에 아무도 없는데도 부끄러워 멈칫했다.

평소에 흔들어 보지 않던 굳은 몸치가 건강하겠다고 흔들어 대는 꼬락서니를 보려니 내가 나를 봐도 이만저만 꼴불견이 아니다. 모임 장소나 TV에서 보면 남들은 잘도 놀고 잘도 흔들어 재끼더구먼, 나 같은 바보는 평생 몸치로 늙어버렸으니 건강하자고 뒤늦게 음악에 맞춰 흔들어 재끼는 내 꼴이 너무 무색하고 우습다. 나는 오늘 정말 건망증 때문에 건강하려고 안 하던 짓거리까지 하면서 고민하고 혼자 민망해 씩~웃었다. 건망증 때문에 오늘은 많은 것들을 생각하게 하는 날이다. 그리고 '기억은 자신의 자산이다' 라는 귀한 말이 생각나는 날이다. 무엇보다 사랑하는 내 자식들 근심걱정을 줄까봐 이렇듯 건강은 꼭 챙겨야겠다.

하동 문학제날

경상북도 하동의 평사리 마을 문학제의 밤은 무르익었다. 서울서 부산서 각처에서 글께나 쓴다는 문인들이 모두가 많이 모였다. 행사에 맞춰 상도 타는 문인들 또는 그날에 무대 행사를 맡은 많은 작가들 또 우리를 위해 이벤트를 준비하고 출연하는 출연자들 모두가 한마음이 되어 '故 박경리' 선생의 남긴 대작을 생각하며 모든 문인들 마음은 다 같이 비록 돌아가신 분이지만 대작의 작가인 '故 박경리' 작가님을 부러워하지 않을 사람은 없을 것이다. 나 역시 속으로 그분의 크나큰 업적 앞에 한없이 부러운 마음이었다. 그분이야말로 우리나라 역사적이며 한을 그린 작품 '토지' 속에 절절한 당신의 한을 담은듯했다. 무대에서 그분의 모습을 재현하는 연극을 보면서 나는 다시 한 번 존경스러움이 들었다. 글을 쓸려면 이런 명작 정도는 쓰고 죽어야지 글 쓰는 재미가 있잖은가! 부럽다.

갑자기 부끄럽고 초라한 내 모습을 보는듯해 어깨가 움츠려 들었다.

세계의 복음서인 '성경' 그 성경 속에 역사적 인물 등장이 확실치는 않아도 2,618 명 정도고 지명도가 대략 822 곳이라 들었다. 세계적 성경은 물론 복음서라 하지만 그래도 최고의 책이 아니던가! 그럼 도대체 토지에 나오는 인물들은 몇 명이나 될까? 어림잡어 백여 명은 훨씬 넘지 않겠는가? 그렇다면 그 많은 사람들의 몫을 하나하나 배열하면서 글을 엮어간다는 게 너무 대단하다는 느낌 속에 수학적인 계산기도 두드려진다. 나도 죽기 전에 꼭 한번 소설을 쓰고 싶은 소망이 있었는데 당최 용기가 나질 않는다. 세상엔 꼭 있어야 할 사람이 있고 있으나 마나 한 사람이 있다. 그리고 또 없어야 할 사람 이렇게 세 가지로 분류한다면 나는 어느 곳일까? 그리고 누구나 누구에게든지 꼭 닮고 싶은 스승이 있다던데 나는 정말 꼭 닮고 싶은 스승이 누구였단 말인가? 이런저런 상념이 밀려온다. 도대체 나는 무엇인가? 누구인가? 내가 갑자기 없는 듯한 느낌이 몰려온다. 내게 뜨거운 욕망이 있으면 뭘 해? 냉엄한 현실 속에 능력도 용기도 고갈된 내 모습만 보인다.

가끔 시내 문고에 들르면 도대체 저 수많은 글들이 아니 책들이 가끔은 공해처럼 느낌이 들 때가 있다. 너도 나도 다 책을 내고 글을 쓴다고 난리들이니 문고에도 나오지 못하는 책들은 또 얼마나 많은가? 도대체 이런 상황 속에 내가 소설을 쓴다면 그 누가 사서들 보기나 할까? 하는 주눅 든 마음부터 앞선다. 남이 보지 않는 글을 쓴다는 건 얼마나 슬픈 일인가! 갑자기 그동안 내가 낸 수필집이고 시집이고 읽어주시고 아낌없이 칭찬해 주시던 독자들이 하염없이 고마운 생각이 든다.

나는 가끔 남편한테 나도 소설을 쓰고 싶은데 난 여권이 안돼서 못쓴다고 엄살을 피운 적이 있었다. 소설을 쓸려면 나같이 전업주부는 안돼요! 당신 밥도 늘 챙겨주고 살림도 해야지 그러면서 내가 어찌 소설을 쓴데요? 하면서 남편한테 은근히 능력 없는 걸 숨기려 했다. 가슴에선 자신 없으면서 작가랍시고 허세는 있어서 그런 말을 앵무새처럼 지껄인다. 때로는 피하고 싶은 진실이 있듯이 이런 가슴속 진실이 가끔 나를 망치는 일은 아닌가 하는 걱정도 숨겨져 있다. 수많은 문인들이 있고 산더미 같은 책이 쏟아져 나오는 이 시대 거기서 과연 얼마나 내 독자들을 유지할 수 있는가! 작품을 써놓고 그 작품을 독자들에게 보이기 위해 글 쓰는 노력보다 더 애쓰는 모습들을 보는 이 시대 글쟁이들의 애환이 아닌가? 하는 그런 생각을 해본다.

그래도 머리를 흔들며 아냐 나약함은 누가 주는 게 아니야 스스로 본인이 만든다 했거늘 용기를 갖자 하면서 나는 속으로 내가 나를 이랬다 저랬다 해본다. 그래도 글을 쓰는 사람들은 마약 같다 팔리든 안 팔리든 독자들이 자기 작품을 찾든 안 찾든 쓰고 또 쓰는 게 글쟁이 작가들이다. 이런저런 상념 속에 우린 그곳 여행을 마치고 집으로 오는 버스에 올랐다. 버스 속에서 밖의 들녘을 보니 아까와는 사뭇 다른 생각의 철길로 이어진다. 집에 가면 반찬이 다 떨어졌을 텐데. 과일은 좀 남았겠나? 남편은 밥이나 잘 챙겨 먹었나? 하는 생각이 밀려온다. 제대로 내 자리를 찾아오는 듯한 생각에 이상하리만큼 편안하다. 이렇듯 집을 생각하니 가장 소중한 내가 보이는듯하다.

작가이기 전에 나는 평생의 내 직장생활. 주부라는 직책도 있다. 그래 맞아 초가집에 산다 해도 노년 부부는 아름답고 휠체어를 민다 해도 노년 부부는 아름답다는 말이 갑자기 생각이 난다. 시답잖은 글 좀 쓴다고 소중한 남편의 끼니 걱정 없이 내가 누구며 난 무엇이지? 하는 욕망에 허우적대는 내 영혼이 갑자기 나에게 혼나고 있다. 네가 누구긴 누구야? 한 남자의 아내고 소중한 엄마고 소중한 형제지! 그다음 너야? 알아? 하는 소리가 들린다. 아뿔싸, 그래 맞아 그들이 없으면 난 아무것도 아냐 하는 생각 속에 갑자기 빨리 집에 가고 싶다. 능력이 없으면 있는 것만 큼만 사용하면서 살면 되는 거지 무엇이 그리 안달인가?

사람노릇을 하고 작가가 되는 거지 능력도 없는 게 하늘만 쳐다보는 격이다. 갑자기 답답한 동굴을 벗어 나온 듯 마음이 평온해졌다. 그리고 이 세상엔 완벽주의자로 일하는 동료나 능력으로선 최고겠지만 사람들의 행복을 나누는 친구로서는 꺼려진다고 했다는 말처럼, 완벽한 작가는 못돼도 정겨운 글을 써서 부족한 대로 많은 독자들에게 따뜻한 미소를 얻고 싶은 작가는 되고 싶다. 그래 책이 산더미같이 공해로 취급받는 시대라 해도 나는 내 분량만큼 아니 내 능력만큼 내 삶을 그려가면서 산다는 게 얼마나 좋은가!

나를 내려놓고 욕심을 내려놓고 진솔하게 마음을 나누는 작가가 되고 싶다. 책방의 저 산더미 같은 책 속에 남모르게 핀 들풀처럼 내 기록도 섞여 있다 보면 누군가 볼 수도 있고 공감하는 행복도 있지 않겠나?

진솔하게 열심히 살며 기록하는 마음으로 글을 쓰면 되지 하는 마음을 다짐해 본다. 잠시 갈등하는 시간 속에 차창밖에 들녘을 보니 멀리 뵈는 누런 들녘이 참 평화로워 보였다. 살아있는 동안 내게 주어진 만큼 글을 쓰고 행복을 찾으면서 살고 싶다는 마음을 먹는다. 하동 문학축제를 다녀오는 나는 또 다른 내 인생의 소중한 것들을 발견하면서 입가에 소박한 미소가 번지는 날이다.

문인의 마음

요즘 따라 글을 쓰려 해도 자꾸만 글쓰기가 게을러지는 마음에 이래서 무슨 문학하는 문인이라 할 수 있겠나 하는 고민이 든다.

적어도 문인의 마음에는 사랑도 있고 슬픔도 있고, 때론 괴로움이 있어도 글을 쓰는 꾸준한 열정도 있어야만 한다고 생각한다. 무늬만 문학인이랍시고 제대로 된 글 한편도 없이 너덜너덜한 마음으로 본이 되지 않는 사람들이 얼마나 많은가? 이런 일 저런 일을 보면서 문인의 마음은 과연 어떤 마음으로 살아야 하는가 고민을 해본다.

문인은, 슬프더라도 슬퍼하거나 눈물을 보이기보다, 눈물을 삼켜야만 된다고 하는 누군가의 얘기를 들은 듯하다. 살다가 보면 때로는 가슴 아픈 일로 절규하는 일들이 있어도 문인은 그냥 참아야 한다고 한다. 그러고 보니 문인이 무슨 도사 같다. 그만큼 문인의 가슴은 넓고 문인은 예수님의 마음을 닮아야 할 듯 하다. 많은 사람들에게 문학으로 사랑을 전파하여 이 각박한 세상을 따뜻하게 만들어야 될 의무도 갖고 있다는 생각을 해 본다. 그리고 문인은 죽는 날까지 펜을 놓지 말고 슬기로운 사상과 가치를 증류시키는 마음을 기울여 살아야 한다. 그래서 문인은 현명한 이성적 생각을 존재하고 있기 때문에 그럴 때마다 오로지 팬으로만 빛나길 바라야 하기 때문이다.

문인은 마음속에 가끔 출렁대는 유혹 앞에서도 생각하지 말고 오로지 가슴에만 담아야 정말 아름다운 글이 나올 수 있을 것 같다. 절박한 상황에도 승리하는 감정의 경험이 있는 자만이 다른 이의 감성을 헤아리고 오직 좋은 글을 쓸 수가 있다는 뜻일 것이다.

가끔 조용히 해탈의 시간을 가지고 살라는 말도 있다. 우리가 산다는 것은 끝없는 갈등과 실망과 절망의 연속이라 해도, 문인은 모든 것을 침묵 속에 묻을 때 그 또한 글로 표출이 된다고 본다.

문인은 흐르는 시간 속에 결국 답을 얻어 펜 속에 아름답게 비벼 넣고 굴려 넣어서 아름답게 살라는 뜻이다.

문인의 마음속에는 성인도 되고, 예수님의 마음도 본받아 살아봐야 진정으로 아름다운 언어를 빚어 우리들의 가슴을 흔드는 글을 쓸 수가 있다는 뜻 같다. 그래서 문인들은 시시 때때로 초월의 공간 속으로 가끔씩 비상하며 아무것도 취하려 들지도 말고 가지려 하지도 말라는 교훈적 말이 갑자기 생각이 난다. 인생은 잠시 쉬었다 가는 정류장이라는 걸 늘 기억하되 아름답게 기다리는 법도 키우고 배워야 할 듯하다.

정류장에서 기다리는 동안 우리는 많은 이들을 사랑하고 또 사랑하되 나를 미워하는 자들까지도 죽을힘을 다해 사랑하라는 말이 생각난다. 그래야만 우리들은 비로소 펜을 쥔 아름다운 문인이라는 영광스럽고 귀한 호칭을 차지하게 될 것이라는 말속에.

오늘 문인이라는 단어 앞에 심각하게 고민해 본다. 주문을 외우듯, 이렇게 힘들어야만 글쟁이가 되나?

며칠 전 어느 지인 작가와 모임에서 우연히 대화가 오고 가는 중 나는 나의 소망은 죽기 전에 멋진 소설을 한번 꼭 써보고 싶다는 얘기를 나눴다. 그도 같은 소망이란 말을 주고받다가 이 작가님은 그냥 포기하심이 어떠실는지요? 하는 반농담 섞인 말을 건넨다. 나는 지나가는 농인 줄 알면서도 그 사람한테 조금 화가 났다. 내가 저 사람 보기에 영 실력 없는 문인으로 비추어졌나? 하는 약간의 유쾌하지 않는 기분이 스치면서 나는 그 작가 분에게 되물었다. "아니 아무개 선생님 왜? 제가 소설 쓰는 걸 포기하라 하십니까?" 하니깐 그분 대답이 "이 작가님은 살아오신 삶의 무대가 소설을 쓸 수 있는 무대 속에 살아오질 않았고 또 앞으로 소설을 쓸 수 있는 그러한 여건 속에 살 것 같지 않습니다." 한다 "아니? 그게 무슨 소리요?" 하며 의아해 되묻는 나에게 그분은 구체적으로 조곤조곤 얘기를 한다.

마음 상하는 소리는 아니라는 걸 알면서 공연히 소설을 쓰고 싶은 욕망에서 갑자기 속으로 기가 죽었다. 어찌 보면 나를 잘 봤다는 말이고 부럽다는 소리인데도 나는 괜히 객기를 부리면서 "그럼 평범한 삶을 소설로 쓰면 될 것 아니요?" 하며 굳이 지기 싫어서 한 마디 했다. 그러니 그분 대답이 "그러든가? 말든가, 이 작가 알아서 하세요." 한다. 물론 소설을 쓰는데 꼭 삶의 토대가 되는 건 아니지만. 어느 정도 큰 실력이 아닌 이상 그래도 소설의 감성만큼이라도 살릴 수 있는 토대로 삶의 무대가 있어야 한단다. 그러니 날 보고 물 흐르듯 극히 평탄하게 살아온 사람은 소설을 쓸 수 있는 소재가 머리에서 만들기란 그리 쉬운 일이 아니란다. 어찌 생각하니 알 듯도 하고 모를 듯도 한 소리 같다. 이게 좋은 소리야 나쁜 소리야 조금을 헷갈려도 말귀는 알 만하다. 그분이 하시는 말

"아님, 이 선생이 지금부터 소설처럼 살고 한번 쓰시던가?" 하면서 그분은 반농담 속에 날 놀린다. 우리들의 대화는 그렇게 그냥 싱거운 농담 속에 유쾌한 웃음으로 마무리 지었다.

나는 집에 와서 가만히 되새김질 하면서 그분과의 대화를 떠올렸다. 그래 맞아, 굳이 두들겨 맞추어서 역설하자면 그래도 요즘 뜨는 소설을 볼 때 거의가 작가 삶과 실력을 합쳐 무관하지 않다는 것, 그리고 그 작품을 쓰기 위해 뼈가 상할 정도로 힘들어 썼다는 것은 자타가 모두 인정이 된다. 그냥저냥 알려지지 않는 소설이야 얼마나 많은가? 책방이 공해일 정도지만, 그래도 작가라는 타이틀 속에 문인이라면 적어도 한 편이라도 베스트 작품을 내고 싶은 건 수많은 문인들의 로망이 아니던가? 죽기 전에 꼭 한번 멋진 소설을 쓰고 싶은 욕망의 열정은 솟는데 이런저런 생각에 엄두도 못 내고 있다. 그래서 오늘은 괜히 나 나름대로 문인의 마음을 만들어 읊어보고 싶은 날이다.

내가 나를 키우려는 문인의 마음을 스스로 만들어 이렇게 저렇게 생각을 굴려 봐도 내게 과연 그런 마음과 실력이 부족한 듯 영 기가 죽는다. 글을 쓰는 데는 좋은 명문대를 나와서 잘 쓰는 것도 아니고 그렇다고 감성만 갖고 잘 쓰는 것도 아니다. 삶의 가치를 써 낼 줄 알고 숨겨진 잔잔한 감성을 끄집어내어 글로 담아내고 표현할 줄 아는 게 문학이 아니던가? 그리고 작가라는 이름을 가졌다면 적어도 열정만큼은 꼭 필요한 게 아니던가? 이런저런 생각을 해 본다.

이러는 나도 욕심을 부린다는 게 작가로써 발전은 있지만 굳이 지금의 내 행복과 바꾼다면 그러고 싶지는 않다. 이렇듯 나는 평안과 행복을 좋아하니 베스트셀러의 작품을 꿈꾸며 대작 나오긴 틀렸나 보다. 얼마 전 문학 모임에서 동갑내기 소설 작가 지인과 모임이 있었다. 그 작가의 말이 불현듯 생각이 난다. 한때는 그분도 잘 나가는 공무원이면서 소설가였다. 그런데 한 때 힘든 세상을 그린 소설을 쓴 게 잘못이 되어 그 작가는 많은 고초를 겪고 한동안 문학 활동을 접고 운둔하다시피 직장도 잃고 실의에 빠져 살아갈 때가 있었단다. 그런 세상 속에 요즘 새로운 세상을 만나 다시 펜을 들어 작품 활동을 한다. 그분은 또 한 편의 소설을 출간하였다고 하면서 나에게 책을 선물 한다. 그 뼈저린 시련이 또 다른 인생의 아름다운 작품을 탄생시킨 셈이다. 이렇듯 펜을 든 자는 최소한의 양심 속에 바른 표현을 할 때 닥치는 아픔도 있다는 게 작가들의 삶이고 특징 같다.

수많은 장편소설을 펴낸 유능하신 소설가인데 소설 때문에 긴 세월과 많은 걸 빼앗기고, 기막힌 세월을 살아온 그분이 나에게 하던 말이 귓전을 울린다. 매사가 하나님의 은혜 가운데 지금껏 살아왔지만, 그래도 펜을 못 놓고 또 이렇게 신작을 내는 자기가 새롭고 대견한 모습이란다. 자기도 이해가 안 된단다. 그런 모습이 문인이다. 나는 그분을 보면서 글 쓰는 것도 참 중독인가 보다 하는 생각도 해 봤다.

나 같으면 오만정이 떨어져 원고지도 보기 싫을 텐데, 그분은 아픈 과거를 보면서 또 아이러니 한 건 현재 그분과 함께 있는 어느 문단 회장님이 그분이 교도소 재직 당시 한 분은 죄수로 한 분은 교도관으로 함께 엮여있던 시절이 있었다는 사실이다. 그런데 그분 역시 같은 문학을 하다 죄수로 곤욕을 치르고 나와서 이젠 둘도 없는 문학 동지이자 귀한 역사를 함께 엮어가는 절친한 지인으로 이렇듯 함께 살아가고들 계시는 것을 보면서 참 세상이 풀지 못할 인생의 삶이고 인연이라고 생각했다. 그분들 역시 내 말이 맞다면서 조금은 쓸쓸한 듯한 많은 말이 담긴 고운 미소를 보였다. 이런저런 그분들의 흘러온 과거의 역사 얘기를 조금 들다가 그래도 이제부터 더 많은 소재가 있는 멋진 작품을 얻었다고 생각하시고 열심히 글을 쓰시라고 조용히 응원을 하면서 헤어졌다.

속으로 그래 차라리 저분들처럼 큰 소재거리가 없는 인생이 훨씬 감사하다는 속물적 마음도 생각해본다. 나 같으면 문인으로써 자격이 없을 망정 저렇듯 힘든 과정은 사양할 듯하다. 내 이런 생각이 부끄럽기도 하지만 나는 오늘 이런저런 생각 속에 문인으로서의 길과 많은 생각 속에 휩싸인다. 최소한 문인은 입만 벌려 말만 무성해선 안 된다. 말보다는 진실이 담긴 펜이 아름답게 움직여 독자들의 마음을 얻어야 된다는 건 누구나 아는 사실이다. 입만 무성하면 열매가 적듯이 꽃을 피우는 그런 사랑이 듬뿍 담긴 가슴이 되어 독자들과 웃고 우는 가슴으로 그 모습을 잘 그리는 작가였으면 좋겠는데, 실력도 능력도 부족한 내가 어떤 글을 독자들에게 내어놓을 수 있을까 하는 고민도 해 보는 날이다.

양심을 숨기며 잘난 척 말만 나불대는 그런 작가보다는 진솔이 숨겨있는 멋진 생각을 하면서 멋진 작품을 쓰는 멋진 작가가 되고 싶다.

오늘따라 내 마음이 이상하리만큼 좀 더 가슴을 열고 눈을 열고 귀를 열고 입은 가능한 닫고 펜을 굴리는 진솔한 작가가 되고 싶다는 생각 속에 하나님이 내게 주신 큰 선물 중 글을 쓸 수 있게 해주셨으니 부끄럽지 않은 문인의 마음으로 모든이들과 사랑하며 살고 싶다. 그리고 결코 부끄럽지 않은 자랑스러운 글을 써 독자들의 마음을 훔치고 싶다.

386 세대

얼마 전에 목사님의 설교가 머릿속에서 내내 맴돈다. 적어도 기독교인이라면 좀 더 세상을 살면서 생활 속에 행함이 있는 신자가 되어야 한다고 생각한다. 우선 제일 먼저 멋진 국가관도 갖고 살아야 한다는 말씀도 들었다. 갑자기 그 옛날 대모가 늘 끊임없이 있던 386세대들의 말씀과 함께 요즘은 세월이 흘러 옛말이 되었지만 한참 데모로 나라가 떠들썩할 때 민주화 운동 얘기가 떠오른다. 386세대 하면 나는 내 큰아들이 먼저 생각난다. 내 아들이 바로 386 세대다. 얼마 전 목사님 설교 말씀이 우리 기독교도 좀 더 성숙해져야 한다는 주제였다. 지난날 1986년 정도에 대학생들을 지금 일컬어 386세대들이라 한다. 그들이 가장 힘들고 애썼던 국가관을 놓고 화두가 된듯하다. 그 당시 데모가 정말 하루건너 한 번씩 아니 거의가 날마다 최루탄 연기로 광화문 사거리 종로통 그리고 대학교 정문 앞에는 하루도 빤한 날이 없이 전쟁터 같은 나날들이었다. 대학 근처에 사는 분들은 최루탄 연기 때문에 못 살겠다는 아우성

속의 가게 하시는 분들은 가게 문을 닫아야 하니 생계에도 타격을 받고 대학생이나 젊은이들을 둔 부모들은 하루도 맘을 놓지 못하고 살았던 난리도 아닌 세상이었다.

그 당시 데모를 하던 학생들이 경찰들한테 쫓기다 못해서 교회로 들어오면 데모꾼 들이라고 내어 쫓으니 다시 나와 그들이 성당을 찾아 들어가니 성당에선 받아주고 숨겨 주었더라는 얘기를 들었다. 그리고 절에서도 그들을 숨겨주고 했지만 유독 기독교만 숨겨 주질 않았다는 얘기가 지금에 부끄러운 기독교인들의 문제로 화두가 되었다. 물론 다 그런 건 아니지만 비율로 따지면 기독교 인심이 제일 적었다는 말이겠다. 역사의 뒤안길을 뒤돌아보면 그 옛날 독립운동을 하던 애국자나 큼직큼직한 애국하는 위인들 중 많은 숫자를 차지한 것이 기독교 신자들인데 어쩌다 그 당시 기독교회에서 데모하던 학생들이 홀대를 받고 쫓겨나던 일들이 화두가 되었는지 몰라도 우리도 좀 성숙된 기독교인들이 되어야 하지 않겠나? 라는 생각을 해본다. 물론 확실하게 검증된 일도 아니지만 지나고 나니 인심의 풍문이 그렇다 하는 것이겠지만, 그리고 어쩌다 그 데모하던 학생들이 찾아간 교회서 유독 그랬었나, 그래도 왕왕 들리는 말에 의하면 교회서 그런 선행을 했다는 말보다는 언제나 천주교나 절이 꼭 먼저 나온다는 설래가 영 마음을 무겁게 한다.

그런 것 하나를 놓고 볼 때 아직도 우리 기독교는 멀었다는 얘기를 하고 싶다. 과연 그 당시 대학생 들이 몸을 피신해 줬던 곳이 지금도 그들은 잊히지 않고 늘 생각이 날 것이고 생각이 나면 그 당시의 자기네들을 고맙게 숨겨주고 보호해 주던 일들이 결코 잊힐 리 없을 것이다. 세월이 흘러 그들이 지금은 공부를 마치고 사회에서 어엿한 자리로 모범적 국민으로 살아갈 때 어찌 판단을 하면서 살아가고 있지 않겠는가. 그것이 사람의 마음인데, 그 사람들 중엔 이곳저곳 사회에서 근무를 할 텐데, 그들이 과연 그 옛날 민주화 운동을 할 때, 그 현장에서 기독교보다는 그들을 숨겨주고 그들을 피신해 준 동지애를 과연 어찌 잊을 수 있겠는가. 그럼, 과연 어찌 판단을 내리며 살아갈까 하는 문제점에서 아쉬움을 갖고 우리 기독교인의 부족함을 과연 말해보지 않을 수 없다. 그것이 바로 역사인데 사람은 언제나 과거를 잊을 수 없는 법이다. 특히 가장 위급하고 힘들 때 고마웠던 일이면 더욱 그러하다. 그때만 해도 위기에 있는 사람을 숨겨 준다는 건 큰 사랑이며 희생에 가깝다. 아니 의로운 일이다. 그 학생들이 도둑질을 한 것도 아니고 사람을 죽인 강도도 아니련만 그렇다고 반역도 아니련만. 단지 국가의 잘못된 모습을 보고 청년의 선하고 피끓는 희생의 정신으로 자기들의 주장을 펼치는 어찌 보면 지극한 애국자의 희생자들인데, 그리고 내 자녀들이 아니었던가? 기성세대가 못 했던 걸 그들은 목숨 걸고 민주화라는 화제로 자기들의 이념을 행하였던 일이 아닌가? 그런 그들을 당시 외면하면서 못 받아들인 교회와 그 단체라면 얼마나 기독교인들이 이기적으로 보였으며 또 그들에게 나쁜 선입견으로 야속했겠나!

흐르는 세월 속에 이제 역사가 되어 뒤돌아볼 때 기독교에서 그 당시 많이 부족함을 견제 받고 있었구나? 하는 생각이 든다. 진정 이 시대 교회란 무엇인가. 모든 사람의 벗이 되어야 하지 않겠는가. 그래야 살아있는 교회이고 행함이 있는 교회가 아닌가. 물론 잘해준 곳도 많았겠지만 좀 더 우리 기독교가 전도를 생각하는 점에서 짚어보자는 생각이다. 우린 누구나가 부족하고 실수를 하는 사람들이다. 그러나 부족함을 깨달아 산다면 충분히 발전을 가져올 수 있기 때문에 이런 글을 쓴다. 그 당시 청년을 자녀로 둔 우리 부모들은 살얼음판을 걷는 마음들이었다. 12

시가 되어도 자녀가 집에 안 들어오면 애가 타면서 꼴딱 밤을 새우는 그 심정은 안 당해 본 부모들은 모르리라. TV고 뉴스고 어디서 학생들이 실려 나간다 하면 눈을 부릅뜨고 찾아보고 혹여! 내 자식이 끼여 있지나 않나. 하면서 간이 오므라들던 그런 시절이었다. 그 무렵엔 대학생을 둔 부모는 자식들을 학교에 보내는 게 전쟁터에 보내는 그런 마음이었다. 그렇게 힘들게 대학 공부를 시킨 부모들은 아마 386세대들의 부모라면 누구나 다 알 것이며 같은 마음이었을 것이다.

옳고 그름을 떠나서 부모라면 내 자녀들만큼은 조용히 살아주기를 원하는 이기적인 마음이 어느 부모나 거의 있을 수 있다. 하지만 그땐 성장한 자녀들의 판단과 행동 앞에 거의 무력해질 수뿐이 없는 상황의 시대였다. 지금에 와서 생각하니 데모 학생들을 숨겨주지 않았던 교회나 내 자식만큼은 데모에서 빠져주길 바랐던 부모 맘이 다를 바 없었던 것 같다. 다 나만의 안일함의 이기적 마음이니깐. 그들의 희생 덕에 현재는 태평성대라 해도 좋을 듯한 세상에 우린 살고 있다. 수많은 희생들의 대가를 치렀지만 이것이 그들이 이뤄놓은 민주화 운동이라는 싸움을 이룬 우리나라 386세대들 아닌가. 물론 지금은 지금대로 또 보이지 않는 젊은이들의 취업 정쟁과 많은 문제들이 수두룩하게 있겠지만, 그래도 그때처럼 국가가 혼란하고 최루탄의 연기가 가장 많이 날릴 때는 없었을 것 같다. 서울 하늘이 늘 최루탄 가스로 자욱하던 그 시대였다. 지금도 역시 그것 아니면 이것이라는 듯이 자식 키우는 데는 이런 일 저런 일 시대 따라 어려움과 걱정 없이 키울 수는 없겠지만 그 당시에 걱정근심으로 키운 386세대의 내 아들을 볼 때마다 나는 은근히 대견스럽기도 하고 마땅히 자랑스럽기도 하다. 그 험한 세월 속에 신발 밑창이 날마다

시커멓게 타서 오고 가끔 한밤중에 파출소에서 연락을 받고 후들거리는 다리와 뛰는 심장 속에 어미의 간을 졸이게 했지만 지금 생각하니 자랑스럽고 저렇듯 훌륭히 커준 아들이 고맙고 감사할 뿐이다. 그 당시 희생된 자녀들을 생각하면 지금도 남의 자식이지만 내 새끼만큼 아프고 아깝고 가슴이 메어진다.

그래도 그들이 이루어놓은 이 땅에 달라진 민주적 화평이 있으니 아픔 속에 감사할 뿐이다. 그리고 386세대들이 자랑스럽다. 다시는 이 땅에 그런 일이 없기를 바라지만 세상은 돌고 도는 게 세상이다. 혹여 또 그런 일이 있으면 우리 기독교가 먼저 앞서 행할 수 있었으면 좋겠다. 그래서 천주교나 절에서 베푼 그런 모습을 앞서갔으면 좋겠다는 욕심을 꿈꿔 본다. 물론 그런 일이 다시는 없어야 되겠지만, 내가 기독교인이라 그런지 더욱더 성숙된 기독교인들이 되었으면 좋겠다는 생각을 해본다. 나도 기독교인이지만 우리가 좀 더 좋은 것은 나눠서 배워야 하지 않겠는가? 하는 작은 소견이다. 그 시대 힘들게 공부 시킨 부모 맘이 이제 386세대를 뒤돌아보게 하면서 작은 것 하나라도 다시 한 번 성숙된 국민성 속에 발전하는 우리 대한민국이 되길 간절히 바라는 마음이다. 정치인들도 진정으로 지각 있는 정치 속에 국민들을 사랑하고 헌신하는 위정자들이 많았으면 좋겠다. 그래서 다시는 이 땅의 젊은이들의 아픔과 희생이 없는 우리나라가 되었으면 하는 마음이다. 대한민국 만세를 가슴으로 외쳐본다. 그리고 아깝게 희생한 고인이 된 학생들과 지금 각자 사회 일원으로 역사를 안고 살아가는 우리 386세대 여러분들에게 사랑한다는 말과 감사하고 고생했다는 말도 하고 싶다. 그들이 사는 날까지 이 나라 이 사회가 평화롭고 영원히 자유로운 세상에서 행복했으면 하는 바람이다.

밤에도 뜨는 무지개

내 마음에 늘 든든하고 태산같이 자리한 남편 50年이 다 되도록 긴 세월을 함께 살아온 내 남편 오늘 뒤돌아보니 굽이굽이 크고 작은 사연도 많았고 아픔과 행복한 일도 많았던 우리 부부의 인생, 산다는 건 참 내 마음대로 될 수 없다는 걸 느낀다. 어느 한 날 우리네 인생은 한치 앞도 모르는 게 세상살이처럼 오래전 내 남편에게 원치 않는 긴 병이 시작될 줄이야 꿈에도 몰랐다. 철없이 늘 내 곁에서 내 말이라면 입에 혀처럼 해주고 튼튼하기 만한 남편이 영원할 줄만 알았는데 어느 날 병마는 내가 아는 당신을 송두리째 빼앗아 갔다. 긴 병에 효자 없다고 하는 소리가 남의 일 같지 않게 들리는 내가 될 줄이야.

그렇게 우린 보호자란 말이 뒤바뀐 것처럼 나는 병든 남편의 긴 보호자가 되었다. 머리에는 늘 잘하려고 노력하다가도 나도 모르게 내 영혼의 고통과 궁핍함으로 남모르는 가슴이 가끔씩 당신을 외면하고 싶은 마음이 들 때도 있는 게 사람의 한계고 마음인가 보다. 사람이 배부른 것은 좋아도 설거지는 하기 싫은 법이라고 하는 말이 있듯이, 그리고 깨끗한 것은 좋아도 걸레질은 하기 싫다고 하듯이, 몸이 아프기 전엔 늘 내가 할 일을 아이처럼 여기며 도맡아 챙겨주던 그 사람이 환자가 되어 몸이 아프니, 오로지 남편도 자기만 소중히 여기는 이기적인 사람으로 변한 듯한 느낌을 받는다. 어떤 때는 저 사람이 과연 내 남편인가? 하는 마음이 생길 정도로 전과 같지 않게 달라져 있는 사람을 보면서 화들짝 놀랜다. 그러다 나는 가슴 한편에 불쌍한 마음과 야속한 마음이 뒤얽혀 날마다 내 가슴은 늘 남모르는 전쟁터였다.

어떤 때는 이대로 모든 기억마저도 지우고 싶을 만큼 힘들 때도 있고 때론 아픈 당신이 한없이 미운 적도 있었다. 무책임하게 자기 건강하나 못 챙겨 가족들을 힘들게 하고 이렇게 나를 힘들게 실망시킨단 말인가? 하는 억지 가슴이 무자비하게 앙탈을 한다. 그리고 또 하나의 내 가슴은 세월 속에서도 소중한 사람이라고 애써 최선을 다해 그 사람만 위해 살아줘야지 하는 생각을 열심히 하지만 때론 지치고 힘들 때마다 외롭고 힘든 건 피해 갈 수 없는 사실이다. 어떤 땐 병을 앓는 사람 못지않게 나도 병이 들어 버린 듯하고 환자가 된 듯하다. 가슴은 세속적인 듯 생존욕구로 이기심이 꿈틀거리고 속물적 행복의 욕구로 배타심이 꿈틀거리는 심장이 남모르게 일렁일 때는 나 자신이 너무 싫어서 차라리 세상이 싫어질 때가 많이 있었다.

할 수만 있다면 아무도 모르는 내 가슴은 간간이 당신에게서 도망치고 싶은 가슴이었다. 이런 내 심정도 모르는 그 사람은 그렇게 나를 힘들게 매어 놓고서도 내게 미안해 할 줄 모르는 미련한 사람처럼 철없이 보채면서 당당한 모습으로 나를 힘들게 할 때가 부지기수다. 이래서 부부란 돌아서면 남이라는 말들이 있나보다.

자기 몸이 부실하니 잦은 짜증과 더불어 철저하니 이기적이고 전생에 나를 고용한 수하 직원 부리듯 한다. 그러다가 한편으로는 나보다 약하디 약한 사람이 되어버린다. 언제나 큰 사람처럼 보이던 그 사람이 영원히 나의 경호원이 되며 죽는 날까지 바위 같고 친정아버지 같은 가슴이 이젠 더없이 작아 보였고 부실해 보였다. 이젠 내가 반대로 보호자가 되어 입장이 바뀐 듯하니 새롭게 적응하는 시간 속의 또 다른 삶이 여간 힘든 게 아니었다. 갑자기 찾아온 병마 앞에 그리고 그 세월을 끌어안고 가면서 내겐 누구도 모르는 혼자만의 이만저만한 가슴앓이가 아니었다. 그러나 누구한테도 미룰 수도 말할 수도 없는 오로지 내 몫인 것을 어쩌랴! 겉으론 자식들한테 조금이라도 누가 되고 약한 어미 모습을 보이기 싫어 늘 함박웃음에 위선을 달고 다녀야 한다.

세월 앞에 이렇게 현실을 어쩔 수 없이 받아들여야 하는 상황 속에도 모자라고 힘든 가슴이 때론 너무 힘들 땐 구름 속에 숨어 버리고 싶고 바람이 날 소리 없이 데려가길 바랐던 적도 있었다. 가끔 소낙비에 흠뻑 젖어 한없이 어디론가 나 홀로 걷고 싶었고 아무도 모르는 무인도에 가서 실컷 통곡이라도 해 봤으면 하는 슬픈 마음이었다. 소리 내어 실컷 울 수도 없는 내 신세가 어떤 날은 폭탄 속에 지구가 다 함께 무너져 버렸으면 하는 몹쓸 생각까지도 해 봤다. 그럴 때마다 가장 큰 위로가 되는 건 내 자녀들의 모습이 크나큰 행복의 끈이었고 불끈 불끈 솟는 에너지였다. 머리와 가슴은 이렇듯 늘 줄달음질 속에 헉헉대며 살았고 하나님만 아는 가슴앓이 속에는 무너진 듯한 내 영혼이 휘청거리기 일쑤였다.

그런데 어느 한날 갑자기 소리 없이 울면서 기도를 하는 중 왜 지금껏 기억나지 않던 옛날에 남편이 하던 말이 번개처럼 머리에 스쳤다. 우리가 언제였나? 행복할 때 밥상 앞인지 아님 이불 속인지 가물가물하지만 분명한 그 말이 왜 오늘 갑자기 생각이 나면서, 나는 갑자기 뜨거운 눈물이 솟구친다. 내 남편이 하던 그 한 마디의 말 "난 당신이 없으면 이 세상 살아갈 의미도 없어" 하던 진정인지 거짓인지 확실히 몰라도 그 옛날 날 사랑한다는 말이 캄캄한 흙 속에서 보석을 캐내듯 또렷하게 그리고 아주 처절하게 가슴을 뒤흔들었다. 힘들 땐 우리가 언제 사랑한 부부였었나? 하는 모진 생각만 했는데 그리고 당신은 나에겐 죽은 자 같다고 치부하면서 힘들어야만 했는데 그 말이 생각나면서 당신을 바라보는 내 눈과 가슴은 갑자기 주님을 닮은 따뜻한 마음과 가슴으로 달리고 있었다.

세상에 이토록 메마른 내 가슴에 소낙비 같은 찬물을 맞은 듯 한참을 머뭇거리다가 조용한 내 마음에 아름다운 무지개는 밤에도 뜰 수 있구나. 캄캄한 내 가슴에 고운 무지개가 떴다. 힘들고 아픈 불평 속에 가려져 있던 아련하고 고운 사랑의 마음과 불쌍한 마음이 뒤엉켜 나는 눈물이 주르르 흐른다. 그래 이것이 부부고 사랑이고 인생이야, 그리고 내게 주어진 삶이다. 힘들다고 칭얼대 봤자 더 힘들 뿐이다. 이제 죽는 날까지 다른 모습으로 변한 듯한 당신을 보면서 내 생각을 바꾸자. 바위 속에 꽁꽁 감춰 있던 보석 같은 그 봄볕같이 따뜻한 말이 내 가슴을 장악했다. 그래 아프면 좀 어때, 날 사랑한 남편인데 내 곁에 있고 날 바라봐주고 작아졌으면 어때 조금 날 힘들게 하면 어때 내가 참으면 되지. 세상에 변하지 않는 건 하나도 없는데, 그렇게 살아온 세월을 돌아보니 어언 50年이란 세월 속에 우린 서로 희, 노, 애, 락을 함께 공유하면서 이렇게 늙도록 살았으니 이젠 모든 게 감사할 따름이다. 세월 속에 당신도 나도 변하는 것인데, 살다 보면 조금 빨리 늙었다 생각하면 되지 뭐, 하는 생각이 오늘은 밀물처럼 몰려온다.

연습도 없이 닥친 병마의 불행 속에 한동안 나는 사는 연습을 하느라고 평전을 잃었던 마음을 되찾는 듯 지금껏 모자란 내 가슴을 지긋이 만져본다. 내가 없으면 저 사람을 누가 돌보나. 남을 위해서도 봉사를 하는 세상인데 하는 맘으로 조용히 그 사랑을 터득하는데 많은 시간을 허비했구나. 밤엔 뜨지 않는 무지개지만 내 가슴엔 아무도 모르게 밤에 뜬 무지개를 이젠 만들어 놨다. 보석 같던 그 말을 힘들 때마다 기억하며 또 되씹으면서 살아야겠다. 일곱 가지의 무지개 속에 행복을 비벼 넣으면서 아, 저 사람은 나보다 더 아프고 쓰라린 사람인 걸 하는 생각 속에 나는 지금 남편 때문에 참음을 배웠고 약속을 지키는 일을 깨달았고 양심의 딜레마 속에서 자유하고 부부의 편안함을 얻었다.

힘들다고 끈끈한 부부의 정을 놔 버린다면 그게 무슨 부부란 말인가? 그게 무슨 하나님을 믿는 자녀란 말인가? 그리고 힘들다고 다 도망치면 그게 무슨 가족인가? 가슴 아파도 행복한 마음으로 더 보듬어 주고 더 위로하고 더 사랑하며 살아야 사람의 도리 아닌가?

무색한 마음속에 이제부터 나는 아프고 싶어도 못 아프다는 생각이 든다. 그리고 약해도 씩씩한 척 해야 되는 보호자가 되었다. 전엔 아픈 당신보다 철없는 내 마음이 늘 불쌍했는데 이젠 당신에게 소중한 사람이니깐, 당신은 내가 없으면 못 사니깐, 지금껏 그 말을 까맣게 잊고 있었는데 하나님이 기억나게 하셨으니 감사합니다. 이제 당신도 하늘이 부르실 때까지 멀고 깊은 꽃길을 갈 때까지 내게 생떼도 억지도 부리면서 지금처럼 내 곁에 머물러만 주길 간절히 바랍니다. 갑자기 세계적인 시인 '롱 팰러'가 생각이 난다. 그는 첫째 부인 조강지처를 병으로 잃고 두 번째 부인을 화상으로 평생을 병수발을 하다가 두 번째 부인도 먼저 죽고 혼자 살아가며 세상에 남긴 말이 "나는 하나님의 은혜로 지금껏 살아왔고 살아갑니다." 란 그 말이 오늘따라 내 가슴에서 새싹처럼 돋아나면서 감사로 이어진다. 나도 꼭 당신 곁에서 웃으면서 행복하게 지킬 겁니다. 달라져 있는 당신이라 탓하지 않고 착한 마음으로 힘들어하지 않겠습니다. 내가 알던 당신은 조금 달라 보여도 우린 수많은 축복을 받지 않았나 생각하니 한편으론 많이 행복하기도 합니다. 이 세상에 살아가면서 누구를 위해 헌신하는 것처럼 아름다움이 없다 했거늘 타인이건 그것이 내 남편이건 아내라면 더없이 진솔한 마음으로 당연히 해야 하는 길이다. 그리고 어느 작가가 쓴 글 중 세상에서 가장 행복한 사람은 사랑하는 사람을 간호하는 사람이라는 글귀가 스친다. 그래 난 행복한 사람이다. 철없는 마음이 방황을 하다 돌아오니 마음의 주름이 펴지는 순간 같습니다. 갑자기 내 가슴엔 깊은 강물처럼 소리 없는 사랑과 행복이 밀물처럼 밀려오는 듯 생각이 듭니다. 사랑이 깊을 땐 다툼이 없듯이 평정한 마음으로 이제 밤에도 뜨는 무지개를 내가 행복한 마음으로 또 다시 탄생 시켰습니다.

[작품평설]

감성이 통하는 이성의 수필가

– 이영순의 《감성의 스틱》

정종명 | 소설가 · 계간문예 발행인

● 작품평설 ●

감성이 통하는 이성의 수필가

– 이영순의 《감성의 스틱》

정 종 명

〈소설가 · 계간문예 발행인〉

윤오영 선생은 '수필을 이해하지 못하고 시는 쓸 수 있어도, 시를 이해하지 못하고 수필을 쓸 수 없다.' 고 했다. 곧 수필도 시적이어야 한다는 말이다. 시를 이해하지 못하면 수필을 쓸 수 없다니 수필도 새로운 양식의 창작 형태로 변하게 된 것을 확인해 준 것일까. 이영순 작가는 시도 쓰고 수필도 쓰며 두 장르를 넘나든다.

> 참으로 사람의 **감성**이 어찌된 건지 가끔씩 궁금하다. 내 자식을 키울 때의 감정하고는 또 다른 짜릿한 사랑에 황홀할 지경이다.
>
> –〈손주 사랑〉

> 그런 **감성**은 누구나가 있다. 단지 알면서도 말하지 않을 뿐이지, 아니 어쩌면 하지 못하고 그런 말은 참는다는 게 맞다.
>
> …(중략)…

사람들은 누구나 이런저런 많은 사회적 체면이란 굴레 속에 또 다른 많은 이유들 속에 우린 늘 가슴의 **감성**과 다른 위선 속에 살아간다.

—〈감정의 놀음〉

이것이 사람이며 **감성**의 동물이 아닌가 하는 생각 속에 나는 목욕을 마치고 집으로 와 부지런히 채비하고 교회로 갔다.

—〈사람과 사람〉

아마도 **감성**의 동물이라면 당연히 질투란 사람 사이에 빼놓을 수 없는 존재지만 그래도 별로 좋은 방법은 아니니깐 가능한 한 다 고쳐지진 않아도 가슴에서 늘 밀어내며 살아가야 하는데 마음처럼 잘 안되니 질투도 사랑도 절제할 줄 아는 게 바로 교양을 갖춘 사람이 아닌가 싶다.

—〈질투〉

그때그때 **감성**이 완연하게 비치는 글 속에도 나중에라도 알아들을 수 있고 **감성**이 통하는 글은 따로 있다는 생각 속에 이토록 소통이란 단어 속에 오늘따라 지난날에 내가 썼던 글을 보면서 많은 사람들이 이렇듯 소통되는 글을 더 많이 쓰고 싶은 욕망도 가져보는 시간이다.

— 〈소통〉

어느 정도 큰 실력이 아닌 이상 그래도 소설의 **감성**만큼이라도 살릴 수 있는 토대로 삶의 무대가 있어야 한단다. 그러니 날 보고 물 흐르듯 극히 평탄하게 살아온 사람은 소설을 쓸 수 있는 소재가 머리에서 만들기란 그리 쉬운 일이 아니란다. 어찌 생각하니 알 듯도 하고 모를 듯도 한 소리 같다.

—〈문인의 마음〉

비 오는 날 집안 정리를 하다가 선물 받은 사랑의 우산을 보면서 잠시 우산 선물의 담긴 사랑을 만끽하는 날이 되었다. 이렇듯 마음이 또 **감성**이 살아 있음에 감사하는 날이다. 모든 걸 다 사랑하고 싶은 내 가슴을 누구에게라도 진실을 표출하고 싶은 조용한 날이다.

–〈우산선물〉

대체로 말소리는 정서와 **감성**이 서려 있어 듣는 이로 인해 우리는 느낄 수 있다. 말씨가 고우면 왠지 친근감이 느껴지고 말씨가 거칠면 어쩐지 불쾌감이 느껴지는 게 인간관계의 주고받는 말의 특징이다. 가는 말이 고와야 오는 말이 곱다는 말도 있듯이 말이란 오고 감에 따라 **감성**속에 늘 느낌을 알 수 있다.

–〈침묵〉

세월 속에 내 **감성**도 모두 가져갈 것이지 이런 날이면 어김없이 찾아오는 감상적인 마음은 도독도 맞지 않으니 이런 날이면 늘 내 속에 든 **감성**이란 놈이 철딱서니 없이 몸살을 한다.

–〈함박눈 오는 날〉

이번에 상재하는 《감성의 스틱》에는 70여 편의 수필이 실려 있다. '감성' 의 사전적 의미는 자극에 대하여 느낌이 일어나는 능력, 또는 감각적 자극이나 인상을 받아들이는 마음의 성질이다. 또 '이성' 의 사전적 의미는 어떤 일이나 현상, 사물에 대하여 느끼어 논리적인 심정이나 능력이다. 70여 편의 수필작품 속에 '감성' 이라는 단어가 60개 가까이 들어 있다. 예로 든 작품 외에 다수의 작품에도 '감성' 이라는 단어가 들어 있다. 이 작품집에 수록되어 있는 작품 속에서 '감성의 스틱' 을 맘껏 휘두르고 있다. 이영순 작가가 순수한 감성이 통하는 풍부한 감정의 수필가임이 증명된 셈이다.

자기를 낳아 준 부모가 개만도 못한 홀대를 받는 세상이다. 사람들의 감정이 이해가 안 되어 슬픈 생각이 든다. 동물을 사랑한다지만 사람보다 더 사랑한다는 건 모순이고 슬픈 일이다.

사람은 사람을 사랑해야 될 대상 아닌가? 나도 얼마 전 키운 강아지가 한 10년을 넘게 키웠더니 가족처럼 정이 들어 살릴 수 없을 때는 조용히 동물병원에 의뢰를 해서 안락사를 시킨 적이 있다. 그러나 나는 그렇게 우울하거나 큰 정을 주지 못한 것 같다. 강아지 이상의 정은 절대 주지 않았다는 것에 느낌이 달랐다. 개가 있던 자리가 섭섭하고 티는 났지만 이내 또 다른 강아지로 채워지면 되는 게 아닌가 싶다.

(중략)

그 옛날 똥개들은 적어도 인간들의 비교 대상은 되지 않았다. 소중한 사람이 어찌 개 때문에 우울하고 눈물을 흘리게 하는지 많이도 변한 세상 앞에 우리는 늘 비틀대며 사는 인생들 같다. 개 때문에 속이 상하고 우울하다는 원장님의 얘기를 들으면서 이 분보다 훨씬 더 개 사랑에 빠져 있는 애견자들이 이 땅엔 얼마나 많은가? 그 분들이 생각할 때 나를 욕할는지 몰라도 나는 오늘 속으로 또 다른 우울한 날 같다. 그래도 그 옛날 똥개를 기르시던 우리네 조상님들 먹을 게 귀한 시대였긴 했지만 집에서 키우는 황소만큼은 가족 같은 대접을 하긴 하되 사람과 동물이란 게 확실히 구별된 정을 주고 사셨다는 게 그 시대 분들 같다. 아무리 힘들어도 부모님을 대접하며 섬기는 도리와 적어도 개는 어디까지나 개로만 키우셨던 그 분들이 아니었던가?

–〈똥개를 아시나요?〉 일부

단골 미장원에 갔다가 키우는 개가 아프다는 이유로 잔뜩 풀이 죽어 있는 원장님 때문에 옛날 똥개를 떠올리며 많이 변한 세상에 우울한 느낌으로 쓴 글이다. 이영순 작가는 개는 개다운 세상, 인간은 인간다운 세상을 꿈꾸지만 요즘은 미장원 원장뿐만 아니라 개를 키우는 사람들 중에는 애완견 대신 반려견이라는 표현을 쓸 정도로 개에 대한 남다른 사랑을 갖는 사람들이 많다. 사람의 정을 개한테 빼앗기는 현실을 안타까워한다. 그만큼 인간에 대한 정이 그리운 탓은 아닐까.

이제 당신도 하늘이 부르실 때까지 멀고 깊은 꽃길을 갈 때까지 내게 생떼도 억지도 부리면서 지금처럼 내 곁에 머물러만 주길 간절히 바랍니다. 갑자기 세계적인 시인 롱 팰러가 생각 납니다. 그는 첫째 부인 조강지처를 병으로 잃고 두 번째 부인을 화상으로 평생을 병수발을 하다가 두 번째 부인도 먼저 죽고 혼자 살아가며 세상에 남긴 말이 "나는 하나님의 은혜로 지금껏 살아왔고 살아갑니다."란 그 말이 오늘따라 내 가슴에서 새싹처럼 돋아나면서 감사로 이어집니다. 나도 꼭 당신 곁에서 웃으면서 행복하게 지킬 겁니다. 달라져 있는 당신이라 탓하지 않고 착한 마음으로 힘들어하지 않겠습니다. 내가 알던 당신은 조금 달라 보여도 우린 수많은 축복을 받지 않았나 생각하니 한편으론 많이 행복하기도 합니다. 이 세상에 살아가면서 누구를 위해 헌신하는 것처럼 아름다움이 없다 했거늘 타인이건 그것이 내 남편이건 아내라면 더없이 진솔한 마음으로 당연히 해야 하는 길입니다. 그리고 어느 작가가 쓴 글 중 세상에서 가장 행복한 사람은 사랑하는 사람을 간호하는 사람이라는 글귀가 스칩니다. 그래 난 행복한 사람입니다. 철없는 마음이 방황을 하다 돌아오니 마음의 주름이 펴지는 순간 같습니다. 갑자기 내 가슴엔 깊은 강물처럼 소리 없는 사랑과 행복이 밀물처럼 밀려오는 듯 생각이 듭니다. 사랑이 깊을 땐 다툼이 없듯이 평정한 마음으로 이제 밤에도 뜨는 무지개를 내가 행복한 마음으로 또다시 탄생 시켰습니다.

−〈밤에도 뜨는 무지개〉 일부

남편과 50년이 다 되도록 긴 세월을 함께 살았다. 뒤돌아보니 굽이굽이 크고 작은 사연도 많았고 행복한 일도 많았다. 한치 앞도 모르는 게 우리의 인생이다. 언제까지나 건강한 모습으로 늘 곁에 있을 줄 알았던 남편에게 원치 않는 병마가 찾아왔다. 몸이 아프니 마음까지 아픈 사람처럼 변했다.

무책임하게 자기 건강 하나 못 챙겨 가족들을 힘들게 하고 실망시키는 남편이 너무 밉고 싫다. 모든 기억도 지우고 싶을 만큼 힘들 때도 있고 한없이 미운 적도 있다.

남편에게 갑자기 찾아온 병마 앞에 혼자만의 가슴앓이가 시작되었다. 누구한테 미룰 수도 말할 수도 없다. 자식들한테 조금이라도 누가 되고 약한 모습을 보이기 싫어 늘 함박웃음에 위선을 달고 다녀야만 했다. 무인도에 가서 실컷 통곡이라도 해 봤으면 하는 슬픈 마음이었다.

어느 날 소리 없이 울면서 기도를 하는 중 "난 당신이 없으면 이 세상 살아갈 의미도 없어"라고 하던 한 마디의 말이 갑자기 떠올랐다. 진정인지 거짓인지 확실히 몰라도 그 옛날 사랑한다는 말이 캄캄한 흙 속에서 보석을 캐내듯 또렷하게 그리고 아주 처절하게 가슴을 뒤흔들었다.

어느 작가가 쓴 글 중 세상에서 가장 행복한 사람은 사랑하는 사람을 간호하는 사람이라는 글귀가 떠오른다. 사랑이 깊을 땐 다툼이 없듯이 평정한 마음으로?밤에도 뜨는 무지개를 행복한 마음으로 그려 본다. 힘들 때마다 가장 큰 위로가 되는 건 자녀들이다. 자녀들은 크나큰 행복의 끈이었고 힘이 솟는 에너지이다. 비가 온 뒤에 뜨는 무지개처럼 남편 사랑, 가족 사랑이 묻어나는 글이다.

아픈 사람보다 뒤에서 간병하는 사람의 힘듦을 해보지 않는 사람은 모를 것이다. 하기 좋아 남의 말이니 그래도 아픈 사람에 비하랴 하겠지만 아픈 사람 못지않게 괴롭고 힘든 게 옆에서 지켜보는 배우자라고 생각한다. 오늘 전화 속으로 펑펑 우는 친구의 흐느낌 속에 가족이란 촌수가 생각이 난다. 이럴 때 나눠질 수 있는 게 가족인데 어디 병이 나면 부부뿐이지 요즘처럼 바쁜 세상에 자식이 남보다 좀 나을 따름이지 본인의 몫은 따로 있지 않나 싶다. 다는 아니더라도 요즘 자식들 잘 키워준 부모의 공은 잊고 살아도 자기 새끼 키우는 데는 아무 정신없고 바쁘게 사는 게 요즘 세태가 아닌가 싶다. 핵가족 시대로 함께 살지도 않으니 노부부 중 누구 하나 아프면 남편이건 부인이건 둘이 책임지는 건 사실 아닌가. 물론 잠시 병원 신세를 질 땐 다르지만 장기적 긴병이나 나쁜 치매 같은 병은 오직 배우자 몫이다. 할 일 없는 배우자가 다 책임지듯 간호하는 건 어쩔 수 없는 정한 이치지만 혼자 감당하기에 얼마나 힘든 게 치매 환자 돌보는 일이던가? 세월이 좋아지고 경제가 나아졌어도 이런 숙제는 어쩔 수 없는 부부 삶의 몫이다. 오늘 그 친구의 아픈 하소연을 듣고 나니 그래도 이렇듯 건강함이 감사할 따름이다.

(중략)

자식들이나 건 남들에게 피해 주지 않고 모든 일에 불평불만하지 않고 내 다리로 건강하게 산다면 지공인생도 얼마나 행복한 인생인가. 나도 이제 나름대로 지공인생의 멋을 연구해봐야 되겠다는 생각이다. 슬픈 소식들 속에 가슴은 허탈하지만 그래도 살아 있다는 감사한 생각으로 비벼 애써 기운을 차려본다.

–〈지공인생〉 일부

지하철을 무료로 이용할 수 있는 혜택이 있는데 65세 이상의 어른들을 지칭하는 신조어가 '지공선사' 이다. 지하철엔 노인전용 의자도 마련되어 있고 국립공원이나 문화시설을 무료로 입장할 수 있어 노인에 대한 배려가 어느 정도 준비되어 있는 복지국가이다. '그래도 항간에선 서글픈 소식이 간간이 들려온다. 세상엔 마음에 들지 않는다고 여유가 안 된다고 부모를 홀대하고 버리는 철면피들도 간혹 있으니…'

미국에 살던 친구의 부고를 접하고 잠을 못 이루기도 하고, 뇌졸중으로 쓰러진 친구의 병문안을 하고 돌아와선 인생무상에 젖기도 한다. 그렇긴 하지만 지공인생을 살고 있는 현재, 병원 신세 안 지고 건강하게 혼자 걸을 수 있다는 자체만으로도 행복을 느끼는 긍정의 힘을 읽을 수 있다.

속으로 그래 차라리 저분들처럼 큰 소재거리가 없는 인생이 훨씬 감사하다는 속물적 마음도 생각해 본다. 나 같으면 문인으로써 자격이 없을 망정 저렇듯 힘든 과정은 사양할 듯하다. 내 이런 생각이 부끄럽기도 하지만 나는 오늘 이런저런 생각 속에 문인으로서의 길과 많은 생각 속에 휩싸인다. 최소한 문인은 입만 벌려 말만 무성해선 안 된다. 말보다는 진실이 담긴 펜이 아름답게 움직여 독자들의 마음을 얻어야 된다는 건 누구나 아는 사실이다. 입만 무성하면 열매가 적듯이 꽃을 피우는 그런 사랑이 듬뿍 담긴 가슴이 되어 독자들과 웃고 우는 가슴으로 그 모습을 잘 그리는 작가였으면 좋겠는데, 실력도 능력도 부족한 내가 어떤 글을 독자들에게 내어놓을 수 있을까 하는 고민도 해 보는 날이다.

양심을 숨기며 잘난 척 말만 나불대는 그런 작가보다는 진솔이 숨겨 있는 멋진 생각을 하면서 멋진 작품을 쓰는 멋진 작가가 되고 싶다.

오늘따라 내 마음이 이상하리만큼 좀 더 가슴을 열고 눈을 열고 귀를 열고 입은 가능한 닫고 펜을 굴리는 진솔한 작가가 되고 싶다는 생각 속에 하나님이 내게 주신 큰 선물 중 글을 쓸 수 있게 해주셨으니 부끄럽지 않은 문인의 마음으로 모든 이들과 사랑하며 살고 싶다. 그리고 결코 부끄럽지 않은 자랑스러운 글을 써 독자들의 마음을 훔치고 싶다.

–〈문인의 마음〉 일부

이영순 작가는 시와 수필을 쓰는 작가이면서 또 소설가가 되고 싶은 소망도 갖고 있다. 요즘 글이 잘 써지지 않아 고민하면서, 적어도 문인의 마음에는 사랑도 있고 슬픔도 있고, 때론 괴로움이 있어도 글을 쓰는 꾸준한 열정도 있어야 한다는 자세로 문인이 어떤 마음으로 살아야 하는지를 고민한다. 소설을 쓰려면 우여곡절을 거쳐야지 평탄한 삶을 사는 사람은 소설 쓰기를 포기해야 한다는 말에 처음에는 기분이 좋지 않았으나 속으로는 차라리 소설을 못 쓰더라도 현재에 감사하다는 생각을 한다. 비록 그런 생각이 부끄럽긴 하지만 문인의 길은 어떤 길이어야 하는지 많은 생각 속으로 빠져들게 한다. 양심을 숨기며 잘난 척 말만 나불대는 그런 작가보다는 진실이 숨겨 있는 멋진 생각을 하면서 멋진 작품을 쓰는 멋진 작가가 되고 싶다는 다짐을 이영순 작가는 가슴에 새긴다.

글을 쓴다는 것은 즐거운 일이다. 수필가는 자기 체험이나 생각을 객관화시켜 독자와 공감하기를 소망한다. 수필은 특히 작가의 경험이 주소재이기 때문에 소소한 일상을 문학적으로 형상화시킨 글을 쓰다 보면 누가 읽더라도 깊은 감동을 받게 마련이다. 그러나 사실의 전달에 머무르면 감동이 없다. 수필은 삶 속에서 발견한 의미나 가치를 해석하는 과정을 통해 작가의 내면이 드러난다. 이영순 작가는 자기 체험을 자신의 행복만 추구하지 않고 문학적으로 승화시켜 독자로 하여금 공감하게 만드는 빼어난 재주가 있다. 이영순 작가를 이성의 작가로 명명하는 배경도 거기에 있다.

수필집 《감성의 스틱》 상재를 계기로 튼실한 글밭을 일구어 이영순 문학이 더욱 풍성해지길 바란다.

인지
붙이는 곳

계간문예수필선 107

감성의 스틱

초판 인쇄 | 2017년 11월 10일
초판 발행 | 2017년 11월 15일

지 은 이 | 이영순
회　　장 | 서정환
발 행 인 | 정종명
편집주간 | 차윤옥

펴낸곳 | 도서출판 계간문예
편집부 | 03132 서울 종로구 삼일대로 30길 21 종로오피스텔 808호
주소 | 03132 서울 종로구 삼일대로 32길 36 운현신화타워 305호
전화 | 02-3675-5633, 070-8806-4052
팩스 | 02-766-4052
이메일 | munin5633@naver.com
등록 | 2005년 3월 9일 제300-2005-34호
ISBN 978-89-6554-165-3 04810
ISBN 978-89-6554-133-2 (세트)

값 15,000원

이 도서의 국립중앙도서관 출판예정도서목록(CIP)은 서지정보유통지원시스템 홈페이지(http://seoji.nl.go.kr)와 국가자료공동목록시스템(http://www.nl.go.kr/kolisnet)에서 이용하실 수 있습니다. (CIP제어번호: CIP2017028988)